The New York
LABOR POOL

ALUCINACIONES DE UN INMIGRANTE

Para Jacob
con cariño

Jorge

Un libro de Jorge Cevallos
con fotografías de Robert L. Usibelli y
diseño gráfico e ilustraciones de Vicente Naranjo

Romance de mi destino

Yo soy el buque fantasma
que no puede anclar en puerto
y ando buscando refugio
en retratos y en espejos
en cartas apolilladas
y en perfumados recuerdos.

Por más que estiro las manos
nunca te alcanzo lucero
jugo de amargos adioses
es mi vaso predilecto
yo me bebo a tragos largos
mi pócima de recuerdos
y me embriago en lejanías
para acariciar mis sueños.

(Canción tradicional ecuatoriana)
Letra: Abel Romero Castillo

Bienvenidos al universo de las tantas dimensiones.
Al museo mayor.
Al infierno.
Al cielo sin las llaves de San Pedro.

Aquí abre sus puertas la creatividad como sustento
de esta maravillosa experiencia
interplanetaria de la cósmica alegría
y el sufrimiento
en la ciudad de los rascacielos.

La vida empieza
y con ella la muerte viene
bailando engalanada
con sus trajes de fiesta.

Este es el libro sobre las Historias de Nueva York
y que también por nombre de bautismo es llamado
ALUCINACIONES DE UN INMIGRANTE,
y que a través del verbo hecho letra
cámara y diseño,
recorre el camino de los Cosmonautas del Sol
con una energía propia
de la letal energía newyorkina.

LIMINARES EN DOS MOVIMIENTOS

".....en el mundo aún hay vida,
y nosotros estamos más vivos que nunca
porque hemos conocido la tristeza..."

(de una carta de mi amiga Dolores Ochoa, fechada en Agosto de 1993)

PRIMERO

No sé con cuántas toneladas llegué a Nueva York. Tal vez sólo sea un prejuicio eso de andar multiplicándolo todo, pero creo que fueron trescientas mil de soledad, vida y tristeza.

En el aeropuerto de Quito un oficial de migración -con una mueca que lo acercaba a la sepultura- me hizo repetir diez veces la firma para asegurarse que yo era el que pretendía ser. En Miami un cubano en el auto exilio, torciendo el labio para exhibirme su diente de oro me dijo "Chico, pero es que hay caras que no se prestan", comentando la fotografía del pasaporte, luego de haberme detenido por más de dos horas para realizar investigaciones cuyo objetivo nunca entendí, pero que me hicieron sentir como conejillo de indias siendo víctima de un experimento de la Border Police Patrol, que en castellano sería Policía Fronteriza, de dientes afilados, y tratamientos psíquicos enajenantes. Entonces yo tenía 22 años, y empecé a ser un inmigrante que racionalizó la condena de mis ojos destinados a sufrir el tormento de mantenerse abiertos por siempre.

Ninguno de los dos oficiales de policía se dio cuenta -ni yo tampoco- sino hasta que alguien a través de un parlante anunció nuestra llegada a Nueva York, entonces a más del peso legalmente permitido -y pagado- introduje, sin habérmelo propuesto, toda la tristeza de que en esos días era capaz un ser humano, y toda la vida también para recorrer una vez más los infinitos senderos de la sobrevivencia a través de los ojos de un inmigrante.

Los niños huérfanos, las novias abandonadas, las viudas, los suicidas, los enfermos incurables, los cuya pena es vivir entre cuatro paredes intuyendo que el mundo es inmenso, los desnudos y los bien vestidos más desnudos que los desnudos, los recién casados y los divorciados por siempre, los mutilados y desaparecidos floreciendo desde sus luminosas tumbas en contra del olvido, todos como un rosario de contrabando en mi pecho entraron a la Capital del Hierro, y al pisar la primera escalera aguas abajo del avión, me provocaron una carcajada vital, que puso mi cerebro a cometer el poético encargo de la alucinación.

Jamás imaginé que iría a escribir algo sobre lo que atestigüé a lo largo de 16.251 minutos, en un maravilloso conjunto de años convertidos en viajes, y que me llevarían de costa a costa, haciendo realidad varias formas de vida en los Estados Unidos. Tampoco imaginé que iría a darle forma de cuento, o novela mural, o simplemente la construcción de una cadena de eventos para estrangular la pena, y cuyo único error es el de no tener un hilamiento normal, como usan los escriteros. Nunca imaginé que las escenas vividas y atestiguadas tendrían carácter de fantasía a los ojos de muchos, pero de cruda verdad en la vida de los personajes que evoco. Se dice taumaturgia de la distancia, y amor al próximo.

"...En el mundo aún hay vida y nosotros todavía estamos vivos, más vivos que nunca porque hemos conocido la tristeza", me vuelvo a repetir como un pasaporte que sin mentirme me lleve a curiosear un poco más en las tantas heridas abiertas, y en el otro montón de las ya cicatrizadas en Nueva York, la ciudad de los abortos y de los alumbramientos.

El rostro de todos aquellos que en el país de las avaricias nos hemos profesado una devoción eterna apareció en el último rincón de la tierra que dejaba, como una nube blanca que no oculta luz, sino que la genera. Entones entendí lo que es la tristeza, la fortuna y la condena. A través de todos ellos llovieron las plumas de los ángeles que dan abrigo; el pan que alimenta, la alegría de estar vivos, y la eterna convicción de que aquello que los fantasmas llaman "este valle de lágrimas", está poblado por ángeles y demonios que nos llevan a sus calderas para que seamos lo que debemos ser, muchas veces pese a nosotros mismos.

"La obscuridad sólo existe como anuncio de la luz" me sopla alguien en la oreja, y mientras el sol con su modestia se aferra al rojizo de las montañas en Nuevo México, yo aprovecho el sin tiempo que genera para digerir en la paz de un pueblo sin fronteras, la noticia de que este libro lo habría escrito estando muerto.

SEGUNDO

Entonces se me acercó un buen amigo mío agarrado un vaso de canela, para primero mirarme bien, y después seguir mirándome pero siempre en silencio. Yo estaba ajetreado hablando con cinco personas al mismo tiempo, cosa que por ser noche de lanzamiento de un segundo libro no resulta extraña, peor aún siendo latino.

Nada en él me llamó la atención, hasta que me di cuenta que a través de sus ojos -como película barata- eran arrojados a una fosa ramos de flores, gemidos, puños de tierra, cartas, recuerdos, dos mujeres embarazadas, botellas de trago y hasta un macetero de floripondio, cosa que por extraordinaria atrajo mi atención.

-¿Estás bien?- le pregunté con la voz de alguien que está mal. El, repentinamente dio gritos diciendo:
-¡Déjame abrazarte hermano! ¡Qué sorpresa verte de nuevo! ...Ayer leí en la prensa que te habías muerto. Ahí decía bien claro: se invita a la misa de cuerpo presente de Jorge Cevallos, fallecido de no sé qué mierdas. Ya podrás imaginarte el susto que me pegué hermano -decía describiendo la escena con los ojos, las manos, la lengua, para sacudiendo el cuerpo, añadir- dejé botando todo en la oficina y llegué a la Funeraria Nacional, ahí vi el féretro, pero lo que más me llamó la atención fue no hallar ni una sola cara conocida, siendo como este man ha sido -le dijo a la estupefacta audiencia- ¡super amiguero! ...Así hermano, nervioso y todo me acerqué a quien me dijeron era la mamá del muerto, le dí el pésame y le dije lo buen amigo que habías sido. Me senté un ratazo a hacerle compañía, tomé como doce vasos de trago y como me sentí tan mal al ser el único desconocido, decidí acercarme a la caja y despedirme de vos para ir a chupar por ahí, en busca de otros panas con quienes hablar del asunto. Pero -y con los ojos casi en las mejillas- cuál sería mi sorpresa cuando me encuentro con un man de unos cincuenta años... ¡Había sido un homónimo!

Yo soy del Ecuador, que a según los economistas (y los infaltables presidentes) es un país tercermundista, o cranealmente calificado como "en vías de desarrollo". Estando muerto viví en Nueva York, ciudad desarrollada, primer mundo, un lugar en el que las palomas y las ardillas se reproducen gracias a la devoción que por el paisaje profesan los norteamericanos.

Verano, temperaturas que oscilan entre las cincuenta gotas por minuto y el empapamiento absoluto, haciéndonos repetir de memoria el tan conocido enunciado verbal de: "¡Fuck, it's so hot!". En los parques, a orillas del mar, en los portales de las tan modernas iglesias con velas eléctricas "¡qué calor!", y para refrescarse los tés helados hechos en casa, enlatados, o simplemente improvisados en una pileta entre sorbos de agua y limón, que según los charlas es una bebida milagrosa, que combate hasta el mal de ojo.

Aquí vine con ojo de culebrero a atestiguar y vivir la vida de nuestros hermanos, que abandonan sus hogares escapando de los infames gobiernos, que se han empeñado en hacer del Continente de los Sueños un experimento, a ver si masivamente podemos entrar al libro Güiness de los Récords como el lugar en que conviven millones de fakires, mal comiendo y peor durmiendo.

Estando homónimamente muerto vi lo que pude y vengo a contarles, con la paz espiritual que da el haber entendido que el hogar está donde están los seres que amamos. Mucha mala magia ha habido en todo esto, y mucha lengua de fuego para hacernos creer lo que en verdad no existe. De eso también vengo a hablar, y mirando el brillante sol de Nuevo México, empiezo a narrar en un día en que sólo por fatalidad del destino es conocido en este país como "El día de la Independencia".

En el Asentamiento de Placitas, Estado de Nuevo México a
4 de Julio de 1995.

EL CABEZA DE AGUILA

En Placitas, un antiguo asentamiento hispano en el estado de Nuevo México los días se van extendiendo, y el amor nos cubre con su sagrado manto, bordado en rayos solares, corazones humanos y estrellas. Cada forma de la naturaleza expresa su contento al sentirlo, y con emoción permite que también dentro suyo se genere la vida, en diferentes muestras de afecto.

En el país de las máquinas hemos tendido la ropa al viento, para permitir que la seque con su aliento. Las leyes que para nosotros hicieron hace mucho los Dioses están entendidas, y nuestro paso es el transitar de aquellos que en un momento u otro hemos conocido la calma porque sabemos de qué estamos hechos, de dónde viene la luz que nos da vida, y hacia dónde volveremos.

El ruido que hace el riachuelo al pasar besando la verja de nuestra casa de peregrinos, se mezcla con el sonido que producen las nubes al paso de un ángel vagabundo. El espacio las recibe como un eco, al que se suman las gargantas de los pájaros con sus cantos de alma emplumada. Abundan los saltamontes, los recuerdos agigantados y las hormigas, todos en su infinito transitar de pasajeros sin rumbo fijo.

¿Qué o quién puede dar fe de la existencia del tiempo? Las sombras que se inclinan conforme el sol avanza no significan nada. Los hábitos del colibrí sólo se rigen por el continuo brotar del néctar en las flores. Mirándolos y mirándonos luego de cada jornada somos sencillos, como el manto de rocío que cada amanecer cubre el terreno que hoy piso, y que algún día perteneció al Pueblo Indio.

Mis amigos Ray y Nancy Miller, con quienes comparto la Sagrada Aventura del Desierto me llaman, y el eco de sus palabras va a posarse en la cumbre de las "Montañas Sandía", que por efecto del atardecer, empezaron a tornarse rojas. Me dicen que la comida está lista, y un poco antes de acercarme a la mesa quiero finalizar diciendo que aquí concluyo de escribir el libro NEW YORK LABOR POOL, ALUCINACIONES DE UN INMIGRANTE y personalmente me despido en el inicio, porque más importante que la llegada o la partida es la estadía, y de eso les contaremos en 162 páginas ilustradas por un medio mago y fotografiadas por un medio brujo, que han sabido hacer del corazón la materia fundamental de una expresión vital que por ahí le denominan "arte".

Este es un libro en el que flotan muchas caras, bañadas en el tiempo -sudor de su constante presencia de ilegales. Otras muchas se quedan ocultas en esquinas menos prominentes, pero no por eso menos ciertas.

Como la niebla que con ternura es convocada por el viento, la presencia del inmigrante queda, y Nueva York abandona el sórdido aspecto de burdel que muchos esperan, para covertirse en lo que verdaderamente es: el Gran Barrio, donde todas las razas convocadas danzan con respeto el círculo de la vida, y sucumben en ella.

Este no es un libro pedagógico, ni un diario de navegación, ni un epistolario. Es una especie de pintura mural en la que estamos reflejados aquellos que habitamos este lado y el otro de la tan mentada frontera, que en dos centurias de historia se ha convertido en Santo Sudario.

Como Cabeza de Aguila
mis ojos
han de ser cuando alcancen
-desde el más extremo punto del cielo-
la visión de una tierra ajena:
veré ancho y profundo
y haré de Dios la magia
que mi corazón
-y el de mis hermanos-
también vean.

Este es el final de un libro que por accidente mecanográfico se ha ubicado en el principio. En los verdaderos aspectos de la vida, más importante que la llegada o la partida es la estadía, y de eso les queremos hablar en @*? páginas ilustradas por un medio mago y fotografiadas por un medio brujo, que también saben de la vida en otras dimensiones y planetas.

Con Robert Usibelli, atravesando el territorio de los Estados Unidos. Noviembre 27 de 1996.

AN AMERICAN PRAYER

Do You know the warm progress
under the stars?

Do You know we exist?

Have you forgotten the keys
to the kingdom?

Have you been born yet
& are you alive?

Let' s reinvent the gods, all the myths
of the ages.

Celebrate symbols from deep elder forest.

(Have you forggotten the lessons
of the ancient war?)

We need great golden copulations.

The father is cackling in trees
of the forest.

Our mother is dead in the sea.

Do you know we are being led to
slaughters by placid animals?

And that fat slow generals are getting
obscene on your blood?

Do you know we are ruled by T.V.?

The moon is a dry blood beast.

Guerrilla bands are rolling numbers
in the next block of green vine,

amassing for warfare on innocent
herdsmen who are just dying.

Oh great creator of being,

grant us one more hour to
perform our art.

¿Has experimentado
el cálido germinar bajo las estrellas?

¿Sabes que existimos?

¿Has olvidado las llaves del reino?

¿Has nacido ya ?
¿Estás vivo?

Reinventemos los dioses y mitos
de eras pasadas.

Celebremos los símbolos
de los profundos y ancestrales bosques.

(¿Has olvidado ya las lecciones de la antigua guerra?)

Necesitamos grandiosas y doradas copulaciones.

El padre cacareando en los árboles del bosque.

Nuestra madre yace sepultada en el océano.

¿Sabes que estamos siendo guiados por
bestias carnívoras y plácidas?

¿Y que obesos generales
se derraman obsenos sobre nuestra sangre?

¿Sabes que estamos gobernados por la T.V?

La Luna es una bestia sanguinaria y sedienta.

Bandas de terroristas sortean números
en la siguiente cuadra de la tierna viña
amasando guerras sobre hordas inocentes
que simplemente están muriendo.

¡Oh Gran Creador de los Seres,
solamente concédenos una hora más
para presentar nuestro arte y
perfeccionar nuestras vidas!

Jimm Morrison

EL HOMBRE

- Quisiera besar unos labios bien carnosos, que me muerdan.
- ¿Y que te saquen sangre?
- No, no es para tanto Julia. ¡Tú sí qué exageras mujer!
- No pues, es que como te oigo tan excitado.
- Yo te hablo en serio... ¿Cuándo nos vamos a bailar a una de esas discos que hay en Coney Island? Por ahí me han dicho que hay muchas, y muy bonitas, con música de la buena...
- No sé -le respondió ella, dándose cuenta de lo seria que iba poniéndose la conversación, y como queriendo aclarar las cosas dijo- creo que no me gustaría ser reconocida con un hombre que no es mi marido.
- De eso no te preocupes. He oído decir que por allá no hay hispanos. De puro blanco dicen que es, con uno que otro judío y europeo.
- De todas maneras ya ves que es un poco riesgoso Absalón.
- Tomaremos nuestras precauciones. Ahí nos iremos por la sombrita nomás, ¿o es que no te gustaría ser acariciada por mí?
- Tal vez, pero a veces pienso que es bastante con los problemas que tengo en la casa para andar buscándome otros.
- Por eso mismo mujer -y lanzando una exclamación de júbilo- ¡para que te relajes pues!
- No sé, no sé, ya hablaremos luego...
- Escucha Julia -y cambió el tono de voz, acariciándose los genitales con la mano derecha, imaginándola desnuda en una habitación del hotel París- va a ser un vacilón...
- Sí, ya me lo imagino, pero también va a ser peligroso.
- Que, ¿no te gusta el pecado?
- De eso mejor no hables, que soy bien católica.
- Y yo también mujer.
- Entonces no deberíamos hablar de estas cosas... ¡Y por teléfono!
- Yo sí hablo porque me gustas mucho Julia.
- Bueno Absalón, me perdonas pero tengo que ir a preparar las loncheras para mañana la escuela de los beibis.
- Bueno, pero a ver si un día de estos nos vamos a andar una vuelta, ¿está bien?
- Está bien pues, otro día hablamos. Bai.

El cuarto está a obscuras, es pequeño y no posee ventanas. Se siente en las paredes decenas de calendarios de mujeres desnudas, todos marcados con fechas distintas y sucesivas, de encuentros aplazados. Una cama de dos plazas, construida en metal, navega aislada, frente a ella hay un diminuto anaquel, del que apenas se destaca el ruido de un reloj eléctrico.

Colgó el teléfono casi al tanteo, e imaginariamente armó una conversación entre murmullos, en la que Julia terminaba declarándole su amor, en medio de un océano de líquidos espesos con fragancias a rosas marchitas y sangre coagulada, de una virginidad irreprochable, pese a los cinco partos previos a este imaginario encuentro. Y Absalón rebusca en las sábanas de su cama la piel de Julia, delirando de impaciencia por disfrutar aún más de su sexo.

LA CIUDAD

Nueva York es una ciudad de tres pisos, con un ascensor morado cuyo lema es "In God we Trust". Aquí conviven casi todas las culturas del planeta, incluyendo el zoológico del Bronx, la "Casa del Placer Gustativo El Rincón del Feeling", administrada por Don Eriberto Mattei, más conocido como el "Brotherito"; y una comunidad dispersa de adoradores del blanco como color absoluto, que se autobautizó como los "Skin Heads", o Cerebros Rapados.

En un trabajo digno de un premio de la academia, las agencias turísticas nos convencen que es la Capital de Mundo, con rascacielos que se precipitan hasta acariciar la bacinilla de San Pedro. Sus tantas destacadas avenidas coleccionan un mostrario de excentricidades de todo precio en un canto de sirenas, que se confunden con las sirenas de los bomberos, las ambulancias y policía, transportando toneladas de carne humana al basurero, logrando finalmente hacer de este sonido una especie de música de ascensor, que nos acompaña fielmente todos los días.

El Bronx, Manhatthan, Queens y Brooklyn, son áreas tenazmente marcadas de identidad, en la que se ejercitan creencias y dogmas en idiomas y relaciones de todo tipo, rematando en Wall Street, donde las fortunas más grandes del planeta juegan a la gallinita ciega.

Sede permanente de la ONU; de la OEA; del Gobierno Cubano en el Auto exilio; del Club de Amigos de lo Ajeno Residentes en el Exterior; de la Sociedad Internacional por la Defensa del Bosque Tropical; de la Sociedad Investigadora de la Córnea del Ojo Izquierdo; y desde luego, casa a perpetuidad de ex dictadores tercermundistas, presidentes jubilados, senadores o vicepresidentes esfumados con cuantiosas fortunas. En general, y políticamente, lecho de auto exiliados que como arco iris despliega una fauna extravagante, que va desde ladrones presidenciales hasta ministros de segunda, depuestos de sus cargos por los avatares de la agitada vida política latinoamericana. Desde la ventanilla del avión Nueva York parece cuento de no acabar, y ya visto desde dentro luce sus galas con lentejuelas de colores meticulosamente seleccionadas y dispuestas por el fanatismo organizativo americano, al que pese a todo, y por fortuna, se le cuelan por la frontera millones de genes coloridos, que en la mezcla brillan con luz propia.

EL EDIFICIO DE TRES PISOS

Nada más lejos de Nueva York que el concepto de una ciudad plana, porque ésta es la invención de un grupo de mentes con una asombrosa capacidad para crear abismos, incluso contra corriente.

Tampoco es cierto que sea la ciudad de los rascacielos, porque bien visto resulta que Nueva York es una ciudad de tres pisos.

UP IN THE SKYLINE

(Acariciando la línea del cielo)

En el tercer piso se ubica el cielo: un teorema hecho de nubes, azules intensos, anaranjados que varían a rosado en víspera de lluvia, y una turbamulta de ángeles vagabundos de todos los colores, a los que se suma un buen número de árboles que de vez en cuando nos quitan la cosmovisión, que tanto provecho hace al alma, sentados en una banca cualquiera.

Allá arriba dicen que solían escribirse mensajes cifrados para amantes a los que el papel resulta espacio limitado. Un joven violinista, tras cerrar su presentación en los sótanos de la parada 53, comenta que eso quedó atrás hace mucho tiempo, que desde el East Village Jimmi Hendrix fue el último escritor que tuvo ese espacio: "lo demás es como decir que Madona es poeta", añade, con una mueca de extraordinaria destreza.

El cielo newyorkino se abre desde las Costas Oeste y Este hasta el punto máximo en que los rascacielos se mezclan, convirtiéndose en rendijas desde las que se aprecia una ficción entreverada con ladrillos, ramas de árboles, además de las inagotables fumarolas de Jersey City.

Camino a la calle 42 se reproduce en los bellos espacios de la Biblioteca Pública, saliendo de los que ya no es sino una conmiseración divina. Por la calle 14 es un conjunto de pantallas amplificadoras en las que los latinos ven sus fantasías, unas veces sepultadas bajo toneladas de minutos, y otras veces vivas. Pasadas las seis de la tarde se vuelve mentira, y agudizando un poco el olfato de la vista puede percibirse su retirada. En la noche se disfraza con luces que no descansan en su exhibición de mercaderías. De estrellas nada.

"¿Se ha fijado Usted? Si en el día se lo mira boca arriba reproduce rayos ultravioletas, y en la noche, boca abajo hace crecer deseos y melancolías. Lo que pasa es que además es un cernidero de constelaciones amarillas, cuyo brillo e intensidad varían según los cuadrantes de Capricornio". Capitolina Mazín. Española. De profesión lectora de las barajas y aconsejadora.

"Por ahí me he de ir cuando me vaya". Bethania, 85 años. Inmigrante polaca, en una conversación que al parecer está dirigida a una ardilla que ronda sus faldas. Jura no ser judía ni alemana.

"Si Usted cree en ingenuidades me va a decir poesías del cielo. Esas son cojudeces de enamorados: el cielo no pasa de ser la calle de los aviones, que hacen con nosotros lo que les da la gana". Jesús Meza. Puertorriqueño. De ocupación nacionalista, y en horas extras vendedor de ropa usada.

"¡Ah el cielo! De eso hace tiempos que no hablaba. Desde que mi marido me embarazó allá en San Pedro de Zula. En verdad si Usted conociera los caprichos de la vida entendería que el cielo tiene sus abismos aquí en la tierra". Tiófila. Viuda. Inmigrante hondureña. Obrera en una fábrica de pantalones.

"¿Usted en serio cree eso? Yo también, pero cuando hablo del cielo de Arizona". Randal. 65 años. Ex granjero cuyas tierras le fueron expropiadas por no poder pagar una hipoteca. De ocupación pordiosero.

"Mi mamá dice que el cielo es donde van las niñas buenas, pero a mí me gusta más el acuario". Jody. 6 años.

"Mira muchacho, déjame decirte que aquí los únicos clientes fijos del cielo son los aviones, porque hasta las aves se están mudando de tan cara que está la cosa chico". El Tuna. Cubano. De ocupación asilado político y consejero familiar.

"¿Se ha fijado Usted? El cielo es un amante matemático que sintetiza ecuaciones para llevarnos desde nubes movedizas hasta un azul hipotético de tormenta. Cada tarde suma sueños y divide sudores". Clemente. Uruguayo. Contador público de ocupación cocinero.

EPILOGO

El cielo -además de un pretexto para saber que no hay terrenos de promoción sobre nuestras cabezas- es una posibilidad para, estando con los ojos abiertos, no ver nada viendo hasta lo inevitable, y como dice el poema:

Lugar
donde todas las noches
se cuelga la luna
en su color ajeno
a todo precepto,
para atestiguar nuestros
sueños de inmigrantes
recorriendo las aceras
de una ciudad indescifrable.

El cielo
como pizarra nos deja bordar de nubes
nuestras penas
transmitiendo mensajes cifrados
sin estampillas
ni porte pagado.

Diamante
despierto del otro lado de la frontera
-mira-
que en la distancia
por su intermedio
te hablan y
con piedras de jade
construyen un sueño
que te lleve a casa
por el conocido sendero
de la Vía Láctea.

El cielo multiplicado por cien
en tus ojos seducen
las oculares vestimentas
y lo recorres
de Oestnorte a Estesur
para siempre,
recordando a un inmigrante
por quien en una sola noche
se te cayeron las estrellas.

Y voy a escribirte
un poema de vientos que diga
que sin ti el cielo
no tiene escencia,
ni las estrellas se liberan
para dejar de ser
reflejos mortuorios
sucedidos hace milenios.

El cielo es el agujero donde depositamos los adioses en el tiempo de cruzar la frontera, pidiendo que no nos atrapen para meternos en sus cajas de penas. Es el testigo y la luz que nos libera de muchos tormentos.

DEL SEGUNDO PISO

En el segundo piso conviven montones de gente en una construcción incesante de escenas automóviles, buses, restaurantes, tiendas, como si las grandes avenidas de Manhattan fuesen madres dando a luz millones de hijos concebidos en apasionados refriegues interraciales, tras embarazos en cálidas avenidas uterinas.

La calle
es poesía:
el diamante más fino de la vida;
el período de tiempo
por el que los humanos transitan.

Salta la ventana
y encuentra la energía.

Recorramos el concreto
para tejer un collar
de constelaciones
que venzan el tiempo.

UNDERGROUND

Debajo de todo aquello está el baseman de Nueva York: el sótano habitado por personas con una capacidad increíble de provocar amnesia. Son los marginales, y los hay mendigos, cantores, explicadores de su situación, conversadores, prostitutas, renegados, mudos. Enfermos y saludables sin certificado de aptitudes ni recomendaciones que los vuelvan útiles en el mundo de la superación. Como aquel hombre de todos los trenes, que para hacer entretenido el viaje y la falta de radio en un país que prohibe la música en lugares públicos, canta temas de amor acompañado por la música de su cuerpo.

De barba y pelo largo. De ojos extremadamente pequeños, en una como negación a atestiguar las mismas cosas tristes todos los días. Orejas grandes; labios partidos por una sequía instintiva que absorvió todos los líquidos de su cuerpo y una boca a la que en el macabro juego de la supervivencia se le fueron cayendo los dientes.

Al interior no se notan las formas ni se perciben los olores; yace una voz en la que el sagrado conjuro de las voces canta temas que la mayoría de gente desconoce en F.M. stereo, la voz de la sordera.

Su apariencia física reproduce las formas de esta ciudad. Sus ojos brillan hermosamente, y aunque estén lejos nunca se cierran por completo. Aquellos que lo miran logran ser confundidos y experimentan perturbación, en un ejercicio similar al del extranjero evocando un recuerdo.

Al terminar de cantar alcanza a recoger una selección de monedas para finalmente embarcarse en otro tema, y decir:

The night has fallen down
and there comes the warm embraces of nature.

We lay on it with tender love
until the dreams come.

La noche se aproxima
y en ella viene el cálido abrazo de la naturaleza.

En ella nos refugiaremos con tierno amor,
hasta que los sueños vengan.

Cascada de inocencia pura
tus cabellos se atan a mis ideas
y pese a que duermes
percibes el amor que siento.

"Cause if you don't come back I go looking
for happiness."

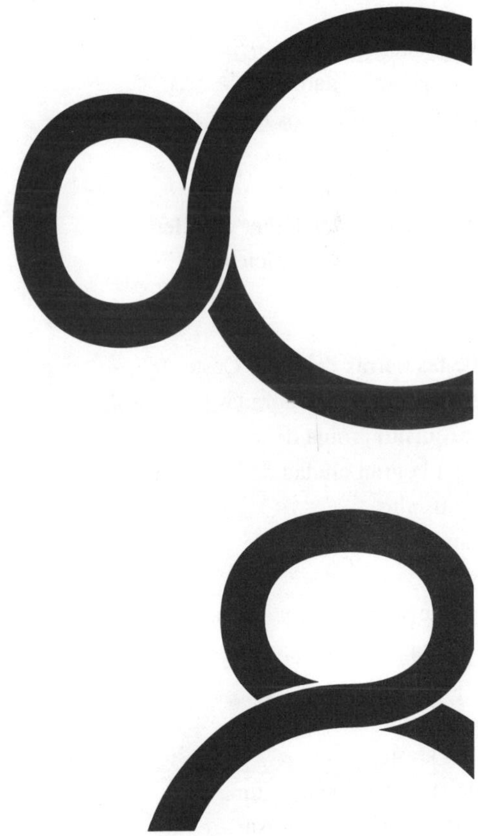

CHICO BONITO

O aquel contador de historias que apareee en los vagones del tren, y que lleva colgada al cuello una tabla en la que se apoyan varios dibujos. En cada uno de ellos hay un agujero, en el que Chico Bonito mete la cabeza y empieza su acto de mimo, comediante, poeta, cuentero y dibujante, con traducción simultánea de imágenes, para, con frases entrecortadas, anunciar:

Saludos a los señores
y las respetables damas:
Primeramente digamos que
los reveses de la fortuna
sólo son ligeros traspiés
que le suceden a cualquier caballero.
Pero nunca serán lo suficiente
para impedir que:

Desde las tierras del viejo Oeste,
donde las chicas son doradas por el Sol
y el exquisito aroma de la canela,
llegue a la gran ciudad de los rascacielos
Chico Bonito.
(Y cambia el dibujo al de un asistente de escena recogiendo dinero.)
¡Deposite su moneda y sonría!
-la tristeza no es obligación-
Chico Bonito
les va a contar
una del Oeste,
donde abundan cáctus y tunas,
pájaros, serpientes olorosas...
y desde luego los famosos
Hombres Duros de Placitas.

Pero antes déjenme contarles
una de Billy The Kid
sucedida en los felices tiempos de la sintecnología...
¡Por favor un fuerte aplauso!

Y aquellos que van en el tren lo miran perplejos, porque con mucha agilidad Chico Bonito se pone al cuello la tercera hoja de la tabla, y aparece el dibujo de un vaquero. Sacude mucho el cuerpo y saca dos pistolas. Gesticula, hace ruidos extraños, las órbitas de sus ojos empiezan a desbordarse. El ansia va consumiendo al personaje, y uno tras otro va sobreponiendo dibujos en los que siempre entra su cabeza, y aparece la imagen de un caballo que relincha furiosamente, y en él cabalga Billy The Kid y su corazón sangrante, sujetando un racimo de claveles anaranjados. Luego aparece una dama envuelta en telas finas y encajes, exhibiendo lo bello de su cuerpo... y aparece nuevamente Billy The Kid recitando un poema de valles amanecidos en fragancias; vuelve su rostro hacia la doncella, que derrama lágrimas de emoción; Billy le extiende un pañuelo de seda y ella se vuelve hacia él diciendo "no te preocupes señor, que soy ciega". Fin del acto, la gente aplude y empieza a depositar sus monedas, pero Billy les interrumpe regalándole un bastón a la dama, y exhibiendo un cartel que dice " final y moraleja: para que vean que Billy The Kid no se las tiró a todas en Texas".

En el venturoso sótano de una sociedad en la que el amo absoluto es el dinero, el amor nace en canciones y otros juegos que provocan terremotos psíquicos no pronosticados, causando agitaciones devastadoras, como el sufrido por los ojos de una muchacha árabe, que al percatarse que Chico Bonito había terminado el acto le da una sonrisa, cubriéndose de inmediato con su velo obligatorio.

LATINO POW WOW HARDENED: LA HISTORIA DE TRES CIUDADES

(¿La ha escuchado Usted antes?)

Heroinómano terminal:
y el carro de la leche
que pasa repartiendo
jeringuillas celestiales
que amplifican y perfeccionan
el espectáculo de la Luna
hacia donde hemos llegado tras un largo vuelo
para preguntarnos:

¿Qué nivel de plenitud se requiere
para llegar a la sensación
de un equilibrio y desequilibrio
orgásmico perpetuo?

"Material no reciclable"
es la fórmula con que se los han clasificado.
¿Lo sabía?

%3$5_&/'%)' @#$!%^&@#$%+

Se dice que existen dos ciudades
con niveles sublimes de tolerancia,
y que en ellas no existe el miedo
como sentimiento común.
Allí ha sido creada la salomónica figura de
un carro de helados
repartiendo jeringuillas y
heroína.

En los últimos años
hemos recibido noticias ciertas
-de que-
estas dos ciudades
no están ubicadas en esferas muy distantes,
sino que su sentido de discreción las vuelve
una veces ciudades prístinas,
y otras infernales.

%)('&_$/':)(+*&^%$?><+

Uno de sus visitantes nos narra que
la heroína nace
de la semilla más pura
de la Flor de Loto,
y que tiene virtudes curativas
de males tan extremos
como la anemia espiritual,
que es enfermedad galopante
-Séptimo caballo del Apocalípsis-
en las sociedades industrializadas.

De sus síntomas
a saberse:
materialización abstracta de los sueños;
desmembramiento del conocimiento
con un absurdo crecimiento del ego;
percepción letal del tiempo
- y -
enajenación higiénico sanitaria.

:.?"!$/&')(:^%$**)(*+?><(*&

Dicen que al ser inyectada
la heroína
libera las células censoras del placer,
y entre otros efectos secundarios
permite al heroinómano
sentir su naturaleza viva y
conciente del goce.

Aseguran que
una vez experimentada esta sensación
no existe nada en el universo
que satisfaga tanto su cuerpo,
porque entonces
-y de modo terrible-
se da cuenta que la realidad
a que ha sido sometido desde su nacimiento
-es-
en extremo aparente,
porque los sensores del sueño y la belleza
han sido mutilados es una obra maestra de
-lobotomía estética-
haciendo realidad el popular dicho de:
"esta vida sin vida no es vida".

+%&_$$/()('&:^%$#@?>"

De estas dos ciudades también se dice
que a una hora pactada
pasa el afamado heladero,
y todos los heroinómanos
salen a su encuentro,
llevando un carné que los identifica
como miembros de la selecta agrupación
"una dósis diaria".
Geográficamente no se especifica dimensión alguna,
psíquicamente simula ataques post occipitales.

+%)('&'(&_.?:?>":}{{+_
La narración oral transcrita en imágenes
describe a familias enteras
detrás del heladero.
Dos o tres generaciones
necesitadas al mismo tiempo.
Bombas en potencia
que sin su dosis diaria
no sobrevivirían ni 48 horas
sin causar un océano de destrozos.
Y ya especificando las cosas
el hombre que estuvo en nuestra nave
afirma haber vivido
en el populoso barrio de una tercera ciudad
-enferma-
y cuenta que:

En una noche repleta de estrellas nubladas llegó la policía con varios de sus elementos, y tumbando la puerta de una casa humilde dispara y luego pregunta por los bultos de plata y los lotes de joyas y electrodomésticos. Sin entender de qué carajos hablan, aquellas sencillas personas les dicen que están mal informados o que se han equivocado de casa.
Como respuesta inmediata a uno le metieron la cabeza en la taza del water que estaba llena de mierda; a otro le puñetearon hasta deformarle la cara; a otro le rompieron dos costillas, y a otros más les habían puteado la madre. Pero al menos afortunado le metieron un tiro que le apagó la vida.
Y claro... a los pocos minutos del incidente los policías se dan cuenta que la cosa se había puesto delicada, porque finalmente no encontraron nada. A la mañana siguiente aparece en la tele un seboso de terno diciendo que en los bolsillos del muerto se encontraron tres paquetes de mariguana, y dos de una sustancia que ellos nunca llaman de otra manera que no sea "clorohidrato de cocaina".
Y usaron este argumento para salvar su "honra" porque están completamente seguros que debido a la aberración moral de la que la sociedad es víctima, la gente se iba a quedar callada, o a decir "bienecho", pero les salió el tiro por la culata, porque hasta la gente de las urbes tercermundistas está harta de los malos cuentos, y de fotonovelas insensatas. Y empezó el griterío del pueblo, exigiendo la cabeza sin casco de los culpables de la masacre pública de un adolescente.
En ese lugar enfermo
jamás existirá un heladero,
sino sólo un ejército de uniformados
que pueden avalar la total humillación del ser humano
que siendo inocente puede ser condenado a:
comer mierda en una jaula,
ser sepultado en la flor de la adolescencia,
o ganarse un pasaje sin retorno
al infernal manicomio.

Nueva York. 3ra. Av y 125.
Tomando el subway 4 . 5 . 6 .

DESENTIERRO

1

Huele a meados, y sobre la espalda se concentra un frío espantoso, que nace del calor evaporándose en el rocío de la noche. Los huesos lo asumen como algo que de tan verdadero duele y pesa con una ligereza inesperada, provocando que los músculos se contraigan en espasmos incontenibles. Las piedras más pequeñas se clavan en el cuerpo como agujas milimétricas, que ni el más tedioso trabajo de las manos ha logrado retirar. La cabeza simula que descansa, pidiendo a gritos una almohada que no llega.

Es el desierto de Texas, húmedo y pedregoso, abriéndose como una puerta gigante camino a la nada, aunque sobre él se haya dicho tanto, y se hayan impreso tantos mapas. No tiene cobija y toda su ropa empezó a secarse con el calor de su cuerpo, que lentamente va siendo víctima de la enrarecida temperatura. "Deben ser como las dos de la madrugada" piensa Emiliano, mientras procura dormirse antes de seguir su jornada al borde de la carretera, que lo llevará a la ciudad de Albuquerque, en el estado de Nuevo México.

2

A las nueve de la noche fue que logró cruzar el río, atestiguando cómo detrás suyo se desataba la cacería fronteriza contra las ocho personas que lo acompañaban. Estaba muy oscuro, y apenas escuchó los motores de los carros divisó sus luces, y siguiendo la guía del Coyote se arrojó hacia unos pequeños arbustos, buscando un lugar donde ocultarse, o por dónde cruzar el río.

Al mirar la estampida y sentirse perseguido le invadió una terrible sensación de frío, y con toda la audacia del miedo se lanzó al río, pero en lugar de intentar cruzarlo se quedó sujeto a una rama. Los otros del grupo, preocupados por ayudar a sus familias no lograron escapar, mientras sumergido en el río, él miró como eran golpeados brutalmente, y subidos a sus extraños autos.

El momento más peligroso vino cuando un helicóptero de potentes reflectores comenzó a patrullar las orillas en busca de posibles fugitivos. El se sumergió, permaneciendo dentro del agua largos momentos, hasta que el helicóptero cambió de dirección, y se perdió en el vientre de la noche. Lo último en disiparse del ambiente fue su monstruoso aleteo.

Por primera vez en su vida Emiliano conoció la furia extraña y poderosa de lo que su gente suele llamar "El Río Bravo".

3

"Huele a meados" volvió a pensar, y se da cuenta que nunca antes había percibido ese olor de manera tan profunda. Le pareció dulce y salino, con un aroma de consistencia líquida pasando de la arena a la nariz, hasta lograr quedarse grabado en el subconsciente.

Como efecto contrario a la salivación del vómito, siente que se le ha secado la garganta y que el paladar, la lengua y dientes adquieren proporciones exageradas, en una como mandíbula de caballo disecada. Acumula toda la saliva que puede, pero al tragarla se atora aún más, provocándole un eructo que lo deja aún más reseco.

La oscuridad del desierto es inmensa, y posee el don de hacer evidentes todas las cosas del espíritu y la materia, por eso en ella reina un aura completamente silenciosa, que como a elemento sagrado sujeta la nada. Millones de estrellas crean en el cosmos un universo de posibilidades infinitas, de las que ya casi hemos olvidado los nombres.

Emiliano se siente maravillado, por un momento se da cuenta que las luces de la ciudad le habían privado de la magia y el placer de la noche. Se recuesta y pone su oído en la tierra escuchando ruidos de criaturas que se desvanecen. El dolor de los pies ha ido en aumento, y el solo recuerdo de lo sucedido le provoca un tremendo sentimiento de orfandad, en el que se cobija. Si haberlo percibido empieza a llorar, es entonces cuando piensa en todo lo que dejó detrás suyo, en todo aquello que había vivido en Puebla. Tuvo la sensación de que las conversaciones con sus amigos apenas habían cesado, y éstas desaparecieron ante pensamientos de reproche como "¿qué hago aquí?", pero la parte más sincera de su yo le hizo entender que su situación actual era inevitable.

La arena había ocupado una porción de su rostro a modo de cicatriz, y aunque fue mucho el frío y muy fuerte el sentimiento de incertidumbre, logró dormirse en un sueño profundo y reposado, en el que le acompañaron imágenes de buses desplazándose.

4

Cuando abrió sus ojos sintió el fuego de la luz y encontró a su lado al Paisano con los ojos cerrados. Creyendo que aún dormía procuró no hacer ningún ruido, pero al caminar hacia la cocina se sobresaltó al escuchar un grito que decía: "¡Si esto no es funeral brother...! Hoy es Domingo y el departamento está vacío".

- Pinche Paisa... ¡por poco me matas del susto güey!
- ¿O los que te querían matar eran los visitantes del sueño?
- Ni la mentes carnal, por poco y me circuito.
- ¿Tan malo estuvo?
- Parece que esos pinches perros lo huelen a uno.
- Por algo serán perros, ¿o no?
- Pasando el camino de Texas a Nuevo México nos paró la migra y le pidieron los papeles a mi primo. Como los traíba no le hicieron mucho pedo, yo estaba escondido en la caja del asiento, que era estrechísima... ¡y pinche calor que hacía!
- ¿Te estarías friendo no?

- No mames carnal, si era rete chiquita, pero bien escondida la pinche artesanía.
- ¿Como ataud?
- No pos, claro, pero tenía unos huecos pequeñitos por los que yo respiraba y veía el pavimento casi en mis meras narices. Me acuerdo que le hicieron bajar y rebuscaron por todo lado sin hallarme. Yo no sé cuántas pinches horas pasé adentro, pero ya hablando la neta, estaba más cómodo que dormir en el desierto... Jíjole... ¡pinche frío!
- ¿Cuántos horas, mil?
- Ya, no seas alburero. Me acuerdo que mi primo me despertó diciendo que ya estábamos en un lugar seguro, que era un hotel conocido. Ahí sí nos rajamos la madre durmiendo y comiendo. Creo que nos quedamos como 15 horas, y cuando se oscureció nuevamente volvimos al carretero, directo hasta Albuquerque, de ahí 3 días hasta Nueva York, pero ya fuera del sarcófago.
- México, el sentimiento de amargura es un sentimiento extraño, porque sale del corazón y se mete en la cabeza. -Dijo el Brotherito, que acababa de despertarse en la otra cama.
- ¿Estuvo caliente el zarape Brotherito?
- Ni hablar, he dormido como un Príncipe Azteca, disculpando la expresión y agradeciéndole el hospedaje.
- No pos, si ese zarape es de madres, se lo trajo mi primo de Mexicali.
- Le noto medio cansado brotherito, que... ¿le atacó otra de sus pesadillas?
- No pos, si ésas son de siempre, lo malo es que todavía no sé cómo disimularlas.... aunque me concentro y respiro como me enseñó Miss Andersen todavía no puedo evitarlas.
- Ya se le han de pasar cuando se acostumbre a esta vida nueva. Ya verá cómo los colores recuperan su brillo, y se ordenan las cosas del mundo.
- Ojalá y así sea -dijo, caminando hacia el baño, sumergido en el recuerdo del desierto.

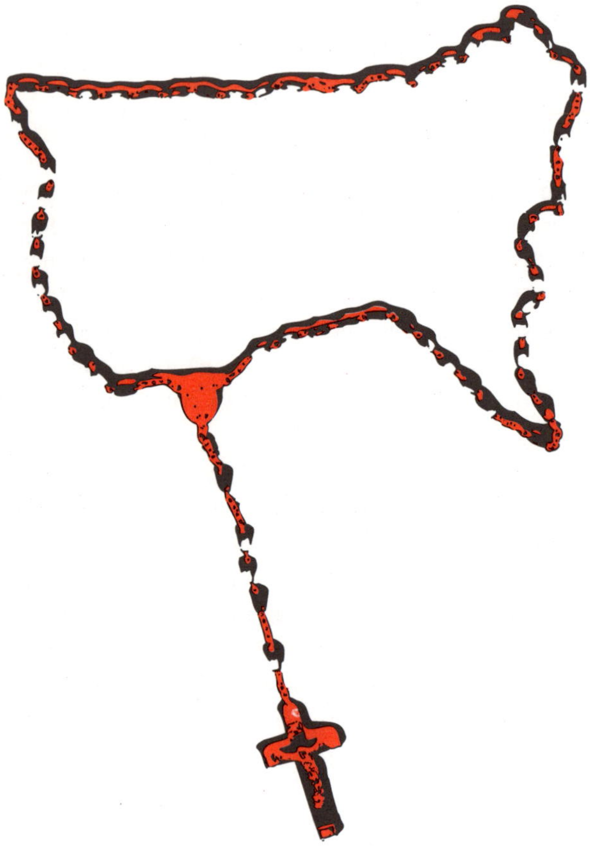

DEL PEDIDO DE VISA
(O la Marchitez de la Sonrisa)

Al interior de la sala los unos rehuyen las miradas de los otros. Son las orejas las que se multiplican, buscando en la negación dada a otros, la posibilidad de una afirmación próxima.
Desde algún otro lado de la pesadilla con acento americano, se dice un número, y la persona a quien corresponde se acerca con una serenidad fingida, mientras los otros lo miran como a uno que va a ser sentenciado, experimentando un extraño complejo de culpabilidad. Y el ciclo se repite una y otra vez, hasta que algún suceso viene a interrumpir la terrible armonía.
- ¡Of course they did gave me (¡Claro que me dieron!); -dice con sonrisa sarcástica un hombre bastante viejo, añadiendo- yo no tengo ningún problema, vivo allá hace veinte y siete años - y sale saboreando sus palabras, que al parecer tienen sabor a menta. Y estando ya en el umbral de la puerta se voltea, y en un Inglés penoso dice: " Some folks are very messy. Of course they did gave me. I am an Allien Lawfully Admited as a Permanent Resident". (Es que hay gente tonta. Claro que me dieron. Soy Inmigrante legalmente radicado...! Lo que pasa es que no saben lo que significa ser residente, ni se imaginan lo que es estar en el umbral de la ciudadanía.) Y afuera el cielo de Quito se muere de asfixia.

EL PAISA

Parece que todos viviésemos presos en una sepultura, con la única aspiración de encontrar alguna posibilidad de cambio o fuga. Entonces nosotros somos los condenados, porque nuestras cabezas sólo piensan en "ir allá", mientras las de ellos repiten "acá no me entran". Entonces Emiliano: ¿a dónde vamos?". Y mueve las manos como queriendo dar forma a lo que dice, espiando a un lado y otro de la vereda, como si por la calle Saint Marks debería llegar el calor que retrase la entrada del invierno.

"Yo he visto a la gente esperando el turno para ser recibidos en una ventanilla, y poder explicar el asunto de su visa. Había una cola que empezaba a las tres o cuatro de la mañana y que se extendía por más de dos cuadras. Al abrirse la puerta uno tras otro entraban en una lluvia incesante, y pasaban y volvían a pasar, y aunque parecían distintas eran las mismas personas pero con otro sexo y otra cara. Habían mujeres muy bellas, hombres encorbatados, morenas, pálidas, recomendadas, conocidos, azules, rojos, pintadas, clase media, adinerados, despintados, apadrinados... con olores de perfumes de todas las marcas, que producen mareos porque ya te imaginarás un cuarto lleno de perfumados sudando, afuera un calor insoportable y dos ventiladores removiendo el aire. Y es que el que va a pedir visa "tiene que ir a todo trapo" y tratar de oler a magnolias". Y sus palabras iban cargadas de rostros agónicos víctimas de la negativa; axilas llorando su agua sal; cabellos sujetos con binchas japonesas made in USA, y como candado, pasaportes que se quedan en blanco."

"Yo me acerqué al oír mi número, y del otro lado de un vidrio grueso apareció un hombre y me sonrío. Debía tener unos 45 años, y apenas vió el pasaporte me preguntó que para dónde voy, que si era la primera vez, que cómo así, que con cuánta plata, que con quién... y yo le respondí todas las preguntas y no me creyó. Me devolvió el pasaporte y me dijo que regrese en tres meses, pero al día siguiente me fuí con un conocido al consulado de Guayaquil, y también me negaron la visa."

Una planta va muriendo en el servicio migratorio, mientras en la ciudad unas veces hace sol y otras llueve. "Oh darling, look at this plant, is becoming sick. (Querido, mira esta planta, se está enfermando)", le dice una señora a su marido, y del otro lado del vidrio aparece como foto envejecida, una bandera de 52 estrellas y una infinidad de barras siempre presentes en la conciencia del inmigrante.

- Emiliano: el mundo es bien raro.
- Ni lo mentes, no vaya a ser que se aparezca.

En el camino de la frontera existen muchos lugares que destilan tristeza y están marcados por la presencia de seres expuestos a todos los riesgos. Por obra de fuerzas malignas en ellos perecen los sueños de muchas razas, enredados en alambradas y cables de alta tensión. Los helicópteros lanzan fuego y quienes hacen guardia llevan garrotes, dentro y fuera del alma. Y un nuevo día empieza, poniendo en funcionamiento el reloj de las conciencias.

"LABOR POOL" o la Agencia "Iris May I Help You"

- Siéntese joven. Ahora mismo lo atiendo. - Le dijo Miss Betty, volviendo lo mejor de su seno hacia el escritorio, sobre el que para abultar aún más se acomoda una placa que dice "IRIS: Agencia de Empleos".
Emiliano se sentó algo nervioso, sin querer mirar el escritorio. En la misma habitación está un grupo de personas a las que identifica dos sentimientos: la necesidad de un empleo y la vergüenza para pedirlo.
- ¡A ver tú Luis, acércate para acá, papo! -gritó Miss Betty, dejando caer sus labios en una sonrisa sensual, que más bien denota cierta devoción a la moneda.- Mira -prosiguió- ahora mismo te vas a la 5ta avenida y 52, ahí está un restaurante que se llama "The Tower Place", y que se especializa en pastas y ensaladas. Te arreglas bien el cuello de la camisa, papo, entras, saludas en voz alta pero sin gritar y preguntas por mister Gemino, y le dices que vas de parte de esta agencia, y le entregas este sobre. ¿O.K? ¿Está claro? ¿Completamente entendido? -El muchacho la quedó mirando, como si a la vez entendiese y no lo que le estaba diciendo.
- ¡Ay pero no seas tan lento, papo, mueve un poco el trasero mijo! -le gritó, y ya dirigiéndose a Emiliano dijo- Ahora sí tú guapo, ¿en que te puedo ayudar? ¡Ah! ...No, no me lo digas que adivino: ¿necesitas un empleo?
- Acabo de llegar a Nueva York y necesito un trabajo.
- Vaya, te noto muy resuelto, ¿qué sabes hacer?
- Cualquier cosa -respondió con voz apagada, evidenciando el sentimiento que mejor conoce su agencia.
- Bueno Papo... ¡Pero despiértate! Primero déjame informarte que nosotras nos especializamos en proveer personal para servicios domésticos y de restaurantes, así que cualquier cosa va por ahí. Como ya te habrás dado cuenta colocamos desde lavaplatos hasta cajeros, pero todos con alguna experiencia y previo el pago de una módica cantidad por honorarios profesionales.
Emiliano la miraba con mucha calma, tratando de inventar una historia que encaje dentro del requerimiento "experiencia previa", como camino hacia un empleo, y considerando que ya era suficientemente malo ser indocumentado como para añadir franqueza, dijo:
- De la experiencia no se preocupe, porque antes ya trabajé como lavaplatos en un restaurante colombiano.
- Me parece bien porque el puesto que tengo disponible es exactamente el mismo, aunque en un restaurante italiano, pero algo es algo, ahí vamos adelantando, ¿no crees papo? -Y sin dejarle respirar añadió- ¿Y dónde es que vives?
- Uptown, cerca del East Harlem.
- Ha, how wounderfull... ¡qué cosas! -gritó Miss Betty con el rostro iluminado- justamente es por ahí que están necesitando a un joven dinámico, y tu tienes algo de experiencia como fregador de platos, así que alégrate muchacho que ya tienes empleo. Quién quita y hasta llegas a administrador... ¡o socio! -y el busto se hizo más prominente, dejando entrever un braziere celeste con encajes blancos.
- ¡Ajá, ya me doy cuenta que te gusta la idea! El sueldo es de 4 dólares la hora, ocho horas diarias, seis días a la semana, lo que da un total de... ¡142 dólares!
Emiliano se puso nervioso. La sola posibilidad de haber encontrado un empleo que le pague 142 dólares semanales le causó una alegría inesperada, que le llevó a recordar los rostros de aquellos que le habían prestado el dinero para ayudarlo a cruzar la frontera. Entonces Miss Betty le pareció un ser angelical, trabajando en los máragenes de legalidad de una sociedad desconocida.
Mientras tanto Miss Betty seguía explicándole sobre uno y otro asunto del lavaplatos, y sobre todo de las ventajas de trabajar de cinco de la tarde a una de la madrugada, añadiendo:
- Imagínate niño, antes de la cinco de la tarde puedes hacer lo que te venga en gana: pasearte, dormir, hacer ejercicio, ir a la escuela, salir con tu enemorada... -entonces se calló bruscamente, y ante su silencio Emiliano volvió a la realidad. Miss Betty le preguntó:
- ¿Y hablas Inglés?
- ¿Es necesario para lavar platos?
- No, no tanto, pero de todas maneras te recomiendo que antes de la entrevista a la que vas a ir te aprendas palabras como jabón, esponja, cubiertos, ollas, platos, tasas, vasos, sartenes, baldes y todos esos peroles que tienen que ver con un restaurante... ¡Pero no pongas esa cara de funeral niño, que los dueños son bien buenas gentes!
- ¿Me darán el puesto?
- De eso estoy completamente segura, porque yo, con tantos años de proveerles personal, sé cómo les gustan los empleados: jóvenes, ágiles, flacos, indocumentados, y sobre todo latinos. Bueno, ahora sólo nos falta aclarar las condiciones económicas en las que queda esta agencia, que como te imaginarás no sobrevive del aire, ni cuenta con el auspicio de la Agencia Federal de Empleos.
- Eso no importa.
- ¡Hay papo, espérate un momento! No me alborotes la permanente con tu ingenuidad. ¡Claro que importa! -y de un cajón sacó una libreta de contratos que empezó a revisar con meticulosidad sospechosa. -Mira -prosiguó- ahoritas llenamos este formulario con todos tus datos, o con los que tengas, y luego le llamo al dueño, arreglo una entrevista para mañana a las cuatro y media de la tarde. Te vas muy suelto y relajado, le hablas castellano, que aunque es judío ya medio entiende, y si no, no te preocupes que ahí hay un chico peruano que te puede ayudar con las traducciones. Se llama Miguel. Por nuestro servicio cobramos el suelo de una semana, lo que en tu caso vienen a ser 142 dólares... ¡pero no te asustes ni pongas esa cara! -alcanzó a decir al ver que los ojos de Emiliano se habrían exageradamente- no te asustes papo, que esos 142 me los vas pagando en dos o tres partes.

- ¿No será un problema lo que no traigo papeles?
- Te lo dije -añadió emocionada- eso les encanta. Te pagarán en efectivo cada viernes y así se ahorran los impuestos. Ah, y una última cosa: no confíes en nadie, y cualquier opinión cuéntatela a ti mismo.

"Chinga Paisa. No sabes cómo se me hizo de retebonito ese día. Encontrar trabajo en Nueva York no es cosa fácil, y peor sin papeles. Llegué al restaurante a eso de las cinco de la tarde y me atendió un chaparro, que salió antes que tú llegues. Yo le dije "good morning mister" y al darse cuenta de que de ahí no pasaba mi inglés, habló en castellano y me dijo que debo estar atento a lavar a cada ratito los platos, sobre todo en los momentos del bisi, que es cuando hay más clientes. Me dijo que sartenes ollas, vasos, tazas y cubiertos tienen que estar siempre limpios; los frascos de la sal y el vinagre llenos, y que a la hora de cerrar debo lavar todas las ollas, barrer y trapear la cocina, sacar la basura, meter las mesas de la vereda, barrer el sótano, lavar los frascos de la sal, el azúcar, la pimienta y el vinagre, limpiar los cuadros de las fotos, lavar los vidrios de las ventanas los sábados, y no sé cuanta chingadería más, todo calculado por horas y minutos, y aunque yo ya veía la cantidad de chinga que era todo eso no dije nada, porque más grande es la necesidad de un trabajo. Los dueños habían sido judíos, y la jefa de toditos era una italiana, esposa del más viejo, ese que vino el otro día con lo papeles del divorcio, ¿te acuerdas?
Ese mismo día y después de la entrevista, estaba en el lavabo. Chingada madre Paisa, a lavar montañas de trastos, y las malditas horas que se vuelven enemigas de uno, pasaban como perro en procesión. Que Emiliano vasos, Emiliano el Silverware, Emiliano sartenes, ollas, copas, tazas... y en medio de todo ese desmadre comerse de volada cualquier cosa, que siempre son pastas o sánduches o ensaladas, con un vaso de leche que me gustaba tomármelo de un solo bocado... y ahí otra vez de regreso al agua y al jabón, hasta que a la una de la madrugada sales con las manos que parecen pan remojado. Y uno se va haciendo de un método, se distribuye el tiempo y la tarea, pero lo que más chinga es que los dueños le ponen hora a todo, sin dejar libres sino los diez minutos en que podemos comer. No mame Brotherito, a las tareas que teníamos asignadas les fueron poniendo otras como empaquetar las cajas y sacarlas una vez por semana para el reciclaje. Cada ocho días debo limpiar la oficina y los vidrios que dan a la calle. Al pobre salad man que trabajaba aquí antes que el Paisa llegue, le iba peor que a mí (¿increíble no?). Imagínese que él también llegaba a las cinco en punto y no bien se había puesto el delantal debía subir como quince latas de tomate y licuarlos, entonces empezaba su trabajo, igualito que tú, Paisa: preparar los materiales para hacer los sánduches y las ensaladas, llenar los faltantes, cortar cebollas, licuar ajos, picar pimientos, lechugas, rallar zanahorias, preparar los dressins para las ensaladas ...... y mientras tanto ir atendiendo a los clientes que van llegando, y que siempre son un chingo. A la media noche le tocaba limpiar su estación de trabajo, levantar las mesas y sillas del salón para trapear los pisos, meter las bicicletas de los deliveri boys, dejar limpia la nevera gigante del sótano, y a la una en punto de la mañana poner candado. ¿No haces lo mismo tú Paisa? Cuéntale al Brotherito cuánto tiempo se te va en eso."
- Así es Broherito, nos inventamos un sistema de trabajo que nos permite ayudarnos en las horas más ocupadas, cuando la clientela se amontona, y hacen los pedidos.
- Pos esa sí que es la mera.
- Así nos ayudamos, porque solos...
- ¡Imposible!
- Ya vámonos, brotheritos. No me había fijado que son casi las tres de la madrugada, y mañana Emiliano tiene clase. ¿O se raja?
- ¡Ni que fuera de porcelana!

FULL ALTERNATIVE BROTHER

Baila como simio prisionero en un zoológico de animales locos, de un maleficio sublime. Parece que sufriera de una parálisis cerebral intermitente, que le impide mover ninguna parte del cuerpo separada de la otra. Su boca entreabierta a modo de sepultura emite sonidos hermosos, dejando escapar una que otra vez salivazos involuntariosa a un micrófono maravillado de su propio óxido. Canta temas que nadie entiende porque al parecer carecen de letras, y como acompañante de la melodía trasmite ritmos terribles y embriagantes. Su cabello es de color verde, y se estira largamente hasta encontrar los pliegues de la cintura. Como por arte de magia lo ha enredado en pequeñas serpientes de plata y ojos de piedras preciosas falsas, que sin embargo brillan con una luz maléfica. El escenario sobre el que actúa con su banda simula un bosque amazónico en pleno invierno, bañado por una bruma interminable de rayos láser y sonidos de huracanes en estéreo. En el monótono zumbido de veinte parlantes que nadie sabe dónde están ocultos yace el vibrar de grillos monstruosamente inmensos.

Detrás de él una mujer sujeta a su espléndida cadera un trapo mutilado, que exagera el tamaño de sus nalgas y piernas. Toca una guitarra de doce cuerdas, seis de las cuales están evidentemente muertas. Se sacude aparatosamente al ver a Simio de Oro en un trance macabro, que le lleva a deformar completamente los textos de las canciones, emitiendo sonidos que no se parecen a nada conocido, y que se ubican entre la agonía y la muerte, quizá aprendiendo a nacer nuevamente.

La multitud se refriega mutuamente para confirmar a sus sentidos e instintos que no están solos, delira en este concierto, que de manera inconsciente se asemeja al encuentro de una confederación de tribus gestadas durante milenios en base a silicona, luz artificial, hierro y cristales, haciéndoles aparecer como lo más fuerte a las puertas del siglo XXI.

En contorsiones extraordinarias hay cuerpos de muchas formas y amaneramientos. Psicologías evidenciando angustiosos estados del alma. Lenguas acarreadas por alguna tormenta maliciosa desde todos los mini planetas de esta nueva galaxia, creando una obra de arte espeluznante, con montones de carne procesada en una mezcla de filtros infernales, con custodias incorpóreas, y ángeles de plata.

En la intensidad de su delirio sienten que en el reloj del tiempo el crédito con el que llegaron está vencido, y que en los próximos decenios habrán de experimentar cambios magníficos, que apenas perciben. Les angustia atestiguar la caída de una forma de espíritu que hasta hoy es su modo de vida. Intuyen que deben buscar en otras puertas y ventanas las salidas o entradas de otros modos de luz, que eviten su exterminio. Descargan su pasión hacia esa ignorancia, arrojando energías, que unas a otras se matan.

"Totalmente ambigua y a la vez definitiva esta multitud brotheritos, llevando en su sexualidad algún gramo de semillas antiguas de asirios bárbaros, griegos iluminados, europeos saqueadores, colonos insaciables, brahmanes excéntricos, negros y shamanes manejando el milenario raciocinio de los astros para evitar ser extinguidos. Locos y a la vez tan normales todos estos señoritos: las United Nations en el corazón de la prostituta y espiritual Manhattan. Embajadores de países exóticos que terminan dándole a esta cantina un ambiente de bulín internacionalistamente progresivo, en el que la paz entre las tribus deja de ser una cosa oblicua para alcanzar el disfraz que mejor le queda: la cantina refinada en una fiesta continua, después de haber barrido los cadáveres de tantas internacionales guerras que fueron incapaces de detener por andarse aquí, refregándose sin siquiera sentirlo".

Cinco mujeres semi desnudas caminan entre la multitud llevando al hombro un fusil plástico, que en lugar de balas dispara tequila, directo a la boca por cinco dólares el tiro. El Brotherito se apresuró a bautizarlo como "la Bala de Plata" atribuyéndole virtudes oníricas, y poderes afrodisiácos. Los inmigrantes descubren que para este grupo humano el placer no reside sólo en la garganta, y luego en el cerebro, sino también en los ojos, pues mientras reciben el disparo se distraen admirando las muchas redondeces y cavidades de las vendedoras.

- Orale Paisa, mandémonos un atragante de esos al gaznate - grita Emiliano, buscando el billete que le alcance para suicidarse.

- A mí que me sirvan una siete milímetros importada de Alemania.

- A mí una de esas que se llaman Colt 45.

- Brotherito, si fuéramos lobos ahí mismo quedábamos boca abajo, bailando en el sarcófago -le responde el Paisa, sacando los ojos más allá de la botella de cerveza, con que se apura a mezclar el tiro recibido. Luego de la tercera ronda el Brotherito les comenta:

- A ver esa muchachada, iránse con compás nomás, que fácil esto se nos convierte en la fiesta del Freddy Kruger.

- O en la del Peter Wilson

- ¡Orale Paisa, no seas tan calavera!

Y luego de meterse los billetes entre los casi inexistentes pliegues del bikini, la mesera les lanza otro disparo, provocando una tos escandalosa, que les saca lágrimas.

- ¡Qué loco! Se me está regando el trago por los ojos -dice el Paisa, secándose con una servilleta.

- Ni modo, aquí nos quedamos de puros calaveras, hasta que la güerita ésta se quede sin balas -añade Emiliano.

- De eso ni hablar Brotherito, que la Reina debe tener un tanque de municiones en el sótano, y en el primer intento de insubordinación nos sacan en ambulancia

- ¿A poco no se te hace nice morir atragantado?

- Lo que no se me hace nice es morir estando vivo.

2

El local tiene la forma de una pirámide inmensa con dos puertas, cuya virtud más siniestra es vomitar gente, de entrada o salida. Su fachada exterior es de cristal, y está complementada por tres pirámides menores, que sirven de restaurant y bar al aire libre. Están rodeadas de animales míticos y personajes de historias inconclusas. La iluminación de los jardines es exquisita, y entre plantas que logran el efecto onírico de un Oasis, se abren espacios psíquicos furtivos para parejas en apuros tanto o más sublimes que el del baile o la bebida. En los pasillos interiores la iluminación logra que el cliente sienta el efecto de quien está ingresando a una cámara funeraria, en la que se espera todo brille con el color del oro que pinta la fachada externa. En la puerta de entrada tres bellas mujeres de pieles extremadamente blancas y ataviadas con trajes egipcios reciben las tarjetas de entrada, resguardadas por seis hombres negros y latinos disfrazados de esclavos.

En la parte interior el techo se dispara hacia el infinito, y está pintado con nubes borrascosas y aves que lo vuelan. La pintura de fondo es violeta, y cuando es iluminada por los reflectores laterales produce un efecto de una tormenta eléctrica, en noche veraniega. De todo el conjunto cuelga una mini pirámide de cristal, en la que se divisa un murciélago loco, que cuando la banda deja de tocar va alimentando de música este cosmos, reproduciéndolo en millones de versiones transitorias, en cerebros de todos los linajes posibles. “God make me Just Like society made him God” dice a gritos desde su micrófono, mientras agita sus pies y manos en un ritmo indefinido.

“Esta noche el Gurú empezó su trabajo exsorcizándose a sí mismo, para luego darle con la garganta a canciones que por salirle de sus huevos causan semejante conmoción en este sitio. -dice el Brotherito refiriéndose al de la banda, para luego de un minuto de silencio añadir - Ese sí que es antiguo, y fijarásen que no toma otra cosa sino botellas y botellas de agua que han de ser salidas de las vertientes de San Pelegrino made in Italy. De por sí solo el Brother éste ya está bastante intoxicado. El resto de la banda, y la culta audiencia, no hace sino escuchar los desquiciados latidos de un corazón dejado al abandono solamente los sábados por la noche, cuando se tiene conciencia que el domingo es festivo y que todo el chuchaqui puede divinamente expandirse durante las veinticuatro horas del next day, agonizando de la mano misericordiosa de San Isidro Labrador.

De esos simios aquí hay bien pocos. Hang over. El resto no son sino niños cultos salidos del manicomio bajo sentencia de que el lunes a primera hora, (y luego de timbrar tarjeta), regresarán con la cantaleta de sus muy productivos e industrializados cerebros. Ahí se cambian de disfraces para seguir llevando una vida de ascensos, de gente bien, con ideales de superación en la capital del mundo: el sobaco más oloroso de la humanidad a la entrada del siglo XXI, ¿o no Brotheritos? Y disculparán nomás que estoy filático pero esta noche vine trayendo la lengua”.

Cientos de reflectores pintan el espacio con colores cálidos, encontrándose una que otra vez con muñecos de más de tres metros, que macabramente imitan las figuras de eminentes políticos que usualmente se dignan honrar con su presencia esta casa, en el que también sus respetables pustulencias hacen parte del decorado. Otras veces aparecen jeroglíficos legibles y animales egipcios móviles, cuya intención es hacerle sentir al público que está bailando, bebiendo y fornicando en la casa de Tutankamón, abundando reproducciones de antiguos bacanales, y líneas decorativas que hablan de linajes ancestrales, al que los asistentes tienen acceso cada fin de semana.

En cierto punto de la noche, y gracias al efecto producido por las densas nubes de humo que emanan estas chimeneas humanas, el lugar parece una postal de Londres en invierno, pero sin el consuelo de las estrellas en algún lado del cielo. No hay asientos, ni nada parecido a ellos: es la fiesta de las várices a punto de vomitar fuego en uno como océano de cabezas extravagantes, agitadas por vientos que anuncian tormenta para lo que resta del siglo venidero.

“El vómito vendrá luego, cuando en su sublime asalto a la naturaleza esta gente se robe los colores que les han jodido durante tanto tiempo y los arroje afuera desde el punto más cómico de sus entrañas, en algo semejante a los efectos de un barbitúrico moderno, o de un brebaje viejo, que todos estos Jipi japas quieren probar, haciendo peregrinaciones a selvas y desiertos. La Ayaguashca, Brotheritos, el Peyote, el San Pedro Bendito. El vómito sagrado que se lleva los maleficios, sólo que en Manhattan los maleficios vienen dentro de un modernismo casi indestructible, que solamente engorda los bolsillos de siquiatras, consejeros espirituales, lectores de las barajas, mensajeros de Dioses, enviados, gurús, y por qué no aceptarlo, de gente como el colega de la Pirámide, que a través de simulacros sabe administrar las apetencias de la carne. La diferencia con los burdeles de Queens es que nuestros Paisanos pagan 20 dólares, mientras estos señores gastan cientos para escaparse de sus propios miedos. “Lest have fun”.

Hay un joven tirado en el piso vomitando en blanco y negro, mientras de sus orejas caen montones de aretes fabricados con residuos de alambre eléctrico. En la parte final de su delirio abre la boca más allá de cualquier abismo, y sin habérselo propuesto exhibe un par de aretes, aferrados con exquisita malicia a su desgarrada lengua. En la parte trasera de su cráneo rapado aparece el tatuaje de una mujer desnuda y viva, rascándose placenteramente su diminuta vagina.

La Luz se ha vuelto tenue, de colores ultravioletas que lastiman las retinas, siempre atentas a los próximos ataques de las formas y colores, en los alucinados ojos de tres inmigrantes: hay rojos manchados de coágulos amarillentos y celestes fosforescentes, que en su mezcla burlan el color verdadero de todo lo aparentemente único y verdadero.

El humo sale eufórico de siete máquinas empotradas en el piso y su ataque lo agrava todo, manteniendo al público en un trance que parece sólo va a terminar el día del Juicio. Un aroma a sudor, mezcla de perfumes anulados lo inunda todo, en una nata que parece querer invitarlos a un paseo por los inhóspitos pasillos de la asfixia. ¡Cuántas marcas y nombres para embotellar esencias que por efecto de la temperatura se han ido convirtiendo en una baba castrosa, taponando los poros de la fina clientela! Hedor en su expresión más pura.

A la que toca la guitarra le brillan las encías con colores de plata salina, y como en espejos holográficos atestiguan en varias dimensiones la caída final del planeta. Son tan grandes que en su expresión caballuna disimulan los muchos dientes de que están sembrados. Se mueven a un ritmo autónomo, emitiendo sonidos de criatura carnívora triturando sus críos. Hacia adentro reside la lengua como una rata en su nicho, que de vez en cuando lo libera, pero nunca más allá de su inmensa quijada. Y detrás de ella, incorporada a la pintura del Oasis, aparece la selva amazónica, en una obra de arte que conforme avanzan las horas va cobrando vida, en las decenas de especies multicolores que se reproducen, avivando la atmósfera.

" Allá los colores eran los mismos, sólo que los ojos eran distintos. He visto árboles tan grandes que han dejado sin sol muchas partes de la tierra, convirtiéndolas en un lodazal hirviente. Lo oscuro y lo claro se suceden en un mundo de variantes que sólo pueden ser convocadas por las palabras que muchos de nosotros hemos ido cambiando por focos de voltaje disimulado, pero no lo suficiente como para evitar que finalmente nos dejen ciegos, aunque juremos que estamos viendo la misma imagen de nuestros antepasados, sólo que en una fiesta a la salida del siglo XX, donde los halógenos se hicieron presentes desatando todas las deformidades del alma y evidenciando las del cuerpo. La luz que aquí ilumina brotheritos sólo existe como simulacro de lo antes conocido; lo bueno es que tal vez, y desde esta misma experiencia, otros ojos más verdaderamente vivos la recuerden."

Al lado izquierdo de la tarima está un saxofonista desnudo, pintado el cuerpo de púrpura y cubiertos sus genitales con un retrato de Madonna. Aunque los ritmos que toca son acelerados se mueve con suavidad sobre sus rodillas, amansando los augurios de una música que ama. Él es el único que no se amanceba con el histerismo, sino con la melancolía propia de su instrumento. Lo que le cuelga entre las piernas, disimulado por la foto de la estrella, es un pájaro tridimensional a punto de conocer otro destino. Parece que tuviese instintos propios. De su pequeña cabeza calva sobresalen sus orejas, y su nariz es tan inmensa que parece postiza.

"La gente ya no existe. Nunca ha existido. Esta es una visión surrealista. Alternative. Full alternative y nosotros somos los testigos gracias a la mano generosa de alguien a quien le encantan las libertades y la autodeterminación" dice el Brotherito, acabándose de un solo suspiro lo que quedaba de la segunda botella de Pisco.

Se diría que el baterista no existe de no ser por la desesperación con que golpea los cueros sintéticos, que a través de los sonidos adquieren la sangre y textura de una piel recientemente extraída al cuerpo de un guerrero urbano. Se balancea de un lado a otro en el arrullo de su ritmo necio; aprieta sus dientes hasta alcanzar un zumbido letal, que al posesionarse de su cabeza apaga las últimas dos ideas.
Emiliano, el Brotherito y el Paisa se sujetan a otra botella como el único palo de balsa en que podrían escapar al naufragio. No hablan ni evocan su mutua presencia. Yacen alucinados. Han sido atrapados en las visiones de un universo festivo, en el que los sobrevivientes de una civilización demasiado agobiada se agitan en espasmos perpetuos, junto a ellos todos los enviados, mecenas, padrinos, auspiciantes, propietarios, empleados, por arte de magia encarnan síntesis abstractas de sus países originarios, en los que laten otros corazones, aunque sus cerebros estén desconectados.

"Ciudad de Indios a su manera. Todas estas cabezas de pelos recortados en tantas variadas maneras no hacen sino parecerse a las cabezas de los indios que los mismos gringos se encargaron de descabellar, para hacerles cambiar de planeta y quedarse con sus tierras. Oí que los llamaban por nombres de Navajos, Chiricaguas, Dakotas, Arapajos, Siux, y de muchas otras formas. Los del otro lado del océano aplicaron el "scalp" -descabellamiento- como el arte de intimidar, para ganar la guerra del miedo.

Hechos los high light de la supra cultura. Los quemásmequiero de la civilización, tratándonos como si fuésemos un apareo de ponzoñas incapaces de saquear provecho de aquello que la naturaleza nos ha ofrecido a montones.
De Occidente nos llovió la Caca Sagrada, pero ni sus Dioses, en su infinita y cuadrada sabiduría, se imaginaron en lo que iban a parar sus iluminados conquistadores: Levis y Bossi creando la cultura de los nombres. Menos mal que existen otros dioses y otros caminos. Siglo XXI recuperando las formas y tratando de entender los contenidos. Algún Dios menos ciego se hará cargo del resto. Full Alternative Brother la visión más espantosa no existe. Somos como un mal augurio necesario para hacer florecer los razonamientos. Un hueveo progresivo, que en medio de las más estrictas medidas de higiene les va a meter en su pijama de madera, donde gozarán de su merecida vida eterna".

- Chíngale Paisa -dice Emiliano saliendo de la botella- si estos alcanzan a enterarse que no temos "ai di" llaman a la migra, y en lugar de estar mirando todos estos güeyes fumando brea, estaremos de regreso con nuestros paisanos, camino de regreso al show Siempre en Domingo. ¡No mames! ¡Avíspesen gueyes que ya vienen...! -y lo dijo señalando a un grupo de uniformados que acababan de entrar por la puerta trasera.

"Al otro lado de la frontera hay un mar de prietos, mulatos, zambos, trescuartones, indios, morados azules y blancos que nunca van a creer que algo como esto exista.
Nuestras razas han estado más de 500 años aguaitando todas las esquinas, escuchando todas las conversaciones, diseñando los caminos que nos eviten transitar los full asfalto y extravío de nuestra evolucionada cabeza. Andando de procesión en procesión con nuestros Dioses. Ofreciéndoles ofrendas que de alguna manera se conectan con la fe y el barbarismo de aquellos que quieren convertirnos en un experimento de ilícitas inteligencias. ¡Peter Wilson eructando sabor a hostia!
Sobrevivencia. Invención de formas y palabras que a los antropólogos les tiene confundidamente atareados. Freud naufraga como mosca en botella al no atinar los motivos de tanto extravío psíquicogenético afrodisiáco epopéico incestuoso. Para convencerles que también sintonizamos sus ideas craneooccidentales, solemos invitarles a programas inaugurales de letrinas comunitarias; proyectos emergentes de regadío para dos hectáreas. La cosecha más grande sólo viene de nuestro cerebro. Somos hijos de Dioses que jamás renunciaron a su pureza.

Es como buscar muchas cosas sin hallar ninguna, y a la vez estar preparado para salir con las manos repletas. Estar ahí en un estado semi demencial, cuadriculando la mirada para atrapar imágenes que como medicina se inyectan al cerebro y allí se quedan fijas, con la misma contundencia que la idea de una deuda impagable.
Estar de pie pero no tener conciencia de posición alguna. Respirar humo sin percibirlo. Recibir inmóviles el peso de una energía acumulada durante milenios. Beber todas las botellas posibles preservando el sentido. Haberse acostumbrado a los ruidos conservando intacta la capacidad de concentración en lo que va sucediendo. Aproximar a sí mismos el estado de un muerto vivo más allá de las pulsaciones del cuerpo. Hipnotismo ambulatorio.
Los inmigrantes se sienten como lo único anormal en un lugar que parece haber existido siempre. Se han trasladado a sitios diversos dentro de esta dimensión de diacoteca, en la que los cuerpos bailan las muchas danzas de la calavera, y otras cumbias americanas frenéticas.
Los uniformados se dispersan en la ejecución del "Operativo Limpieza", y los inmigrantes se apresuran a ejecutar su siguiente movimiento.

EL KATHERINE SERVICE

- Mirá Luis, vení acá te explico lo de mañana por la noche, che, así vos podés distribuir la tarea entre los otros, para que todo salga a la perfección. ¿O.K.? -el chef se le acercó secándose las manos en el delantal, y tomando su libreta.
- Mirá, mañana tenemos una comida para 230 personas -siguió explicando la dueña.- Las pastas que han pedido son: 46 de la 1, la 2, la 7, la 10 y la 13, y 57 entradas de la 1, 3, 4, y 6. Aquí te lo dejo todo por escrito, para que no haya confusión y salga nice... Ah, y como postre prepárense 2 tortas de chocolate, 3 de queso, 2 de naranja y 4 de nuez moscada -y mientras hablaba iba señalando la hoja del cuaderno, en la que se incluían tiempos de cocción y calentamiento.

- Mira Alexandra, creo que vas a tener que pagar tres horas extras a los muchachos para que vengan antes y lo preparen todo.
- ¡Qué! ¿No van a alcanzar en sus turnos regulares?
- No lo creo. Tú misma te das cuenta de la cantidad de clientes que tenemos casi todo el día, además de las tareas extras que cada uno tiene asignadas...
- Mirá Luis, esto te lo diré una sóla vez, y a mí no me gusta repetir las cosas: el que no se alcanza ya sabe, la puerta está siempre abierta, y ahí tengo una lista de gentes esperando un empleo- dicho lo cual dió por terminada la conversa, levantándose con una sonrisa hecha de varillas y que por adhitivo tiene un cartelón que reza: "see you latter" (ahí nos vemos luego).

"Así tenemos bastantes días feos, que hacen del tiempo en Nueva York una cosa rara. Es malo tener tanto que reclamar y no poder decir nada. Pinche vida. Es malo andarnos muriendo de las iras para no llegar a ningún arreglo, como allá en Puebla cuando Ustedes tuvieron el problema de las tierras. Te digo tío que yo y mis paisanos la pasamos rete feo más de un día a la semana, y eso que tenemos ¡chamba!"

BRUTAL LEX. BRUTAL COMBAT SARDINE DEMOGRAPHICS

Lo que aquí se reproduce es la PROPUESTA 187. Texto de Ley, presentada por el gobernador de California Pete Wilson, y que ha servido de modelo para la redacción de otras legislaciones, ya no sólo en los Estados Unidos, sino también en Europa... y empieza diciendo que: "Esta iniciativa de medidas es remitida por el pueblo, de acuerdo a lo estipulado en el Artículo II, Sección 8 de la Constitución."

"Bienvenidos al maravilloso mundo de Disney"

SECCION 1 Hallazgos y declaraciones

El pueblo de California halla y declara lo siguiente:
- Que ha sufrido y está sufriendo problemas económicos causados por la presencia ilegal de extranjeros en este Estado.
- Que ha sufrido y está sufriendo daños personales causados por la conducta criminal de extranjeros ilegales en este Estado.
- Que tienen derecho a la protección de su gobierno de cualquier persona o grupo de personas que entrase a este país ilegalmente.

Entonces, el Pueblo de California declara su intención de proporcionar cooperación entre sus agencias de estado y gobiernos locales, con el gobierno federal; así como a establecer un sistema de notificación por y entre estas agencias, para prevenir que los extranjeros ilegales en los Estados Unidos reciban beneficios o servicios públicos en el Estado de California.

HECHO UNO

"Cada año los inmigrantes pagan 90 billones de dólares en impuestos, aunque reciben solo 5 billones en beneficios de asistencia social pública. Al menos durante tres años la mayoría de inmigrantes recientes no califican para recibir beneficios públicos. A pesar de ser más pobres, los inmigrantes dependen de la ayuda económica en menor procentaje que los ciudadanos nativos".

Ilegal Inmigrants. Ilegibilidad para prestarles servicios públicos. Verificación y reporte. Estatus Inicial. Preparado por el Fiscal General.

C.C.H.

(O los sueños de Emiliano)

Villa Miseria

La cama lo recibió con su crujir de pétalos marchitos y disecados en perfumes, que como astillas irían a clavarse en medio de su sudorosa frente.

No levantó las cobijas ni se desvistió, ni siquiera alcanzó a sacarse los zapatos. Recostado imaginó las formas con que solía vestirse su pueblo: la calle principal llena de ventanas, sonriendo sus coloridos maceteros; las amplias veredas llenas de negocios; el salón del peluquero; el taller del sastre, la zapatería, los restaurantes y las cantinas, el hojalatero, los techos de teja y las paredes de adobe en los que el sol juega a dibujar imágenes de orígenes diversos, y cuya finalidad última es generar luz, dando belleza a la sencillez de un modo de vida. Y se fue adormeciendo, sujetando con pinzas sensoriales varios aspectos de la realidad en que al interior de sí vivía.

Había trabajado diez y seis horas, lavando lo que en este momento le parecía ser toda la vajilla posible, en un desfile de trastos, jabón y agua, que finalmente le dejaron las manos como algas marinas chorreando humedad.

En un ejercicio de voluntad cerró los ojos y se transportó a lo que era su casa en Puebla. Atravesando una puerta divisó la cocina, donde al entrar encontró una pared inmensa, forrada con propaganda política que anuncia la desgraciada permanencia del PRI como el partido de los amansa locos, o de los psicópatas alelados por la pus en su cerebro. Y llueve a cántaros, y no sopla ningún viento.

Los músculos se le fueron relajando, permitiendo un fluir tranquilo de imágenes, que poco a poco fueron adquiriendo cuerpo de pesadilla, y que como diamantes helados iban imponiendo su sórdido brillo, al que Emiliano se rindió en su cansancio.

2.- LA CASA

En esta calle nunca brilla el sol, o brilla de un modo extraño, que de todas maneras hace imposible saber exactamente de qué se trata, o a qué sabe o huele el amarillo de sus rayos.

A veces piensa que una nube lo ha cubierto todo para siempre. Una nube detrás de la que es posible exista otro tipo de vida, con seres distintos, en lugares adornados de paisajes desconocidos. Sólo una vez levantó los ojos, y se encontró con un espectáculo deprimente de hojas de zinc, cartones, latas y maderas cubriendo de un lado a otro la estrecha calle, en la que -como cementerio- se distribuía una hilera de cuartos habitados por lo que ante sus ojos representaba todo el planeta. Sintió terror ante el descubrimiento, y sin poder cerrar sus ojos los bajó, para no volver a levantarlos nunca más.

Como un ruego los habitantes de Villa Miseria habían decidido cubrir el cielo de la calle, y lo habían hecho con una devoción tan grande que pronto se escapó incluso la luz de la noche, y sus ojos y corazones se acostumbraron a las tinieblas, convirtiéndose en el único grupo humano que tenía la piel pálida y (como tatuajes) cubierta de una mancha extraña, solo interrumpida por una que otra picazón o mordida. Sus cabezas van coronadas por una mata de cabuya negra, que pese a la eterna oscuridad de la calle brilla como piedra ónix pulida.

En invierno llueve tanto que todo adquiere un aspecto de pantano, con niños sapos saltando desde sus hinchadas barrigas hacia ningún lado; abriendo sus bocas para emitir sonidos, en medio de los que comen y defecan.

Un río recorre las treinta y tres cuadras de esta única calle, siendo alimentado en su cauce por orines, sobras de comida, aguas de servicios higiénicos y lavanderías. La falta de alcantarillado ha provocado que, lo que en otras circunstancias vaya por debajo de la tierra, en este barrio recorra su calle, impregnando el aire de perfumes cálidos y amargos.

Las paredes, que son de adobe o ladrillo chorrean agua, y en los escasos espacios secos pequeños caracoles van dejando su estela de baba, creando algo parecido a la vía láctea en un camino de estrellas sudorosas. El color dominante es el negro (el gris está reservado para los días soleados). Las piedras y el barro parecen cubiertas con una capa de carbón, y en uno que otro lado untadas con mierda. Las paredes de las casas están pintadas de varios colores, pero pese a sus muchos intentos de brillar terminan arruinadas por el color de cementerio. Y la miseria es la reina, con su corte de pobrezas.

3.- AQUELLOS

Su destino parece ser la sombra y el agua inundándolo todo eternamente. En verano las lluvias son escasas y aunque en el resto de la ciudad el sol brilla esplendoroso, aquí llueve y se desbordan ríos diminutos, que crean una corriente de aguas servidas.

Los desnudos piés de sus gentes han desarrollado una suela extraña, formada en base a infecciones contenidas, emplastos de basura y heridas cicatrizadas: son zapatos ambulantes que conocen cada apestoso rincón de la naturaleza, y sus inclementes procesos putrefactorios.

Sus ojos son una mezcla de aterradoras visiones entre el interior y el exterior de su mundo, por eso brillan -sudan- a toda hora, luciendo en las caras como guirnaldas de funeraria, celebrando la fiesta del muerto. Sus labios son un abultamiento de carnosidad amoratada, que a veces se pinta de colores, volviéndolos aún más tétricos. Sirven para cubrir el interior de bocas adoloridas por el congestionamiento de alimentos; en ellas, y como granos de maíz agusanado han ido desapareciendo los dientes. En el medio, y ocupando toda la cavidad bucal, se ocultan lenguas gigantes, formadas con palabras olvidadas. Y croan. Y sin decir nada matan.

Otros niños revolotean como murciélagos sin alas, haciendo salpicar con sus piesecitos el agua. Y dan gritos de contento, y de ser tantos tejen telarañas en las que finalmente mueren ahorcados.

Las mujeres y los hombres hallaron su expresión física en bultos de células que en las horas más cálidas gustan de refregarse, inundando de materia seminal las camas, provocando que desde su centro broten ríos de aguas violentas, que por entre las rendijas de las puertas se escapan a ensanchar el río de las afueras. "Cácate en un plato de comida y dale de comer a quien no te ama" dice uno, y otro de más al norte ruge: "experiencia maldita la de vivir en mi casa".

Como por bendición inconclusa a veces todos son invadidos por un ligero sentimiento de despecho, pero pronto pasa sin haber podido vencer el fantasma de la costumbre. Por eso con el paso del tiempo Villa Miseria en lugar de desaparecer se extiende, habiéndose convertido en el barrio más populoso, en el país de la fiebre. Finalmente llueve sangre. "Quedaráste quieto hasta que pase, o compraráste un paraguas de oro y plata".

3.- EL ANGEL

En la esquina más antigua del barrio suele sentarse una niña con pelo de paja chamuscada, amarcando una rata. Por entre las roturas del vestido introduce el animal en su pecho y con un pedazo de carne juega a amamantarla, y es maravilloso el efecto pues el animal -en apenas cinco meses- ha crecido asombrosamente, y hasta parece estar embarazada. Su piel es metálicamente oscura y de entre el bulto que ambas forman apenas sobresalen sus cuatro ojos.

El pecho de la niña está lleno de mordeduras y cicatrices frescas. En sus múltiples heridas parece un nido de chinches o gorriones floreciendo. Ella nunca se queja de la voracidad del animal, que cuando no encuentra suficiente carne en su mano le arranca un pedazo de la del pecho. Ella, tragando el dolor se limita a arrojarla violentamente contra el suelo, para pocos minutos después recogerla nuevamente y volver a amamantarla, cantándole canciones de cuna.

Nadie sabe de dónde ha venido ni cómo se llama. Un día apareció para quedarse debajo de las gradas, y ahí está, comiendo los desechos que halla. No puede hablar ni escuchar, diciéndose que no sirve sino para alimento de ratas. Pero incluso ella, pese a lo deforme de su existencia, fue olvidada, hasta que una mañana alguien tropezó con lo que fue el espectáculo más repulsivo de Villa Miseria: su cuerpo aún vivo siendo devorado por decenas de ratas, que en medio de aullidos grotescos engordaban espantosamente: sus negras fauces brillando adornadas por trozos de carne en cuyo rojo parece aferrarse el último aliento de vida de la niña que finalmente les sirvió de alimento.

4

Emiliano se despertó violentamente, y afiebrado trató de convencerse que ese no era su barrio, que algo así ni podía existir en ninguna dimensión del cosmos, y sin embargo estaba aterrado.

LA HOJA DEL AMOR EN EL EAST HARLEM

1

Cuando el invierno se anuncia
la hoja del amor brota
en las calles del East Harlem,
y aunque parece marcada
con el sello de la muerte
en ninguna de las estaciones muere,
ni conoce la marchitez de su textura.

Es un ángel
que se reproduce en la sonrisa de los niños,
pudiendo ser retoño, amor o poesía.

Es como la calidez que provocan
los amantes de arrebato
en la 125 y Lexinton
-uptown-
convirtiendo a El Barrio
en las puertas del cielo
con apariencia de concreto.

Es bella.
De proporciones metafísicas
que se extienden por todas las coordenadas,
bañándose en aromas elucubrantes
y cristales.

Su concreción es la fantasía,
por eso lleva marcado en sus formas
el ritmo de la vida.

2 Las hojas

Antes de invierno caen como cabellos voladores de un ángel que se queda calvo cada tres estaciones. En Noviembre las Calles de Nueva York son un amontonamiento de cuerpos secos, con los que el viento juega a hacerlos pasajeros de un viaje con destino al anfiteatro del tiempo.

- ¿Dónde van las hojas mami? - le pregunta un niño a su madre, mientras cientos de ellas flotan en el aire, haciendo el aroma denso.
- Mira muchacho -le responde con acento puertorriqueño- todas se van para Puerto Rico, que es más bonito y no hace frío.
La curiosidad del niño crece conforme los árboles se desnudan.
- ¿A las hojas no les gusta el frío?
- Ni a las hojas, ni a las palomas -le responde, manteniéndose alerta a los colores del semáforo. Sin haber terminado de hablar brotó en su pecho la nostalgia, provocando un ocultamiento imprevisto del sol, por motivos ajenos al eclipse anunciado por radio EL GUADO.
- Mire muchacho, ya vamos a parar de hablar de esto, que me ha hecho llorar y estoy inundando tierra ajena. Además ya no me esté preguntando tanta cosa. Ahora mismo vamos a juntar mil pesos y nos vamos para Puerto Rico.

La luz del semáforo cambió y tras el primer paso de la mujer y su hijo el sol volvió a brillar en el East Harlem.

SAINT MARKS
(LA CALLE DE LOS OLORES)

1

"Recuerda a Salomé: Aquella que cambió sus velos por la cabeza del Bautista" dice un cartel colocado en un negocio que vende inciensos a un lado de la acera. Las letras son doradas, y han sido pintadas sobre cartulina negra. Tienen un extraño diseño diagonal, en el que de manera armoniosa van descendiendo hasta completar la imagen de una serpiente de ojos rojos y lengua verde fosforescente. El tipo de letra con que está escrita la frase es árabe, y creando una atmósfera regional anuncia toda clase de aceites, perfumes e inciensos de poderes ocultos en paquetes de 5 dólares. Lo extraordinario de este rótulo es que huele fuerte, y todo aquel que pasa a su lado, al no poder evitar la guía de su nariz, tiene que regresar a verlo, para quedar cautivado ya no sólo por lo intenso del aroma, sino además por lo bello de su forma.

- Mira Emiliano, ya mismo se sale la culebra. Parece que le atraemos los latinos de sangre dulce.

- No eches broma, que a lo mejor se baja, y ahí sí que ha de querer que bailemos al ritmo de su flauta, como si fuéramos la vieja Salomé esa.

Alrededor de este negocio se ubican decenas de puestos de venta de todo tipo de productos, que sin importar su naturaleza, también aparecen ricamente publicitados, en anuncios de formas que expresan la convivencia de varias culturas visuales. Hay una tienda de ropas sicodélicas confeccionadas totalmente en plásticos brillantes; una tienda de tatuajes con más de 7.000 formas de arte; un almacén de libros y discos usados, hay bares y cafeterías, amén de decenas de puestos de vendedores ambulantes con todo tipo de mercaderías.

Revistas, camisetas, libros, gorras, joyas, discos... se venden a la entrada o en los recovecos de puertas, graderíos, y aceras, dejando fluir una corriente de fragancias que amenaza con barrer el azul del cielo. Esta es una de las calles más hermosas del East Village, porque conservando el espíritu del Barrio Soho es menos comercial, provocando que muchas de las cosas que aquí suceden sean reales, y convivan armónicamente con las tantas otras visiones prístinas de Manhattan.

A mitad de la cuadra se ubica un edificio de tres pisos, que parece haber sido construido en los años 30. Todas las noches, y sin horarios fijos, en ese espacio comunal se reunen grupos de personas de entre las más pobres, para jugar varios juegos de mesa, o simplemente charlar. Allí también se celebran eventos sociales como nacimientos, bautizos, asesinatos o cumpleaños, incluyendo el tan mentado 4 de Julio y el día de Albizu, en actos que, por obra y gracia de las apariencias, y del previsor cerebro americano, siempre cuentan con una oleada de policías no invitados, cumpliendo el papel de "los disfrazados" en la fiesta de los sin trajes.

Ha sido pintado de azul, rojo y blanco. En el centro tiene una puerta grande, que conduce a varios salones de la planta baja, y sobre ella hay otra, que divide dos graderíos hacia la planta alta. Por todo lado se abren una serie de ventanas que parecen creadas para permitir la entrada de pichones vagabundos. Ahí, y como una maravillosa representación de lo que es el corazón de Manhattan, siempre se encuentran personajes de muchas estirpes, cuya similitud más próxima es lo contundente de su karma: hombres barbados y lampiños; mujeres con ropas de los años sesenta; hindúes, italianos, chicanos, chinos, árabes. Unos de verbo afilado y otros extraordinariamente callados, en un cosmos de extranjeros en sus vestidos domésticos y colores irrenunciables. Y claro, cada personaje va impregnado con su perfume selecto, que unido al otro mundo de perfumes e inciensos, hacen de Saint Marks la Calle de los Olores: una mini avenida que a lo largo de tres cuadras huele fuerte y armonioso, provocando que en un arrebato de expresionismo a eso de las cinco en punto, el aire ataque las nubes, para en tiempo de lluvias dejar caer agua con olor a magnolias.

2

Un hombre pasa semi desnudo y lleva enroscada al cuello una culebra viva de más de un metro. Sonríe con sólo dos dientes y cada vez que algún curioso lo mira saca su lengua y la agita. Detrás de él va una mujer gorda, empujando un carrito de supermercado del que cuelgan fundas de comida y latas vacías, un colchón, algunas cobijas, dos o tres libros y una gran cantidad de trastos, cubiertos por un rótulo que dice "Escaleras al cielo". Ambos huelen fuerte, y aquellos que los conocen no necesitan mirarlos para saber que están cerca, y dicen "ahí viene el insatisfecho y la señorita Lucila".

- Chíngale Paisa, ¿están rete locos no? -dice Emiliano, y saliendo hasta la mitad de la calle añade- ¡Mira nomás al güey ese con la culebra!
- Por algo le han de decir el insatisfecho.
- A ver si le hacemos una colecta y le compramos un árbol de esos que abundan en tu tierra, nomás para que se vaya satisfaciendo él y la culebra.
- No creo que la necesidad sea para tanto.
- Pos por la cara que trae a la mejor y hasta le falta -y se echaron a reír mientras un chofer de taxi les insultaba algo que ninguno de los dos entiende.

- ¿Qué retebonito huele esta calle no?
- Si, ya vez que vendan lo que vendan aquí les gusta prender sus inciensos.
- No pos, si se nota que son un montón de beduinos con buen gusto para los perfumes. ¿O a poco no?
- ¿Qué tal si nos echamos unas chelas en uno de estos bares tercermundistas?
- ¿Trais lana?
- No mucho, pero ya verás como nos alcanza para dos por cabeza, y tres más de puro espaldas mojadas.

Y entraron a un bar de esos que siendo grandes en su interior parecen pequeños. Sintiendo la familiaridad del ambiente pidieron dos jarras grandes de cerveza negra.

- ¿A poco no te gusta esta musiquita? -dijo Emiliano, refiriéndose a una banda que tocaba blues en vivo.
- Me pone pensativo.
- Jíjoles cuate, ayer estuvo bien cabrona la jornada.
- Se puso bien dura la huevada con todos los pedidos para llevar.

- ¡Y encima el chingo de clientes! Mira nomás mis manos, si ya hasta me duelen.
- Si, pero uno se acostumbra a todo.
- Eso los dirás por ti pinche Paisa, pero yo no me acostumbro a tanta agua y jabón -y casi mecánicamente sacó sus manos exageradamente blancas, de las que se rieron escandalosamente.
- Que chinga Paisa, si parecen el trasero de bebe recién nacido
- Al que no le han cambiado los pañales en unos cien años -y volvieron a reír levantando los vasos.

EAST HARLEM
EL CAFÉ DE LA 125 Y LEXINGTON

- No mija, para mí ni madres. Mientras yo tenga la comida lista, la ropa limpia y la cama caliente que ella haga lo que le venga en gana, pero que lo haga bien.
- Si pues, si eso es lo más impoltante chico, hacelo con gusto.
- Con tal que yo no me llegue a enterar -añade, levantando el puño en un gesto amenazante, para culminar diciendo- porque ahí sí que le pongo sus carnitas al brasero.
- No, de eso ni te ocupes chico, que siemple el último en enterarse es el marido -y lanza una carcajada que le provoca un atoramiento de pan y mantequilla.
- ¡Oye Indio! -gritó uno, dirigiéndose al dueño del restaurante.
- ¡Qué fue de ese desayuno completo men...! ¿o no vez que se me hace talde al trabajo?
- Que, ¿no te habían despedido? -le preguntó la mujer sorprendida.
- No hablo de ese chica, sino del de las horas extras en el subway, ¿o a poco no es trabajo?

Repentinamente entraron dos policías y toda la clientela se quedó callada, o simuló temas de conversacición que no pasaban de ser frases sueltas, casi inconexas. Los dos que discutían sobre infidelidades amorosas se dedicaron a mordisquear las tostadas con devoción sospechosa. Los clientes que esperaban sus alimentos ya no se entretenían en explicarse mutuamente cuál es la diferencia entre dos huevos friéndose en la plancha y dos cocinándose en la cama, incluso hubo tres que salieron sin siquiera esperar a ser despachados, y eso que ya habían pagado.

- A ver papo -le dijo el sanduchero a su ayudante- usted que speak in Inglish pregúntales a los señores polecías en qué les podemos servir.

El Hondureño, más atento que de costumbre, y arreglándose la gorra de salad man, les preguntó en su inglés de inmigrante:
- ¿Qué van a servirse los señores? - Y para acrecentar aún más lo pesado de la atmósfera uno de los policías le respondió en un inglés perfecto: "dos sánduches regulares con tocino extra y huevo, y dos cafés sin leche ni azucar". Y lo dijo pese a que ambos tenían irrenunciables aspectos de latinos.
- Oye Indio, apunta esta comida que ahora ando con las llantas bajas -gritó uno desde la puerta
- ¡Coño de madres, es que lo tuyo es una apuntadería nada fácil brother! -gritó, y por una asociación extraña de ideas todos miraron a las pistolas que los policías llevaban en sus cinturones.- Ya ven señores, aquí se concede crédito si lo desean.

Nadie añadió nada. Al cubano de los cafés se le notó más apurado que nunca en despachar las órdenes, pero todo volvió a la normalidad cuando los policías abandonaron el local.
- Y mejor que a estos coños de mierda no les quede duda de nuestra eficiencia en el servicio -dijo, y el amarillo intenso del sol de Octubre se filtró por la ventana, anunciando un desayuno completo de a dos pesos.
- ¡Indio, que ando de volada! Llegó la hora del acolite, y es que le acabo de meter dos puñaladas al marido de la Rosaura, que tuvo la mala idea de caerse por la casa antes de las ocho. Brother, cien pesos, yo te los devuelvo luego. Tengo que desaparecerme del planeta o me entierran vivo...

EL LATINO POW WOW
(Parte Primera)

"POW WOW es una ceremonia de los pueblos nativos de norteamérica, que básicamente es un "gathering", o encuentro festivo de varios pueblos.

Todos allí nos identificamos como habitantes del continente de la vida. Somos Arapajo, Siux, Apache, Navajo, Zuni, Dakota, Hopit... y aunque a todos nos une el sentido de pertenencia a pueblos con mucha historia, así mismo reconocemos nuestra variedad y la apreciamos, y guardamos como un bien muy caro, porque esta visión nos une a nociones como la Madre Tierra, el cosmos, y el espíritu como energía verdadera. En esa gran diversidad encontramos el sentido de la riqueza, cuando ya las bolsas de valores han saqueado el dorado símbolo de nuestros mayores.

Son incorrectas las conjugaciones pero a mi modo de sentir "POW WOW" es una palabra muy intensa, porque en mí provoca el renacimiento del Espíritu Festivo que todos llevamos dentro, brindándonos opción a participar en ceremonias de purificación colectiva.

Allí los trajes son maravillosas ampliaciones físicas del cuerpo, por eso cuando se baila todo en uno se transforma y adquiere el mágico poder del espíritu convocado al POW WOW.

Se baila fuerte, se beben inagotables botellas de substancias secretas, se hace música y movimiento. Es muy mucha la fiesta, grande es la alegría y los sonidos se posesionan de lo más íntimo de nuestros oídos. Es como volver a nacer. Es el POW WOW o símbolo de unidad y fiesta.

En una de las lenguas nativas de nuestros hermanos del Sur - donde rige la constelación reina- POW WOW se dice más o menos así: Mamacuna. Taitacuna. Guaguacuna. Tuicuilla takishun, upiashun, micushy. Cuchi cushi micana canchi.

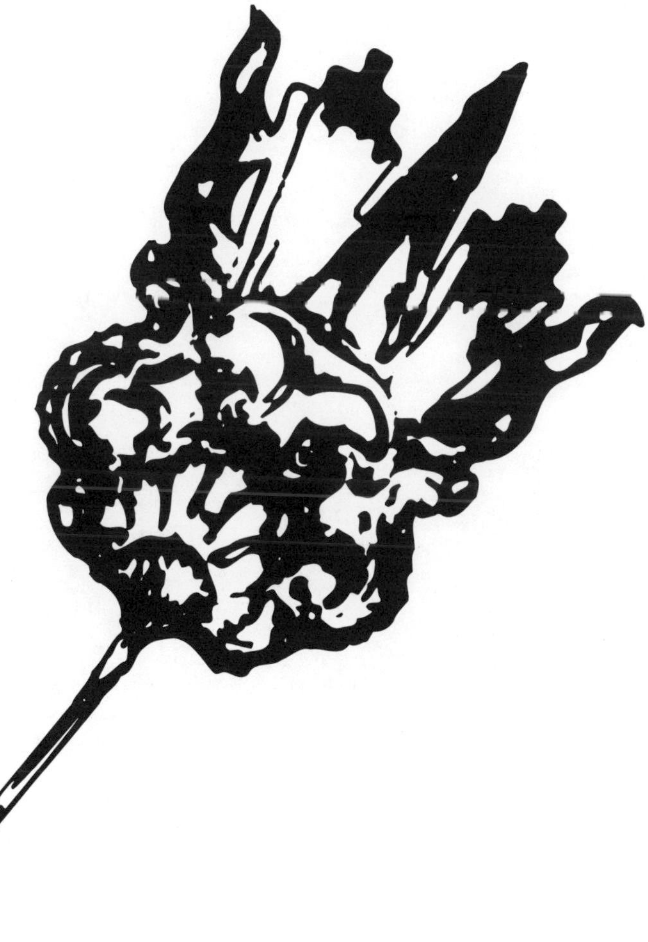

THE LATINO POW WOW

COSMONAUTAS DEL SOL

En esta dimensión cósmica las visiones que conforman el "mundo de lo real" son diferentes. Millares de rostros nos salen al encuentro marcados por la certeza de que esta guerra prolongada por el control racial pronto encontrará fin, o tal vez simplemente cambie de inicio.

Nadie ha registrado los bombardeos en tomas fílmicas o fotográficas, ni se ha gravado las voces de los millones de afectados, ni se ha registrado los ataques de elementos blindados a los barrios más pobres, convertidos en urbes autónomas cuando el año 2.150 nos ha multiplicado de modo tan extremo que ya nadie sabe con certeza cuántos mismo somos.

Aquellos que de entre todos los desgraciados sociales tienen la fortuna de vivir dentro de sus propios muros, son víctimas de una guerra no declarada, que ya ha cobrado millones de vidas y causado pérdidas materiales incalculables, amén de destrozos psíquicos de configuración clínica imposible.

Los niños padecen deformaciones congénitas provocadas por una convivencia ininterumpida con fungicidas, pesticidas, plaguicidas, fertilizantes o abonos. Los exquisitos vegetales de California, o las jugosas naranjas de la Florida "Citrus Punch" han entregado su encanto para ser sepultado junto a abortos de mujeres que sufren enfermedades extrañas como vómitos, ataques de asfixia, cáncer, cremación poética y otro tipo de desórdenes letales.

Los ataúdes que salen de las granjas llevan dentro suyo cuerpos de indios, chicanos, mestizos, negros, blancos, deformados por el dolor de una agonía imprevista, jamás advertida en ningún folletín de coyote o agencia de empleo. Esos cuerpos han sido sometidos a baños químicos que han mutilado toda capacidad innata de alegría. Al atardecer de una época dispersa aparecen enfermedades cutáneas en una especie de sarna galopante, llevándose en dolorosas pustulencias la sabiduría de civilizaciones ancestrales. Chac Mol no recibe como respuesta corazones enfermos. Su vientre es de piedra y en él reposan los guerreros. Las Vírgenes de Sol han sido mancilladas, y como respuesta se refugian en los tiempos primeros. Los sacerdotes de los templos sagrados encienden sus poderosos iniensos. En las entrañas del Océano, Yemaja mira el peregrinaje de almas incompletas, y llora, y crea el sermón de las olas.

"Una vez verificada la propiedad de este territorio determinamos que la disputa entre mexicanos y colonos norteamericanos ha sido reducida a un tácito reconocimiento de que ahora es territorio pasto de la muerte. Las escenas que atestiguamos desde nuestra nave tienen un poder enajenante. Debemos confesar que después de esta experiencia de extrema violencia sensorial la paz se ha ausentado de nuestros corazones, y en lo particular afirmamos que sólo nos queda tener paciencia para dejar que lo salino de nuestra tristeza nos corroa, en la esperanza de que pasadas varias generaciones, del óxido vuelva a brotar esperma. Estamos clínicamente muertos. El shock provocado por estas visiones nos ha reducido a un estado de coma, pese a lo que seguiremos informando.

Solo la necedad de una guerra sucia en contra de los indocumentados, viene a gritarnos en la parte más sensible de nuestros cerebros, que los únicos vencidos son los seres del sol, sin importar la raza a que pertenezcan. Antes de marcharnos depositamos en sus oídos las palabras del poeta Cesar Dávila Andrade, que quedan como prenda de nuestro regreso, y que dicen "...porque los vivos tienen que recordar siempre, lo que los muertos no pueden olvidar nunca."

DE MISS ANDERSEN Y LAS FLORES EN NUEVA YORK

(Dibujo animado que ilustra la cátedra sobre las flores, dictada por una viejecita en su pequeño mundo vegetal de animales, vestidos pintados, pájaros de plástico, perros, flores y gatos.)

PARTE PRIMERA

Miss Andersen es a su manera la portera del lado Este del Central Park: básicamente se encarga de recoger la basura, podar las plantas, alimentar sus nueve gatos y dos perros, hacer aretes con hojas que vende a un dólar el par, pero además cumple dos funciones que según ella son "elementales en la vida de cualquier ser humano": servir de guía turística, llevando a sus amigos por sitios que nunca constarán en ningún mapa, y ejercer su vocación de maestra en botánica, con un título en "conservación y reproducimiento de las flores", concedido por lo que ella llama la "Universidad Internacional para la Práctica Intensiva", con sede en la 126 y 1 Av. Central Park. Viste con telas de diseños que ella misma crea y pinta, y en los que se destacan animales de todo tipo, pero que en lugar de habitar en cuerpos comunes a su naturaleza, viven dentro de cuerpos creados con flores de muchas variedades: "violetas, tulipanes, azahares, gardenias, candelarias, cartuchos... y todo el rosario botánico que en lista de 77.621 variedades publicó Maxwell en 1610".

Ella ha desarrollado una lógica muy propia de comprender las cosas que suceden en el espacio que habita, y es muy feliz contando historias y teorías en un Castellano indudable pese a más de 30 años de escaso ejercicio. "Según yo entiendo la vida no es un florero, sino un jardín para cultivarlo."

- Parecería que está reteloca, Paisa, pero es buena gente y sabia.
- Otros son los que creen que el Central Park es algo así como una mezcla entre el zoológico del Bronx y la cárcel del Paso.
- Ya quisiera que esos güeyes se pasearan una noche en uno de nuestros parques mexicanos, a ver si no salen muertos y empelotados.
- Por eso opino que el Central Park no está nada mal, y además que tengo la impresión que los locos son otros.
- ¿A poco no te asustan los güeyes que andan encorbatados?
- ¿O los de uniforme?

Miss Andersen había olvidado hace más de sesenta años su país de origen. Lo que recordaba claramente es que a su llegada tenía 6 años y que había empezado a ir a la escuela. Luego recuerda un velorio, a su padre, y a ambos vagando, por el Central Park, donde habría de hacer su hogar.

- Dos cosas no he hecho en lo que llevo de vida consciente: probar un hombre y salir de este parque, que para mi sería como salir a un manicomio -dice cada vez que se presenta a un nuevo amigo, añadiendo- y mi nombre no se pronuncia Anderson como dicen por ahí, sino Andersen, con la "e" al final.

El Paisa, Emiliano, Miguel y el Brotherito encontraron en ella a un ser muy especial, que además de haber creado un hogar hermoso en el parque, siempre brinda conversaciones interesantes, en una atmósfera saludable. Desde el primer día en que conversaron, establecieron un calendario de visitas muy flexible, pero regular, en las que los inmigrantes le llevaban alimentos. Ella siempre los recibe diciendo:

- Aquí llegan cuatro de mis más relevantes caballeros -y desarrolla algún tipo de discurso, que casi siempre gira alrededor de lo que ella llama "el inigualable y lozano mundo de las flores", y que más o menos resumido en lo que respecta al tema de los inmigrantes da las siguientes ideas:

"Las flores en Nueva York tienen alas, y manchas doradas que las hacen estrellas fugaces con capacidad indefinida de transformación y preservamiento. Pase el tiempo que pase se mantendrán vivas, y si en ocho días tienen cara de funeraria es mentira, porque son compañeras de toda la vida. Encuentran alimento en sentimientos y emociones que muchos creen perdidos.

Son especies anfibias que se alimentan del llanto provocado por infaltables síntomas de tristeza o alegría que agudiza la distancia; medicinales porque cuando ponemos en ellas nuestros labios nos dejan sin un solo beso; herbívoras si creamos un huerto de sentimientos con plantas multicolores. Las flores en Nueva York se inventaron para hablar de aquellas cosas que siempre callamos; para contarles a nuestros ojos asuntos de la belleza; para aliviar los corazones fatigados, y sobre todo para hacernos sonreír cuando nos damos cuenta la corta distancia que existe entre las margaritas de esta ciudad, y aquellas que habitan del otro lado.

Son pocas pero son
embajadoras de su especie.

En sí reúnen todas las posibles
combinaciónes de color,
reflejando el Arcoiris existente
en la pupila del Creador.

De muchos modos están presentes
sin necesidad de comprobaciones metafísicas
o inventos forzados como el comercio.

De la nauraleza son reinas
que generan buenos sentimientos
y felicitaciones.

Para ratificación de todas estas cosas se crearon las flores, Nueva York y el universo que va más allá de la frontera."

DE UN SELLO QUE DICEN SE ENCARGA DE IMPRIMIR LA VIDA

1

Diariamente aviva el fuego, liberando de sus labios la semilla que ha de transformarse en viento. Sobre la mesa acomoda una olla de atole, un balde de elotes, la canasta de las tortillas, y una paila de carnitas, además de muchos elementos para diversos tipos de tacos. Allí también pone la mantequilla, el queso rallado y el chile picante. Al otro lado coloca la funda de sal y las servilletas de papel cortadas en formas de paloma.
Se sienta en un taburete y cubriéndose la cabeza con una chalina que le llega hasta las piernas, inicia una conversa de susurros que nunca hallan respuesta. Una brisa intensamente fría acaricia la vereda, y pasa de largo, hasta estrellarse sobre las milenarias piedras de la cancha.
El tiempo es un animal de hocico chato y patas largas, con la piel envejecida por la acumulación de designios que no terminan de cumplirse pese a las muchas veces que se ejecutan. Se pasea alrededor suyo, rumiando momentos casi extintos pero aún al filo de la vida. Ella lo acaricia, devolviéndole en el contacto humano las horas que deliciosamente se han ido amontonando. Le hala las orejas, le hace mimos que provocan sonidos, y llegando profundamente a lo suyo recupera lo que le es amado, y a él le arroja las sobras. Una que otra vez esparce un poco de agua para asentar el polvo que levanta, e incluso le ofrece alguna mirada.
El maúlla, se inventa idiomas y gime. Eriza su piel púrpura y con cautela recoge lo suyo que ella dice siempre serán las sobras- y se las traga hacia un espacio que nadie más, sino ella añora.
Vueltas y más vueltas sin pisar la tierra. Se ausenta y regresa en su condición de animal inexacto, que unas veces aprieta con crueldad y otras es vencido por el recuerdo.
Ella ya no se fija en él pese a que el viento ha convocado una turbamulta de nubes aguaceras que llegaron junto a un batallón de avispas, que convertidas en ideas le zumban la cabeza. No las escucha, sólo se ocupa en contemplar la vida distante de su hijo más alla de la frontera, habitando un lugar en el que las lenguas dicen emanan riquezas.
Las tortillas ruedan en el tiesto y van redescubriendo caminos extraviados hace milenios; las carnitas sazonadas en recetas antiguas conservan su calor; el atole pacienciosо acurruca la calidez de sus materias; los elotes sudan deliciosos, mientras atados de alfalfa cosechados de lo más sagrado de la Tierra enriquecen la Vía Láctea. Todo en medio de una milagrosa multiplicación infinitestimal de animales comibles y hablables en todas las lenguas extranjeras.
Baldes de aguas frescas y otras hierbas medicinales refrescan gargantas atacadas de sabores placenteros. Centenares de bocas consumiendo y comerciando, sin habérselo propuesto exibien dentaduras de todas formas, en las que habitan sueños dentarios.
Ojos que se empeñan en ser siempre los mismos aunque cambien de rostro, y el perro dando vueltas a su lado, maullando su no resignación al abandono a que ella, con el recuerdo, lo condena.

2

De alguna raíz múltiple brota una sensación de calor, y acaricia los pies del viajero. "Esas son las verdaderas" piensa ella al sentirlo, "porque germinan para dar vida a raíces ambulantes", recuerda. Sin cambiar de expresión aviva el fuego y atiende a un cliente, luego a otro, y a otros, en una sucesión de máscaras radiantes, hechas en cobre puro y barro extraído desde la parte más húmeda de la tierra: van adornadas con guangos de cabuya a manera de pelo, e impregnados con carnosidades compuestas en un grosor que delata no sé qué conexión con las plantas medicinales.
Desde el tejado un gato de hierro forjado canta, y a la distancia le responde la luna con su eco mineral. El viento se une a un radio a pilas y trae una melodía hecha como relleno para taponar los huecos más tristes dejados por el recuerdo. A veces no escucha, y desde el día en que dio a luz su primer hijo su oído es el de los caracoles, que escuchan a partir de presentimientos. Su voz viaja entre las copas de los árboles, comunica de constelaciones existentes y enciende hogueras.
Nuevamente vuelve a sentir la humedad de la tierra, pero esta vez acompañada con escalofríos, porque con ella llega el recuerdo de los muertos, de aquellos que al partir se quedaron sin leyenda, naufragando en las aguas del Río Bravo, o muertos de hambre al filo de las carreteras, o abaleados.
- Quién sabe -se dice a sí misma, y piensa que en algún momento la tierra reclamará su barro, y aunque no le asusta la idea acaricia sus collares y se libera.
¿Cuántos serán los muertos alimentando una montaña en desvanecimiento perpetuo? Tal vez desde allí sea posible ver ese otro lado, donde dicen que se guardan muchas sorpresas.
Repentinamente el sol cae aparatosamente provocando un temblor en el que se desbaratan los sonidos de las letras. Pasa un helicóptero y todos se asustan por un minuto pero al siguiente ya están acostumbrados. El sonido del radio crece para atestiguar la llegada de las estrellas y sus cuatrocientos ochenta y tres mil especies en lágrimas fundidas, dando origen a un acuario conmovedor. Allí se reproducen figuras geométricas de cuerpos celestes y pensamientos; sueños materializados de poetas que anulan toda proclama política convertida en regla general. Monumentos de super héroes son derribados, leyendas y más leyendas que sus oídos entienden, acurrucándose en sí misma a recordar en aquel que se fue del otro lado. El milagroso existir de sus ancestros ha sido convocado, y una voz repite que "bajo el frío país de la carne yace el universo mile-

nario de la sangre".
Levanta la mirada y encuentra un lucero. Allí se describe nuevamente aquello de un príncipe de Texcoco que dice:

"¿Me dices que debo perecer como las flores que acaricio?
¿Que nada ha de quedar de mi nombre?
¿Que nada se recordará de mi fama?

¡Pero si los jardines que he plantado son aún tan jóvenes!

¡Yo digo que las canciones que he cantado
deberán seguirse cantando!"

3

Atados a su espalda vuelven a casa utencillos, plantas y animales, formando una unidad orgánica que transmite energía. La plaza recupera su calidad de asiento sagrado y recibe el espacio cósmico de los ancestros, siempre atentos al regreso del sol.
Entonces la madre volverá a dar forma y textura a la luz. Sus pies puestos en movimiento producen un olor a polvo que cierra la feria. Al fondo la luna es abrazada por una oración gutural y como respuesta, de las estrellas chorrea un líquido delicioso.

DE MISS ANDERSEN Y LAS FLORES EN NUEVA YORK

(Dibujo animado que ilustra la cátedra de cómo el amor llegó a Nueva York y otros asuntos, dictada por una viejecita en su pequeño mundo vegetal de animales, vestidos pintados, pájaros de plástico, perros, flores y gatos.)

1

"Allí también habitaron otros seres puros, con los que manteníamos una vecindad armónica, que iba más all de la simple convivencia, y que más tarde dejeneró en tolerancia, y luego en usura... hasta extinguirse.

En aquellos días las cosas de la creación brotaron de una música perfecta, que al llamado de Dios cantaron todos los espíritus, hasta lograr la realización física de nuevos seres, ligados a su creador por la melodiosidad que les dio vida.

Así fue que aparecieron los seres alados y aquellos otros destinados a habitar las aguas y la tierra, grandes y diminutos, de formas diferentes, que reflejan las notas cantadas por los espíritus.

En todos ellos Dios quiso preservar el sentido de libertad, y como testimonio de vida les mandó a ser libres y a poblar todas las tierras. Así mismo fue dicho que en la percepción de su tiempo llegarán a conocer otros destinos.

Pero ya en aquellos remotos tiempos Vassago cobró vida y se unió al canto, y en lugar de preservar la armonía trató de imponer su voz, provocando una grotesca disonancia que finalmente lo condenó a ser separado del resto, recluyéndolo entre los muros más sólidos del centro de la tierra.

Allí permaneció encerrado durante milenios, modelando su alma hasta que la sintió completamente fortalecida como para probar audacia, y acudió al concilio de los espíritus puros a pedir clemencia diciendo que era muy mucho el sufrimiento a que era sometido, y que pese a haber errado grandemente, en sí llevaba una esencia de pereza común a la del resto. También dijo que era grande su pena porque aún estando encerrado pudo sentir con emoción verdadera la energía con que nacían nuevas criaturas, y que era todavía más terrible no poder brindarles su energía.

El Consejo lo escuchó atentamente, y porque en verdad su pureza desconocía la traición, reflexionaron en lo dicho, y luego de mucho pensamiento decidieron liberarlo.

Cuando volvió a ser libre sus erranzas empezaron a ser perturbadoras porque incubaban el mismo sentimiento que perturbó el canto inicial, pero esta vez se dirigió hacia un intento de control de los nuevos seres.

Aunque no fue mucho el tiempo que anduvo suelto logró intuir que si bien él no podía crear algo tan magnífico, al menos podía apoderarse de la voluntad de aquellos espíritus, para convertirlos en criaturas aliadas a sus propósitos. De entre ellos brotaron todos los que más tarde se conocieron como demonios o criaturas oscuras. De ahí mismo nacieron los sentimientos perturbadores, que incluso pueden dar forma a la materia.

En sus diversas lenguas muchos pueblos tienen historias como éstas, y aún otras más diversas. Muchas coinciden en narrar que mientras Vassago iba dando forma a su inicialmente minúsculo universo, su corazón quedó prisionero en una obsesión lujuriosa por poseer el espíritu humano, ya que intuyó que en él habían sido depositadas partículas de todos los demás seres.

También se dice que aunque el poder de Vassago era en mucho inferior al del resto, su aguda inteligencia le permitió percatarse que, de lograr dominar el universo de los hombres, le sería fácl dominar a todos los demás elementos, iniciando así su propio reino.

El Gran Espíritu reveló a los hombres el misterio de su creación, y en su primera sentencia dijeron que era uno de los seres destinados a destruir a quien intentase poseerlo.

Entonces fue que en la última edad antes de su explusión definitiva Vassago logró sembrar en el corazón del hombre su semilla, que más tarde se vio estaba destinada a traerle la ruina.

2

En aquellos días la creación era algo magnífico, y nuestra capacidad de percibirla era expresión de espíritus saludables. Ese estado propició el desarrollo de capacidades hoy adormecidas, y que están destinadas a permitirnos una comunicación fluida con el resto de seres.

En aquellas edades antiguas los espíritus creadores nos enviaban mensajes a través de visiones, manteniendo vivos nuestros conocimientos.
El viento hizo realidad su voz y recorrió muchos pueblos. El espacio cósmico configuró una bóveda infinita, en la que fueron ubicados todos los luceros. En las partes más próximas a nuestro cielo se ubicaron el Sol, la Luna, las estrellas y una constelación de planetas hasta conformar una galaxia, que quiere decir una forma de aventura del universo. Allí se han escrito miles de historias que hablan de lo sucedido y lo que habrá de suceder en el tiempo del retorno.

El agua habló de modo distinto: al decender del cielo alimenta los ríos. En los océanos creó voces terribles y maravillosas, nacidas de su encuentro con las profundas grietas de la tierra, donde otros seres habitan. En los lagos habla el lenguaje del silencio, y en las cascadas se viste con la vertiginosa potencia del tiempo.

Y los seres humanos fuimos adquiriendo nuestra forma actual, que es una totalidad del pensamiento porque en sí conjuga todas las demás energías. Entonces fue que los Dioses revelaron su segunda sentencia, diciendo que para ser perfecta su obra necesitaría de una realización espiritual propia, y culminaron diciendo que los Seres Humanos tendríamos como destino una conciencia que nos convertía en seres libres, y que esa conciencia perfeccionaría nuestro espíritu, hasta provocar nuestro retorno a los primeros días.

Pero ya en aquellas épocas Vassago el Brujo Negro penetró en la conciencia del hombre y le dijo que aunuqe no se lo habían revelado, sufría la condena de padecer agonía y muerte en muy poco tiempo, y sobre eso creó un poderoso reino del miedo, desde el que se dispuso a gobernar por muchas eras.

3

Uno había que era el Señor Alimentador de las Conciencias, y que generalmente adquiría la forma de un ave que puede desprenderse de sus plumas, para con ellas describir universos de otras formas y otras leyendas. El vuela muy alto y atraviesa todas las dimensiones, es el encargado de mantener vivo el espíritu del hombre y su conocimiento como voluntad de aproximación hacia las demás criaturas, y hacia los Espíritus Puros. A esa sabiduría los primeros seres la llamaron de distintas maneras, en lenguas de símbolos que evocan felinos.

El es un ser sin forma definida, constituido de energía pura, que le permite encarnarse en épocas y lugares en que la vida necesita su guía. Ocupa un espacio majestuoso, pero aunque es un ser noble y sólo tiene aproximación a lo bello, un día percibió que algo terrible había sido puesto en el corazón de los hombres, y por primera vez conoció la tristeza. Allí se develó que el camino sería largo, y que también él estaba destinado a recorrerlo.

4

Con el paso de otras edades fue claro que sería inevitable provocar una fracturación en la tierra, buscando separar unas energías de otras, preservando lo más bello en Islas a veces grandes como continentes y otras más pequeñas como Manhattan.

Y sintiendo esto pudo ver una sucesión de guerras entre seres de la misma naturaleza. Con su pensamiento recorrió el mundo entero pacificando contiendas que derramaban sangre, tratando de evitar la consumación del abismo, en el que perecería mucho del sueño de los dioses, y de la realización de los hombres.

Y anduvo por todas partes, la mayoría de veces convertido en ser humano. Habló en muchas lenguas y con todas las naciones vivas compartió su sabiduría, y les recordó lo perfecto que es ser la realización material de una idea, que la libertad es una bendición antigua porque atraviesa distintas dimensiones hasta llegar al conocimiento, donde los espíritus habrán de encontrarse en el más profundo estado de pureza. Y les dijo que hay muchos peligros, y les contó la historia de Vassago y su poder, y finalmente les reveló que mucho de lo suyo se resumiría en aportar a mantener viva la energía de esta dimensión.

Hablando a multitudes de todas partes de la tierra entendió aún más la semilla de Vassago, y en acuerdo con los demás espíritus decidieron fracturar la tierra en continentes, y entre ellos pusieron grandes masas de agua, separando unas dimensiones de otras.

Ocultó mucho de entre lo más puro. Llevó el conocimiento a expresiónes tan refinadas que las volvió obras que serían tangibles en todas las épocas, y que darían testimonio de una sabiduría eterna. Y lo llamó Arte, que por ser la voz del espíritu lo sintetiza y representa.

Y de él creó expresiones diversas, buscando comunicarse con todos los seres vivos mediante el uso de sus sentidos, manteniendo así abiertos sus canales perceptivos. Allí también fue que aparecieron las grandes religiones, que no eran sino formas de vida. Parecería que de muchas de ellas apenas quedan recuerdos, pero en realidad se mantienen vivas.

Mientras esto sucedía los demás espíritus volvieron a reunirse y escucharon lo dicho, y a ello añadieron sus propias inquietudes, y tras mucho entendimiento de las diversas realidades ratificaron su decisión de que el ser humano sea libre y tenga una conciencia que le permita atravesar puertas de destinos extraños.

5

Durante muchos largos años grandes grupos de hombres permanecieron aislados. De lo que aún hoy puede atestiguarse, aquellos que habitaron el Continente en Plena Madurez y muchas otras regiones, crecieron rodeados de alucinantes obras de la naturaleza en selvas exuberantes, grandes regiones desérticas, y zonas en las que el agua se acumuló convertida en masas de hielo.

La leyenda también dice que este ser habitó todas las regiones, y que habiendo estado en la Isla de Manhattan percibió con muda tristeza que en algunos sitios de la tierra la semilla de Vassago cobraba fuerza y se apropiaba del corazón de muchos que se proclamaron reyes. Pronto su influencia se dejaría sentir.

Entonces se cuenta que ante esta visión funesta decidió transportarse a aquellas tierras y encarnarse en un hombre, buscando experimentar todas las sensaciones que estaban alterando el espíritu humano. Y aunque para él fue una experiencia conmovedora hizo brotar en sí un modo de lenguaje con el que les comunicó mensajes tan antiguos y profundos, que los siervos de Vassago lo intuyeron poderoso, por lo que inmediatamente lo apresaron y mutilaron en una cruz.

Su percepción de la pureza y la fuerza de su mensaje los asustó de tal manera que, no conformes con mutilarlo, crearon una forma religiosa macabra, que a partir de su nombre tomaría y de la forma de sus mensajes sometería definitivamente a una gran cantidad de seres humanos. Por nombre le llamaron iglesia, y por apellido muchas variadas definiciones, y fueron desarrollando ataduras espirituales fundamentadas en el miedo, el sometimiento fanático, la misericordia, el pecado. A la posibilidad de un cielo impusieron la noción de un infierno de crueldad alucinate, en donde dicen todos pereceremos.

Hasta hoy esa es la obra más perfecta de Vassago, porque es reflejo puro de su pensamiento.

De él todos saben que nació y que fue crucificado. Incluso aún hoy se conserva el texto de su sentencia, que anualmente es leído por uno de sus fanáticos en la plaza de una ciudad en la que cada mes de Abril se representan escenas humillantes.

De su mensaje original es muy poco lo que queda.

6

A los pocos años de haber experimentado la mutilación física volvió a estas tierras y envió mensajes a todas las naciones sobre la próxima aparición de hombres crueles, y provocó visiones que alertaron a los otros hombres. Allí fue que por vez primera nuestros ancestros atestiguaron estados de violencia tan elevados que inicialmente los petrificaron, pero detrás de aquella hipnosis ocultaron el conocimiento.

Entonces dijo que si los hombres habríamos de conocer la tristeza sería a través de nuestros propios ojos, y que a lo largo del camino seríamos víctimas de formas casi imposibles de degradación. Así mismo dijo que será parte de nuestro poder el despertar y establecer alianzas que nos permitan mantener la vida.

Otro de los nombres con que se lo conoce es Anatary, que en el tiempo en que se hablaban otras lenguas significa "El de las Luces", de quien se dice es el amigo más antiguo de los hombres.

La leyenda continúa diciendo que en aquellos remotos tiempos Vassago fue vencido nuevamente, pero que tras haber trabajado en la corrupción de los hombres logró fugar a una caverna profunda, que hoy se dice puede contener el alma de aquellos que se han convertido en sus servidores.

Así mismo dice que la subsistencia de la especie humana sólo será posible mediante la experimentación de alianzas. Ellos sentenciaron que el camino será largo, pero sus resultados eternos.

7

Las luchas se iban sucediendo y la maldad avanzaba por todas las tierras. Enfermedades como la avaricia se convirtieron en virtud y flagelaron la tierra al dictar posesión sobre ella. En apenas siete generaciones de esta nueva era la propiedad se convirtió en ley, y sus nefastos principios en filosofía, y se propagó de tal manera que hoy anida en casi todas las conciencias.

Así como se propaga el fuego con el viento, así aparecieron males destinados a someternos. Muchos de los más grandes hombres de estos pueblos mandaron a callar las voces imponiendo su conocimiento, pero no fueron escuchados, y en battallas en las que casi se extinguió la flor de sus pueblos fueron asesinados cruelmente, con sentencias que invocaban la ley de un Dios que decían debe ser el nuestro, bajo el símbolo de una cruz extraña fue la que inició el fin de los días luminosos."

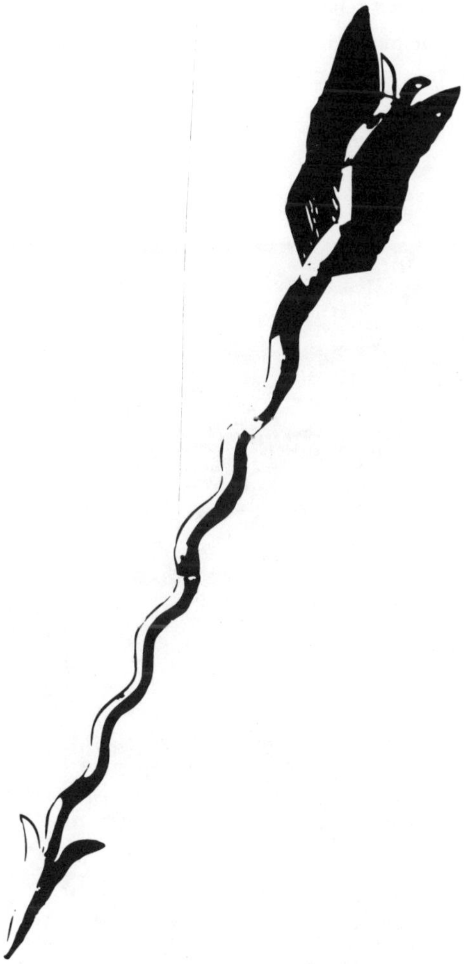

El Paisa, Emiliano y El Brotherito se mantuvieron en silencio. Miss Andersen detuvo la narración y parecía como si con sus ojos cerrados estuviese recorriendo las diversas dimensiones de una historia posible.

Entonces fue que se dieron cuenta que estaban delante de una mujer mucho más vieja que todos los años, y en la que el tiempo está presente, dándole a su piel la textura de aquello que siempre está expuesto.

No fue necesario interrumpir el silencio, porque cada uno a su manera volverá a integrarse a este cuento.

EL RINCÓN DEL FEELING

1

Los días se han ido obscureciendo. En una ceremonia de disfraces cambian pieles y aromas, intercalando a su paso espesas masas que deambulan pese a todo cambio meteorológico, o de huso horario.

Con ayuda del agua el asfalto de las calles se ha ido oscureciendo, logrando disimular incluso las líneas blancas, que parece se hubiesen escurrido por las alcantarillas, para mezclarse con restos humanos vivos, en una melodía de desagües.

Enfundados en chompas de plumón made in Taiwan, el Paisa y Emiliano se detienen ante un pequeño puesto en la calle Broadway, en el que se venden fotos de los ricos y famosos, apareciendo en un carnaval los rostros de Malcolm X, Elvis Presley, Richard Nixon, Bob Marley, Carlos Santana, Jonh F. Kennedy, Charles Chaplin, y muchos más, cubiertos en un plástico que de manera clara canta los precios: "30 Dollars and Up".

- Vea nomás, no problem -les dice un chino bastante viejo, exhibiendo una sonrisa mientras se esfuerza en vencer la debilidad de sus manos para abrir una botella, que según el cuidado con que la trata parece contener dos segundos de vida.

- Mira Paisa, esta güerísima es la Marilyn Monroe. Chingada madre, ha de haber estado rete loca para irse a morir teniendo semejante cuero vivito ¿no?

- Sería de consultar el diccionario de los sueños -le dice el Paisa, en tanto expulga el mostrador tras una foto que sin habérselo propuesto se volvió repentinamente necesaria.

- Y mira esta otra del Carter, si parece que en lugar de cara tuviese máscara.

- Señor, ¿tiene una de Jimmi Hendrix? -le dijo, pronunciando cada palabra, preocupado que el vendedor ni siquiera tuviese idea de quién era la mentada figura.

- Allá -le dice, señalando el final de un estante- una que es en blanco y negro, con un señor de pañuelo amarrado a la cabeza -añade. El Paisa se sorprende de su precisión, y empieza a buscarla entre los centenares de rostros marcados por un momento exacto, y poseídos por un ángel que los llevó a la memoria. Y ahí aparece la foto, tal como la había descrito el vendedor: Jimmi Hendrix con un pañuelo atado a la cabeza, y fumando un cigarro que de tan grande parece se iba a salir del natural encuadre. Mientras tanto el hombre viejo, masticando palabras en su idioma nativo sigue lidiando con la botella sin conseguir

abrirla, de lo que se percata el Paisa, y con dos movimientos de gato emplumado se la entrega abierta, recibiendo como respuesta una sonrisa extraordinariamente bella.

- Orale carnal, ya paga y vámonos, que nos coje la madrugada, y ya sabes que el Brotherito luego luego está muy ocupado para platicar.
El Paisano paga por la foto y se asombra cuando el vendedor le devuelve casi la mitad del dinero, diciendo:
- It´s O.K. Un buen amigo siempre tiene descuento -y se estrechan las manos, intercambiando el mutuo afecto de sus energías.

2

- Mira ese puto Paisa -y lo dijo con una voz que parecía de sirena, añadiendo con una mueca- si vieras que casi me enamoro.
- Déjalo en paz, me imagino que se gana la vida como mejor puede.
- No pos, eso se nota luego luego, y no hay pedo.
- Vamos, a lo mejor todavía le alcanzamos al Brotherito en el "Rincón del Felling".
- Ya estuvo suave y después una merienda china de a cinco pesos, ahí donde el kei tu, pero espérate tanto... ¡nomás otra miradita!
Y como si el que está del otro lado de la acera entendiese de lo que están hablando, baja la mano y se acaricia los genitales morbosamente.
- Te digo Paisa, si son retemalcriados.

Llegando a Times Square la noche cede su color ante decenas de anuncios comerciales creativamente iluminados. Allí abre sus puertas lo que los Latinos llaman el "Centro Internacional del Placer Visual, Auditivo y Palpable El Rincón del Feeling", donde según reza el anuncio es posible alcanzar desde experiencias variadas de a un dólar en máquinas reproductoras de imágenes pornográficas, hasta música casi extinta en una rockola, que según explica el Brotherito "es la última sobreviviente de dos guerras mundiales y siete intentos de invasiones a Cuba".
El Brotherito es lo que se dice un cliente fijo del antro, y mientras espera la llegada de sus amigos, ve como se distribuyen billetes y bebidas, "conforme conviene a la prosperidad del negocio, al sustento de las muchachas y la tranquilidad del cliente, que para este modesto servidor son una misma cosa". De nacionalidad borrada por tantos ires y venires, lo único que aclara es que "soy Latino por irrevocable disposición del Creador".
El Paisano lo conoció por primera en vez en lo que Emiliano le explicó era "un centro de asistencia al minusválido", y antes de presentárselo le había dicho "el Brotherito se caracteriza por dos cosas: la primera es que a todos sus amigos los llama "brotheritos", y la segunda porque estando en una reunión, parece que estuviese en ocho, y siempre logra pasar desapercibido", a lo que el Paisa respondió con una de sus bulliciosas carcajadas. Ahí mismo se enteró que gustaba de la conversa larga, y que para él la palabra "amistad" definía cualquier posibilidad noble de existencia.
Al verlos entrar el Brotherito se levantó de su silla y tocándose la bota derecha les dijo:
- Ya les tenía en capilla, brotheritos, hace como un mes que no nos visitan, imagínense que las chicas pedían tres días de duelo con la bandera a media asta.
- Órale Brotherito, lo de los tres días está bien padre, pero lo de la media hasta deja sus dudas -le respondió Emiliano, pidiendo tres cervezas.
- Parece que quisieran embriagarse brotheritos.
- Nada de eso, nomás con ganas de echarnos unas chelas. ¿Nos acompaña?
- Háganle nomás, aquí les secundamos pero yo no bebo porque estoy en horas de oficina -les dijo el Brotherito, pidiendo dos vasos.
- No se haga el bisi y pídase unos limones, que hace un mes que no nos hablamos.
- Yo pensé que ya se habían ido de la ciudad.
- ¡Aún no estamos tan encabronados!
Con su cara de indio del altiplano el Brotherito es de los pocos que siguen usando brillantina perfumada, que según cuenta le envía su hermano una vez al mes "por uno de esos currier expreso, y es que todo es cuestión de elegancia" -les dijo cuando le preguntaron qué se untaba en la cabeza.
Habla cuando todos los demás han callado. Recibiendo comentarios diversos y hasta carcajadas; al finalizar un tema de conversación tiene la manía de preguntar "¿Sí o no brotheritos?"
En su bota izquierda carga lo que él llama "un pequeño incentivo para viajar al cielo", y que son billetes que distribuye generosamente en restaurantes y bares, sólo preocupado de que le queden suficientes reservas. Ríe con carcajadas descomunales; sabe las letras de las canciones latinas más puñaleras, que nunca faltan en el repertorio de "El Rincón del Feeling", importadas en discos y cassetes que saben de huainos, pasillos, rancheras, cumbias, además de 176 ritmos regionales "porque brotherito, una hueca sin su buena música es como un muerto sin su buena hueca", y las canta sin ningún problema, ni en el corazón ni en la cabeza.
- Vean brotheritos -les dice mientras pide otra ronda de cervezas- de las chavas no se preocupen, ellas son bellas siempre. Redundaría decir que son como girasoles -y se levanta al mirar que una mujer joven cruza la puerta. Ya de regreso con ella les dice que se llama Liz, y añade: "la conocí ayer y me pareció que a Ustedes, como a mí y a ella, nos encantaría la idea de conocernos, y salir a cenar en un restaurante Tahitiano. ¿No les parece una gran idea?

YANUHAKA
(LA FIESTA DE LAS LUCES)

Se dejó caer sobre la silla de manera inconsciente. Miguel gritó porque sin darse cuenta Emiliano acababa de sentarse sobre su gorra de los "CHICANO BULLS", recién comprada para salir con Carolina a compartir una noche de cine.
- Sorry Maicol, I am so sorry -le dijo, tratando de devolverle a la gorra su forma original. Mientras lo hacía se escurrió entre ellos Andy Do Sousa, empleado de una fidelidad sospechosa, que según palabras de Miguel "raya en la delincuencia". Al mirarlo aparecer, Emiliano dijo en voz alta:
- Este maldito parece murciélago.
- Y usted parece la loca Rumelia con ese culazo, que me arruinó la nueva adquisición -le replicó Miguel.
- A propósito de traseros: ¿alguien sabe si mañana abren el restaurante? - preguntó Luis, mientras guardaba en la maleta su tradicional sánduche de jamón con pavo.
- Órale órale... ¿y por qué no van a abrir? -preguntó Emiliano, a lo que el polaco se apresuró a responder
- Porque mañana es el Yanhuka
- ¡Yanunchaja! -gritó Miguel, dibujando con sus palabras un asombro que hablaba por sí solo, añadiendo- ¿y qué coño es eso?
- Sí serán calaveras -intervino Emiliano- ¿no han leído en el el tren un anuncio que dice que esa es la fiesta judía más chingona?
- Ah claro, si es eso mañana abren, porque sino el dueño ya nos hubiese avisado.
- ¿Tu crees que se van a perder la fiesta?
- Lo que es seguro es que no cierran.
- ¿A ti te han dicho algo?
- Nada, ya ves que aquí nos tienen como alma en pena.
- O como decía un comentarista de fútbol: "más perdidos que sordo en balacera".
- Olvídate Luis, si es fiesta sagrada segurito que abren, no ves que son ateos -y lo dijo señalando el piso de arriba, para añadir -porque quien cree en Dios no puede ser explotador, ¿o sí?
- No. Creo que estás equivocado, porque a la mejor son judíos de la Iglesia del Séptimo Día... ¿O serán judíos adventistas?
- No sé, pero yo en lo único que tengo fe ciega es en que mañana trabajamos -sentenció Luis, poniéndose la mochila a la espalda.- Así que nos vemos.
Desde el restaurante se oyó que una voz chillona gritó "Hey guys, les remember que vocé están tres minutiños tarde a la hora del start".
- Es el murciélago, traductor oficial de la gerencia general para el tercer mundo y otros países bajos, dijo Emiliano, y acomodándose los delantales cada uno se dirigió a sus tareas, y en el sótano quedó el sombrero de Miguel, esperando la noche para descolgarse en la habitación 502 del Hotel Sant Marks, según santo y seña del Paisano.

DEL ROLLO ESE DE LIZ

Sus dientes brillan con un encanto maravilloso, y con una intensidad que refleja muchos de sus más secretos apetitos.
El Paisano aprendió a tomarle la mano mientras ella habla del mismo modo en que la tierra pone semillas en cualquier lado de la tierra. Union Square es una bóveda gigante, en la que cada sábado a las tres de la tarde se embarcan camino a Brooklin. Allí las manos se abrigan cada vez más por ser camino de su casa, donde repetirán el acto del amor, que en su poderosa magia los llevará a paisajes construidos en el sueño. Tres y quince, cuatro en punto, una y otra vez el parlante repite el mismo anuncio de trenes que llegan y salen, da instrucciones para retirarse de la línea amarilla, para subir, depositar la moneda, escupir en el basurero, no fumar, y ellos sin ningún acuerdo previo buscan asiento en el lugar más solitario, para allí intercambiar de sus bocas los besos, que paulatinamente van ocupando el lugar de las palabras.
Mucha gente todo el tiempo, pero el Sábado por la tarde en su casa solamente ellos camino del cuerpo, jurándose amor eterno hasta que llegan las nueve y media de la noche, en que ellos salen a seguir besándose en algún otro despoblado.

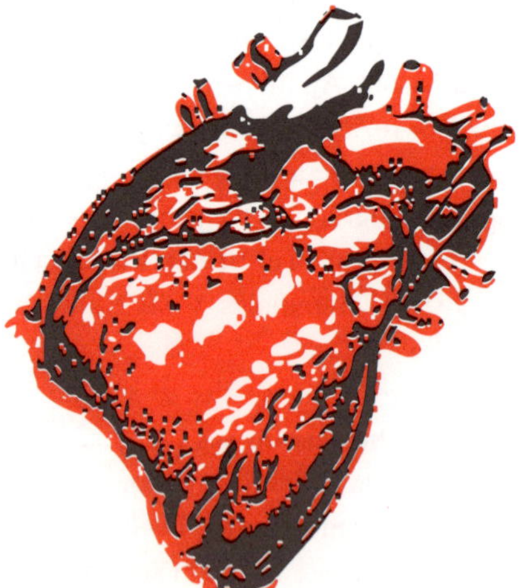

BRUTAL LEX. BRUTAL COMBAT. TURNING TRICKS (O las líneas de Dostoievski)

SECCION 2. La manufactura, distribución o venta de Documentos falsos de ciudadanía o de extranjero residente: Crimen y Castigo.
A la Sección 113 del Código Penal debe añadirse: "Cualquier persona que manufacture, distribuya o venda documentos falsos para ocultar la verdadera ciudadanía, o estado de residencia legal de otra persona, es culpable de felonía, y será castigado con prisión de cinco años, o una multa de 75.000 dólares.

SECCION 3. Uso de documentos falsos de ciudadanía o residencia legal: Crimen y Castigo.
A la Sección 114 del Código Penal debe añadirse: "Cualquier persona que use documentos falsos para ocultar su verdadera ciudadanía o su status de extranjero, será castigado con prisión de cinco años, o multa de 25.000 dólares.

HECHO DOS

"Las contribuciones que hacen los inmigrantes al Seguro Social son importantes para la sobrevivencia de este programa, dado que contribuyen durante toda su vida de trabajo, pero en general no tienen padres en los Estados Unidos que reciban los beneficios de ley. Se calcula que durante su vida cada trabajador inmigrante paga al Seguro Social un promedio de 24.000 dólares sin recibir esos beneficios".

Illegal Aliens. Ineligibility for Public Services. Verification. Reporting. Initiative Status. Preparado por el Fiscal General.

LA PERLA DEL PACIFICO

(O EL ROLLO ESE DE ABSALON A LO LARGO DE SU REPUBLICA NATAL)

En Guayaquil predominan tres cosas: el olor a sal que trae el mar, las mujeres bellas y un sol empeñado en calentar las relaciones amorosas, que en este puerto provocan una reproducción acelerada de las especies, siendo ésta la ciudad más poblada del Ecuador, donde conviven golondrinas, niños callejeros y cantinas.
De este puerto suele decirse es la Perla del Pacífico, y muchos afirman que es una joya deslucida por la acción de los tantos rateros gobiernos, que uno tras otro han ido saqueando fondos públicos, dejando como resultado una ciudad caótica y empobrecida, en la que cada mañana brilla el buen humor y la sonrisa de su gente. Por ahí un jubilado, haciendo una macabra síntesis de la situación comenta: "hace dos años fue el negocio de los camiones de basura, luego la lotería del cascajo, después la construcción de la vía perimetral, meses más tarde la millonada con el relleno hidráulico, luego un alcalde que escapó con la plata de la tesorería, y para rematar nos hicieron testigos del "tobogán navideño", macabra ocurrencia de la ex Alcaldesa Bucaram, que en vísperas de elecciones decidió regalar juguetes a los niños pobres, lanzándolos por un tobogán. Lo que no se imaginó su menguada inteligencia es que la pobreza del pueblo era tan grande, que todos se lanzaron sobre los regalos, matando de asfixia unos cuantos niños. Menos mal que el agua del río está muy sucia y es salada, porque sino estos desgraciados son capaces de embotellarla y vendérnosla, y ahí sí que joden la Perla del Pacífico".
Al barrio La Ferroviaria suele llegar anualmente un parque de diversiones que en respuesta al Play Land Park de la Florida, el pueblo lo llama "La Ciudad de Palo a Orillas del Estero". Las distracciones que ofrece son varias, y entre otras están la rueda moscovita; "Sahara, la Princesa Fakir Inú en la urna de las serpientes", el teatro de marionetas, los magnificos trucos del Tragasables, la señora del tiro al blanco, un carrusel enano, y un mini circo, que más bien era una exhibición de deformidades. Además hay todo tipo de vendedores ambulantes, creando una atmósfera cuyo color y aroma es el de las manzanas enconfitadas, el algodón de zúcar, los huevitos chilenos, chifles, melcochas, canguil, churros y demás aperitivos de feria.
Absalón llegó evitando ser visto por los de la autoridad portuaria. En la ciudad del interior la gente le había advertido que la policía no es de fiar, especialmente cuando se es afuereño. Serían o no habladurías, él no estaba ahí para averiguarlo, y cruzando el puente lo más rápido que pudo fue a dar con La Ciudad de Palo. Absalón apenas había cumplido trece años.
Ya dentro se dedicó a curiosear en todas las carpas, ofreciendo su ayuda a cambio de comida y un lugar donde dormir. Muchos rechazaron su oferta, pero en el local donde se exhibían "los animales más raros del mundo" le dijeron que sí,

que cama no había pero sí una estera, además de tres comidas diarias y cinco sucres a la semana. Su trabajo sería hacer de todo, dependiendo de las urgencias del negocio, pero principalmente perifonear anunciando la muestra, mantener limpias las jaulas y pisos, alimentar los animales y cerrar el local.
"Earth Sickness" era el nombre del negocio, que en su menú ofrecía mostrar un pavo de tres patas, un ternero de dos cabezas, un oso de un solo ojo, un chancho con la cabeza de perro, una culebra roja, una gallina sin alas, amen de una colección de fetos humanos de diversos meses, conservados en alcohol. "Venga y vea la muestra más extraordinaria jamás antes exhibida de fenómenos naturales, y que ha recorrido y asombrado a ciudades como Bangok, Beijing, Atenas, París, Texas, Honolulu y Medellín", rezaba una hoja volante.
Aquellos eran seres vivos y muertos, cuyo efecto más sorprendente era la pestilencia que emanaban. Pero la atracción mayor de esta inusual muestra era un simio recién nacido, cuyo rostro era idéntico al de un niño tierno. Los parlantes y los comentarios de quienes lo habían visto decían que su efecto visual era "demoledor", porque perturba la mente mirar el rostro de un niño en el cuerpo de un simio.

EL HOMBRE

"Pero coño Julia, eso no te lo puedo explicar -y se quedó callado, como si estuviese buscando las palabras precisas.- You know, el mono estaba enjaulado como los otros animales, pero a éste le habían llenado de cositas que se usan para entretener a los niños. Había muñecos de todos los tipos, una trompeta, pelotas, cuentos, un avión de lata y no sé cuánta vaina más, todo escrito con su nombre: "JIMI".
Aunque yo apenas era un muchachito me quedé impresionado porque el monito tenía la cara idéntica a la de un niño de uno o dos años... pero Julia ¿tú sí has visto alguna vez un monito no? Aquí en el zoológico del Bronx hay un montón y también los pasan cada rato por la tele. Pues así no era porque éste tenía la cara de un niño común y corriente pero con cuerpo de mono, y unos ojos que ¡coño! ...mejor ni te cuento."
Julia seguía con atención la conversa, destapó una cerveza mientras Absalón imaginaba en la oscuridad sus propias palabras, y continúo en uno como monólogo diciendo: "a la seis de la mañana me despertaba con sus gritos, y mi primera tarea

era calentarle su mamila y cambiarle los calzones. Entonces le amarcaba como se hace con un niño y le cantaba canciones que los patrones me enseñaron. A mí me parecía que todo lo entendía, porque sabía reírse poniendo la misma cara de cualquier baby normal... Julia chica, no vas a creerme: ¡los dueños del negocio habían vivido tanto tiempo con él que ya no sabían si era animal o humano! A veces lo trataban como lo uno y a veces como lo otro, pero siempre hablándole como si en verdad fuese hijo suyo. A mí me decían "Absalón, a las ocho de la noche le das su mamila, le cambias los pañales, le metes entre las cobijas y ahí te quedas hasta que se duerma." "Absalón ya se acabaron los pañales limpios, apenas tengas tiempo te vas a lavarlos al río." "Absalón, el cuento de King Kong es el que más le gusta, ahurita mismo te las ingenias para dibujarle algunas escenas". Pero un día de esos que nunca se te borran de la memoria me dijeron: "Mira muchacho, mañana Jimi cumple dos años y vamos a darle una fiesta, así que pasadas las nueve de la mañana le sacas de la jaula y le vas a dar una vuelta por el Malecón, recorres toda la 9 de Octubre, incluso la Portete."

"¿Animal Humano? ¿Humano anti animal? Todas las preguntas me las hacía a mí mismo, incluso hubo un tiempo en que estuve tan confundido que lo trataba sin poder distinguir bien si era lo uno o lo otro. En ese trajín me las pasé hasta que cumplí catorce años, viajando por todos los malditos pueblos de esa República, hasta que un día..."

"- Quiroz, muchacho, lo que más te conviene es que te alejes de los dueños del zoológico -le dijo el hombre de la rueda moscovita, sacando los ojos más allá de cualquier efecto necesario, añadiendo- ¿o es que no te has dado cuenta?

- No -le respondió Absalón, con una mirada de desconfianza que desde entonces sería la única definitiva en la expresión de sus ojos.

- Lo que pasa es que hace unos 3 años a esa gente le iba mal con lo del zoológico de los animales más extraordinarios del mundo -continuó.- El Público no es tan pendejo como parece, y muchos de sus fenómenos no son más que injertos y amputaciones hechas por ellos mismos. Ya vez que andamos de pueblo en pueblo, recorriendo sus fiestas, pues bien, hasta que dos o tres se fijen en que hay algo extraño para que todo el mundo lo sepa, y claro, a tercera o cuarta visita ya nadie entra. La cosa es que ellos tenían una gorila hembra, que le compraron a otro cirquero que venía desde el Brasil mostrando un espectáculo de fieras amaestradas. La gorila fue por un tiempo la atracción de su negocio, pero como no era ningún fenómeno, ni la plata ni la gente llegó en la cantidad esperada, y ya era una perdida tomando en cuenta la cantidad de plata que habían gastado en comprarla. La gorila no aprendía ningún truco, y los pocos que había demostrado saber el día de la venta no los volvió a repetir jamás. Radio Bemba dice que a la dueña se le ocurrió la idea de que su marido se acostase con la gorila para que le naciera un fenómeno de a deveras, que atraería mucha gente y dinero. Las lenguas dicen que la pareja se puso de acuerdo y que a la pobre gorila le daban pastillas de esas que excitan, y así se la agarró un montón de veces, hasta que le nació ese monito con cara de niño. La gorila madre murió la misma noche del parto, que fue una noche terrible, llena de chillidos y cadenazos.

Aquí lo sabemos todos, claro que no se lo contamos a ningún extraño porque a fin de cuentas todos nos beneficiamos del público que viene a ver al gorilita con cara de niño, porque se dan unas vueltas en los juegos y siempre comen. Pero a tí te lo digo muchacho, para que te alejes, porque los del zoológico están malditos.

EL HOMBRE

- Julia tú no me lo creas mujer, pero ese animalito armaba un tremendo escándalo cuando tenía hambre, o se había meado o quería jugar, o alguna de esas boberías, pero lo que en verdad le gustaba era que le cuenten cuentos, you know, historias, y si no lo complacía armaba unas... Al mismo tiempo lloraba y chillaba y hacía muchos sonidos, hasta que un día los patrones me mandaron a dibujarle unas partes del cuento de King Kong que ellos mismos me contaron. Entonces ahí me embarqué con un poco de lápices de colores, y le hice pura selva, culebras, arañas, tigres, sapos, elefantes, y otros monitos como él, con su mamá mona durmiendo sobre un montón de plantas verdes que más bien parecían blancas del tanto sol que les daba. Aunque sólo eran cosas pintadas, si tú las veías durante algún tiempo parecían cosas que se movían con el viento, y allí aparecían flores, hojas, ramas, pero más que nada la familia de los monitos con sus ojos brillosos. You know, me esmeré mucho en ese trabajo porque quería ver si el mono reconocía a su familia, y la selva, you know. Pero coño Julia, cuando se lo mostré Jimi se quedó mirando el dibujo como atontado, se veía que estaba impresionado por algo, pero yo no sabía qué, hasta que empezó a meterle uña al dibujo de la mona más grande, y ahí recién le entendí, y ya te imaginarás la pena y el susto que me dio cuando lo vi llorando, pero sin hacer ningún ruido, ni de animal ni de humano.

Ya no gritaba ni chillaba, sólo se le iban las lágrimas en tan grande cantidad que sentí los pies húmedos, you know, como si estuviese en la bahía. Creo que yo también lloré, ya no recuerdo porqué, de esto hace ya más de cuarenta años. Esa noche tuve sueños de niños viviendo en árboles, y de monos que desde abajo les tiraban piedras hasta matarlos, todo en un río grandísimo de sangre. A la mañana siguiente supuestamente íbamos a celebrarle su fiesta sorpresa y yo me desperté asustado porque ya eran más de las nueve y el monito no había llorado como era su costumbre. Me levanté corriendo y vi su cuerpo colgado del lado de afuera de la jaula: parece que a la noche quiso escaparse pero su cabeza no alcanzó a salir entre los barrotes y se quedó ahorcado. Por suerte era Domingo y ese día les gustaba dormir largo a los patrones, ahí aproveché para agarrar mis trapos y escaparme, you know. Esto sucedió en un pueblo de esos que andan perdidos por ahí, que creo se llamaba Alluriquín o alguna vaina así. Durante mucho tiempo tuve pesadillas, pero como ya te conté en otra conversación, aquí en Nueva York empecé a leer sobre parasicología y otras vainas del control mental, que me han ayudado a dormir tranquilo".

Por efecto de la intensidad de la conversación Julia se había tomado cuatro latas de cerveza sin siquiera levantarse de la cama. Absalón se acomodó una vez más y buscó a tientas su frasco de perfume, con el que empezó a frotarse hasta que sintió un ardor que sabía era irremediable. Luego de mantenerse por un momento en silencio volvió a hablar diciendo:

- ¿No me digas que te quedaste tan impresionada mujer?

- Más que impresionada me dejas espantada Absalón, y es que tú vienes con cada historia que a una se le ponen los nervios de punta.

- Y eso que no te he contado lo de la Mujer Araña que conocí en Valledupar.

- Estoy segura que será muy impresionante, pero ahora sí que me disculpas pero ya se volvió a hacer tarde, así que mañana volvemos a hablarnos ¿O.K.?

- Bueno, si tú lo dices qué otra cosa se puede hacer. Entonces mañana hablamos Julia, a ver si organizamos una salida al muvi o alguna otra vaina así. ¿Está bien..? Bueno, bai.

Y una vez colgado el teléfono Absalón no volvió a hacer ningún otro ejercicio de memoria, sino uno de fantasía, en el que junto al cuerpo de Julia viajaría al otro lado del día.

DEL ROLLO ESE DE LIZ
(CONEY ISLAND)

La cama en que por vez primera conoció el lenguaje del sexo fue una cama rentada, en algún cuarto indefinido de un hotel en Queens. Fue una cama ancha, que los contuvo durante diez horas, mientras repetían una y otra vez el acto de lavar las heridas causadas por la indiferencia, y un ansia acumulativa vaga y extraña, propia de la distancia.

Sobre su vientre se posó como ofrenda un líquido vidrioso. Entre sus piernas sintió el placer de la vida y la muerte, reproduciéndose en apasionadas sensaciones que le fueron robando el aire. Bebió y fue bebida con tanta intensidad que con la llegada del gozo se evaporó el sueño, pasando las primeras cinco horas de la mañana inadvertidas. Antes de llegar al orgasmo le invadió la luminosa imagen de algo desconocido, en lo que se mantuvo y volvió por mucho tiempo.

Se vino una y otra vez sobre el cuerpo del Paisano, cosechando todas las flores prometidas. Sintiéndolo dentro de su cuerpo liberó toda su energía en gemidos que se volvieron lenguajes primitivos. Con su saliva recorrió espacios genitales, mientras sentía en su cuerpo la realización material del placer, llevándose consigo algo que había tomado centurias en desarrollarse, y que entendió no valía sino lo que vale un afecto. Apretó las uñas en su espalda hasta que lo escuchó gritar, entonces fue que empezó un viaje al centro de sí misma, más allá del país de los sentidos. Luego de abandonar el hotel por primera vez se confesó a sí misma que odiaba a su padre más que a ningún otro ser en la tierra, y el Paisano se estremeció sin saber por qué.

Liz tiene 17 años y Nueva York le parece una jaula en la que había sido atrapada por alguna avaricia desconocida. Odia la iglesia de que su padre dice es devoto, y en sus horas libres en lugar de profesar fe alguna trabaja de cajera o mesera, y el país del que su madre habla le parece un lugar remoto. Se repitió a sí misma que su nombre es Liz, y que le es posible ser libre. Desde entonces su cama vacía le parece otra celda, y en su pecho anidó un deseo que devoraba todo sentimiento de paz.

MUTIS POR EL FORO

- Mirá Miguel, vos aquí tenés que cumplir exactamente las tareas puestas en el papel porque esas son las exigencias de esta empresa. Esto que te lo digo a ti también va para todo el resto -sentenció sin mirar a nadie pero significando "a todos", añadiendo- cada minuto es valioso y por eso los dueños nos hemos dado el trabajo de escribir las tareas de cada uno, aparte de eso no hay excusas. ¿Entendido?- Y ya saliendo de la cocina se volteó y dijo.- Ah, y que quede bien claro eso de las comidas: a nadie le está permitido comer más de una vez por turno, y peor aún llevarse algo a su casa -y lo dijo componiendo una sonrisa macabra, para perfeccionar la cual añadió- ¡welcome to the new TOWER PLACE!

- Vieja puta, si sólo se aparece para meter ordenes.
- Si te digo, se va poniendo bien cabrona la cosa.
- Voz Miguel tienes la culpa, debiste haber parado las ollas más temprano, y cocinar pastas de reserva.
- No hables mierda, ¿a qué hora voy a cocinar si la cosa se puso más atareada que nunca, y a duras penas pude atender todos los pedidos? -Y lo miró con una furia que parecía iba a terminar lanzándole la sartén con la salsa hirviendo.

Todos se quedaron callados. El Paisano volvió a los sánduches y Emiliano bajó la mirada, volviéndose a meter al lavabo a refregar ollas que ya había refregado. En algún lugar de la calle 7 se rompió un vidrio sin que nadie lo notase, y el East Village volvió a opacar su brillo, sintiendo la tristeza en el corazón de los inmigrantes.

BRUTAL LEX. BRUTAL COMBAT.

In memorian de los Pueblos Nativos recuerda que:

SECCION 4. Ley de Cooperación Forzosa con el I.N.S.

(b) Con respecto a esas personas que han sido arrestadas, y de las que se sospecha que están presentes en los Estados Unidos violando las leyes federales de inmigración, cada agencia legal hará lo siguiente:

(1) Intentar verificar el status legal de dicha persona como un ciudadano de los Estados Unidos, un extranjero legalmente admitido como residente permanente, un extranjero legalmente admitido por un cierto período de tiempo, o como un exranjero que está presente en los Estados Unidos en violación de las leyes de migración. El proceso de verificación incluirá, pero no se limitará solamente a: preguntarle a la persona respecto a su lugar y fecha de nacimiento y de entrada a los Estados Unidos, y demandar documentación que indique su estatus legal.

(2) Notificar a la persona sobre su estatus de extranjero aparentemente presente en los Estados Unidos en violación a la leyes de migración, e informarle que además de someterse a cualquier procedimiento de la justicia criminal, él o ella, o debe obtener su status legal, o debe salir de los Estados Unidos.

HECHO TERCERO

"Comparados con los trabajadores nacidos en los Estados Unidos de todas las etnias, los inmigrantes participan más en la fuerza laboral, tienden a ahorrar más, trabajan un mayor número de horas, y empiezan más negocios propios, convirtiéndose en auto empleados".

Iligal Aliens. Ineligibility for Public Services. Verification and Reporting. Initiative Status. Preparado por el Fiscal General.

NO HAY PAN COMO EL DE AMBATO

Dinero no había ahorrado ni un centavo, no porque le gustara gastar, muy al contrario, sino porque los dueños del "Zoológico más Increíble del Mundo" cada viernes aplazaban el día del pago "hasta que reúnas una cantidad considerable".

Al salir no se llevó nada excepto su mochila y la mala impresión del mono ahorcado, y la decisión de nunca más volver a trabajar en algo parecido. Absalón se dio a vagar por restaurantes, recogiendo las sobras, unas veces a cambio de lavar platos y otras sin hacer nada. En ese entonces las calles de Guayaquil, aunque pequeñas, provocaban un sentimiento de ser infinitas y como un sortilegio siempre terminaban llevándole al mismo sitio: el hambre.

En la esquina de las calles Luque y Escobedo se unió a los "Fuerza Delta", una de las primeras bandas juveniles de ese entonces, que se dedicaban a jugar fútbol, cortejar mujeres, y a ejecutar lo que su líder llamaba "la recuperación de fondos públicos".

El "Cabeza de Olla" lo encontró limpiando los vidrios del restaurant "La Flor del Loto", y sin mostrar curiosidad le armó una conversa donde se enteró de lo uno y de lo otro de su vida, al final de lo cual le dijo:

- Si serás cojudo, Serrano. ¡Cómo se te ocurre lavar semejantes ventanales por un plato de sopa! No sé si los chinos son los hijueputas o tú un huevón -concluyó, mientras Absalón lo miró con recelo y no atinó respuesta, volviendo a humedecer el papel periódico como quien no ve, ni oye nada.

- Oye, ¿cómo me dijiste que te llamabas? -volvió a preguntar el Cabeza de Olla, y se puso el dedo entre los labios pidiéndole silencio, para con una sonrisa luminosa añadir:

- ¿Quiroz no? Ya vez, si eso no se me olvida porque después del alias el apellido es lo más importante. Yo soy el Cabeza de Olla Mendoza -continuó, extendiéndole la mano.- Mira Serrano, mejor vente conmigo, yo te voy a presentar a la muchachada de la plata, todos unos caretucos, pero eso sí, bien caballeros. Nosotros no lavamos ventanas ni besamos el culo de nadie. - Absalón no entendió bien lo que le decía. Sus palabras sonaban a invitación pero también a amenaza.

- ¿Y eso qué? -atinó a preguntar.

- Avíspate bobo, mejores dicho te estoy invitando a que te incorpores a los Fuerza Delta, y vas a ver qué bien nos llevamos con los señores del billete.

Más fue por miedo que por necesidad, o quizá por una mezcla de los dos sentimientos, que consintió en unirse al grupo, para pronto atestiguar, y beneficiarse, de sus experiencias.

Los "Fuerza Delta" dominaban las calles del centro de Guayaquil, y las partes bajas del malecón. Arranchaban cadenas, relojes y carteras; metían las manos en los bolsillos cuando los buses iban repletos; perfeccionaron el juego de "dónde está la bolita" con el que desplumaron a más de un ingenuo, pero también vendían caramelos a la entrada de los cines, habiendo aprendido varias canciones populares, que cantaban en buses y plazas.

Jugaban fútbol en la arena, nadaban, iban a la iglesia, robaban mangos y grosellas y embarazaban muchachas de su misma edad, y a veces incluso mayores. El mayor de ellos tenía 17 años y era conocido como "Cabeza de Olla", líder que los había juntado a todos. Al Gordo Ney le decían "El Mago", porque tenía la habilidad de esfumarse con las cosas ajenas. A Peláez le llamaban "El Cuarentón" por la prematura cara de viejo que tenía pese a sus escasos doce años; el "Angelito Valdéz" tenía alas con las que siempre escapaba sano y salvo de la policía; el "Compadre Tolinas" además de ser un consumado maestro del requinto era comerciante de instrumentos musicales; el "Cholo Sotil" era el carterista por excelencia, pese a que le faltaba un brazo; a Tarciso le decían el "Gato Gallo" porque caía como lo uno y cantaba como lo otro; el "Taita Curita" era el más devoto de todos, habiendo sido acólito de iglesia y hasta aprendiz de diácono.

Los "Fuerza Delta" se organizaban en grupos que operaban en distintos sectores de la ciudad, y tenían una tendencia casi inconsciente por los barrios lujosos. Llegadas las nueve de la noche se reunían bajo el muelle 68, donde habían construido una casa comunal, que era un espacio amplio en la arena, y que dividido con latas y cartones creaban átmósferas para usos diversos, como cocina, bodegas, y un dormitorio colectivo. Aquí se ocultaban los objetos obtenidos, y se repartían las ganancias.

- A ver muchachada, un tantico de silencio y otro de atención -gritó el Cabeza de Olla.- Aquí vengo con un nuevo amigo, que probablemente, y dependiendo de sus habilidades, se integre a los "Fuerza Delta". Es el Serrano Quiroz, y vamos a ver si le ponemos pilas para que trabaje en la banda.

- ¿Qué instrumento toca? - preguntó el Compadre Tolinas.

- Todavía ninguno cumpay, pero aquí le vamos a descubrir sus habilidades y a entregarle las herramientas.

- Oye Cabeza, nomás recuérdate que esto no es escuela -gritó alguien desde una esquina.

- Ni orfanatorio -añadió otro de mal modo.

- ¿Cuántos años tienes hijo? -le preguntó el Taita Curita, con una modulación de la voz que parecía estar hecha para calmar tormentas.

- Voy para los quince -respondió Absalón, empezando a preocuparse por la visión que ofrecía este grupo de adolecentes, que actuaban como adultos expertos en algún oficio no determinado.

- ¡Cucha!, si vamos a ese paso no seremos ni escuela ni orfelinato, sino jardín de infantes -alcanzó a decir el Gato Gallo, antes que le cayera un zapatazo, lanzado desde el lado más oscuro.

- No seas animal -le reprochó el Mago- no se dice jardín de infantes sino Kindergarden.

- Lo que sea y no se discute -intervino el Cabeza dando por terminada la discusión.- Acomódate nomás en esa colcha... A éstos no les hagas caso, que les gusta hacer broma de cualquier cosa, mejor prepárate para tu primera comida con la muchachada. -Y conduciéndolo a una esquina en voz baja le explicó que en verdad los muchachos no eran agresivos, sino que siempre es algo nuevo la integración de otro miembro al grupo.

- Después de todo son buenas gentes. La mayoría hemos estado juntos por muchos años, otros no tanto, por lo que hay que ser pacientes para aguantar sus bromas.

- Tú tranquilo, Serrano -intervino el Compadre Tolinas- aquí no pasa nada, de quien hay que estar avispa es de los uniformados, porque esos sí que no son de la familia.

- Qué fue Quiroz, ¿le llegas a la gallina? -le dijo el Gato Gallo, mientras le extendía un plato de comida.

- Ojalá les guste, -gritó alguien que se ocupaba del fogón- reciencito vine retirándola del frigorífico del Libanés.

- ¿Usaste la chequera Angelito?

- ¿O la Mastered Card?

- Ninguna manes, ninguna, y no se hagan los giles.

- Entonces qué: ¿pagaste en efectivo?

- ¡Es que a veces se lentean! -dijo fingiendo un ataque de ira, y aleteando las manos como paloma añadió -por algo soy angelito... el que vuela.

La noche se reprodujo en diversas formas, y en ella la naturaleza parió millones de criaturas que se enamoraron de las aguas y las estrellas. Después de la comida, el Compadre Tolinas recorrió el repertorio más completo de la música de burdel, que según dijo había aprendido "desde el vientre materno". Mientras se daba cuenta que la mayoría de muchachos ahí presentes no eran mayores de 17 años, Absalón empezó a admirar sus habilidades. Mientras los temas se fueron sucediendo, de manos de El Mago salió una botella que sorprendió a todos.

- Con cuidado nomás muchachos -dijo orgulloso de la hazaña.

- No se les vaya a hinchar la trompa. Les informo es whisky importado.

- Qué... ¿ya andas de importador?

- No, los que importan son los de la licorería "Fiesta Brava", yo sólo soy su mejor cliente.

- Seguro que ellos ni se habrán enterado -dijo el Taita Cura, rechazando el vaso que le brindaba, lo que provocó que El Mago soltase una carcajada tan sonora que fue a estrellarse contra el arrecife, matando de un solo golpe siete peces y cuatro tortugas.

- Taita Curita, le informo que el whisky de consagrar.

- Conságrelen nomás, y que el angelito encienda las velas y el incienso, porque parece que la bienvenida va a ser larga.

THE LATINO POW WOW
THEY GOT A BOSS (Ellos tienen un jefe)

"It is funny to see all those guys trying to go anywhere".
(Es gracioso verles tratando de llegar a ningún lado.)

"...y también hay hombres que son como dragones, brotheritos, de horrible constitución, ojos penetrantes y sin párpados. Ellos son los que mejor conocen las artes de hipnosis, y otras materias.
Aquellos que conocen su historia dicen que lo primero que contemplaron sus alucinados ojos fue su propia figura reflejada en un charco de aguas oscuras, que por efecto de auto sugestión les pareció muy blanca y pura. Adoraron esa visión, y en una secreta complacencia del ego se les fue consumiendo el corazón, hasta desvanecerse, dejando en su pecho un hueco vacío, que sin embargo sigue emitiendo el sonido de algo vivo, cuando en verdad está muerto.

Un hombre que alcanzó a cruzar la frontera después de 20 carcelazos cuenta que esos seres pueden moldear su mente y adaptarla a circunstancias de persecución extrema, incluso cuando están descansando en sus casas. Se dice que pueden seducir el pensamiento para encerrarlo en el universo laberíntico de su propia alma, que es donde aprenden de desdoblamientos paranormales, que nuestros ancestros creían olvidados en el hato del tiempo. En ellos el sagrado Unicornio vacila porque tiene conocimiento que tal intelecto no puede accarrear consigo redención alguna, sino que está destinado a provocar desgracias y lamentos oscuros en extremo. Así entonces, y de modo imperceptible, caen en un debate interminable, que los anula. Y los dragones les vacían los ojos, y las gárgolas les devoran la memoria.

En esas galerías tenebrosas en que han convertido sus almas, sufren la condena de haber elegido convertirse en aquellos que aparecen en televisión persiguiendo inmigrantes en cacerías inhumanas, devorándolos a garrotazos, mientras del sátelite ocular doloroso una cámara recoge escenas de violencia, en las que todo respeto a lo humano desaparece. Llueven puños forrados de cuero y en sus pies llevan botas de habilidades extrañas.

Sólo cuando pisan esferas mentales que violan extremadamente su original naturaleza, advierten la desolación a que han sido sometidos. Entonces lo único que les queda como vínculo de sobrevivencia es el odio, anulando definitivamente cualquier otro sentimiento experimentado en edades anteriores. Ellos son los que humillan el sagrado espíritu de la naturaleza. Ante su presencia sólo sobrevive aquel que no tiene miedo a las rejas."

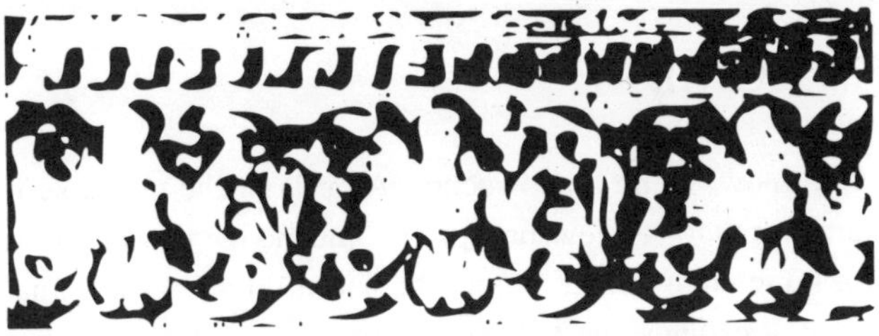

C.C.H. (o los Sueños de Emiliano)
BRILLANDO COMO CINTAS ROJAS EXPUESTAS AL VIENTO

De regreso a casa camina por una calle larga y oscura, cuando en mitad de la cuadra se topa con un gigantesco agujero de construcción, desde el que se eleva una estructura metálica de andamios, levantada a modo de pisos en distintos niveles.
Se detiene, y con la mirada busca otro camino por el cual cruzarlo. Tras breves minutos de indagar en la oscuridad encuentra un pequeño pasadizo a un lado de la vereda, pero apenas reinicia su andar se detiene al escuchar detrás suyo el ruido de un grupo de niños acercándose. Corre hacia ellos y se da cuenta que son aproximadamente veinte alumnos de escuela. Los detiene y les dice que más adelante hay un hueco del que salen unos andamios; que es peligroso tratar de cruzarlos, y les pide que le esperasen para conducirlos por un pequeño camino que él había encontrado.
Todos le escuchan con atención, pero uno de los niños ha fijado su mirada en la estructura que está cerca, y casi de modo inconsciente empieza a caminar hacia ella, curioso por ver qué hay dentro. Emiliano continúa explicándoles cómo llegar al pequeño pasadizo encontrado, pero cuando se da cuenta que todos miran hacia el mismo sitio, voltea su mirada y ve al niño bajando por el andamio. Corre hacia él lo más rápido que puede, gritándole fuertemente que se detenga, pero antes de repetir el grito, todo el andamio se viene abajo, sepultando al niño. Los demás se quedaron paralizados de terror y él, temblando les pide que no se muevan de ahí, y se dirige hacia el otro lado de la calle en busca de ayuda. Pocos minutos después vuelve con un grupo de personas que ayudarán en el rescate del niño. Con una linterna en la mano desciende por una escalera improvisada, y al alumbrar el fondo del agujero encuentra al niño aún vivo. Por pocos segundos le invade la alegría, pero al acercarse se da cuenta que un hierro muy grande le atraviesa el estómago, y que los instestinos estaban completamente fuera, brillando como cintas rojas expuestas al viento.

Emiliano se despertó gritando y con sus manos se apretó fuertemente el estómago, como quien trata de evitar un derrame inesperado. Eran las cuatro de la mañana, de un jueves 16 de septiembre en Manhattan.

EL HOMBRE

"You know, yo no tengo sueños. A mí la noche nunca se me alarga: prendo el televisor y por ahí mismo me entra el sueño. No, no te creas Julia... no, no me hacen falta estorbos... hace más de tres años que vivo solo... bueno, eso de probar mujer no sé lo que es apenas hace dos meses. Si, la mamá de mis hijas ya no me da entrada a su casa por problemas que tuvimos, maneras distintas de criar los hijos, you know. Si... estoy de acuerdo, a veces las madres son autoprotectivas y arruinan a las crías. Tengo una carajita de 17 años que anda enamoradiza, y descuida los estudios, la casa, you know, todas esas vainas, y yo como padre que soy me puse fuerte, tratando de brindarle principios morales, guía, you know, cosa que no le gustó y se me rebeló completamente, poniéndome incluso contra su madre. Peleamos duro... Sí, a veces le siento veta, correa, pero you know, aquí no se puede castigar correctamente a los hijos porque uno puede terminar preso.
¿Y tú? ¿Pero te has de ver con él de vez en cuando, no? Bueno, al menos es mejor que mi situación. Así mismo es en todo, con pros y contras, pero siempre es bueno tener a alguien con quién charlar y calentarse, al menos durante el invierno.
¿No te parece?
¿Y has salido últimamente a bailar? ¿Es bueno no? ¿Cómo dices? Discúlpame que casi no te escucho... espérame un ratito voy a cerrar la ventana ¿O.K.? ¡Tu sabes cómo son estos carajos barrios latinos! ...un bullicio allá afuera, que la gente es jodida, liba en las aceras y saca sus aparatos de música y los pone a todo volumen... hasta fríen carnes, como si fuera camping, un lugar del bar bicui, parrillada ...sí, you know como es nuestra gente de desordenada, arman la fiesta de casi nada, pero perdóname, me perdí del tema... ¿En qué estábamos? Ah sí, en eso del bailar... ¿es alhaja no? A mí me gusta allá por Coney Island, como te dije antes, en nuestra anterior plática... si... así es... no, no hay tanto latino, no se arman las grandes... no no... nada que ver con las cosas que uno ve y oye en Queens o en el Bronx, o aquí mismo en East Harlem... Sí, tanta gente dominicana y puertorriqueños que sólo les gusta la parranda... sí... I know... sí... es bueno allá. Una vez fui con una amiga mía de la Florida, fuimos en mi auto, la pasamos bien. Nos divertimos, bebimos sodas, comimos unas tonteritas, you know, hablamos de cosas de la quiromancia y de las barajas, la comunicación telepática y esas vainas, es interesante para uno que es propenso a los altos estudios parasicológicos... ¿cómo? ¡Qué va, qué va! ...no, no, eso sí que ni pensarlo, no hicimos nada, creéme que somos sólo amigos... lo digo en serio... es mi cuñada, la devolví a casa completita... sí, sí, imagínate que no le faltó ni un solo pelo del abrigo de zorro que traía puesta... desde luego como todo un caballero que soy. ¿Y tú hace cuánto que no vas a una disco...? ¡Uy, pero ya ni te has de acordar de cómo es pues...! ¡Coño si esa música creo que ya ni tocan... hoy son más modernas y de colores, you know la tecnología... sí, también el sonido es mejor... Claro que es bonito, hay una pista de baile que es bien grande y está forrada de espejos hasta en el piso, con luces en el suelo que se prenden y se apagan y desde abajo te golpean los ojos que da miedo... No... no te creas... te digo que no se ve tanto, sólo cuando se prenden las luces bien blancas se ve un poquito... y eso si vas con falda corta... ha, pero eso ya depende de la intención... ¿así que sólo la pasas en casa no? ¡pues no te aburras, si en mí tienes un compañero para divertirnos! ...bailar pegaditos, ¿por qué no te parece? ...me parece bien que seas moderada... ¡que bueno! a lo mejor nos vamos para allá uno de estos sábados, ...sí pues, los dejas de encargo con tu hermana... sí, es cierto... discúlpame Julia no me había fijado que fuera tan tarde. Bueno... sí, discúlpame pero es sabroso hablar contigo y las horas se pasan sin que uno se de cuenta ...sí, tú también descansa pues... Bai."

Colgó el teléfono al tanteo. La oscuridad volvió a convertirse en su cómplice, y de sólo imaginar la posibilidad de poder salir con Julia empezó a moverse con inquietud, acariciándose los genitales. Cerrando los ojos destapó el frasco de colonia y sientiendo el fuerte aroma empezó a fregarse el pecho y las piernas, emitiendo eructos de varias modulaciones. Del otro lado de la línea imaginó a Julia como una mujer voluminosa, de un cuerpo hecho para proporcionar placer, y aún resuena en sus oídos la frase que ella había dicho cuando le pregunto si le gustaba hacer el amor: "créeme que soy lo que se dice una hembra". Recordando su voz se la imagina bailando con una minifalda blanca, de tela ligera, que tras cada movimiento refleja en los espejos del piso una flor de loto navegando libre en un lago de líquidos aromáticos.
"Aparta de mí este Cáliz" alcanzó a decir, mientras se venía nuevamente sobre su mano.

EL OFICIO

- Un vacilón Serrano, va a ser un vacilón -le explicaba el Compadre Tolinas.- Tú entras al restaurante, le cuentas tu cuento a la doña: "que acabo de llegar de Quito, que estoy hambriento, no tengo dónde quedarme a dormir... a ver si usted me facilita comida y albergue, y yo a cambio le lavo los platos y le hago la limpieza del local". Así man, clarito le hablas y pones cara de huérfano, le sueltas la perorata y si puedes hasta te vas de llantos, la cosa es que te quedas a dormir ahí para nosotros poder entrar a la madrugada.
- ¡Qué dices...! ¿vamos a robar el local? -preguntó Absalón asustado del encargo, aunque ya antes había participado en otros atracos, pero de menor cuantía.
- No Serrano, no seas bobo. ¿Qué nos vamos a ir llevando? ¿las ollas? ¿los platos? ¿los cucharones? ¿las pailas? No, además que Doña Carmelita se ha portado buena gente con nosotros. De ahí no nos sacamos ni un trinche.
- ¿Y entonces?
- ¡La cosa es la vecindad Serrano! La parte trasera del restaurante está pegada a la joyería "El Rey Midas". Ahí por ahorrarse unos sucres el dueño no hizo otra pared. Con una barra abrimos un hueco y nos pasamos del otro lado, donde abrimos las vitrinas y todo lo que toquemos se convierte en oro.
- No sé si podré convencerle a la señora, me puedo poner nervioso. Mejor mandémosle al Angelito, y a la madrugada yo entro con el resto.
- Doña Carmelita ya nos conoce a todos porque ahí jamamos de cuando en vez, y ¿crees que sabiendo lo buenos que somos nos va a dejar dormir adentro? No te hagas líos Serrano, vos sólo pon tu cara de pendejo y nosotros nos encargamos del resto. Absalón quiso decir algo pero el Compadre Tolinas le hizo callar, y haciéndole señales de paciencia continuó - Todo está planificado: tú ya estás adentro, a las dos de la madrugada entran conmigo el Angelito, el Mago y el Compadre Tolinas. El Taita Curita hace de campana, y el Indio con el Cabeza traen un carro prestado, que van a parquear en la puerta del restaurante a los dos y media en punto, ahí metemos al Rey Midas y mañana amanecemos ricos.
La sola palabra deslumbró a Absalón, que hasta ese momento, y pese a sus pocos años había llevado una vida azarosa, en la que apenas le había sido posible no morirse de hambre. Ya se imaginaba dueño de mucho dinero como para llegar a Cali, o tal vez a Bogotá, donde todos decían que la vida era fácil y alegre, y que habían mujeres bellas. Hasta ahora Absalón había estado completamente solo, pero estaba seguro que con la plata que ganaría en este golpe las cosas cambiarían.

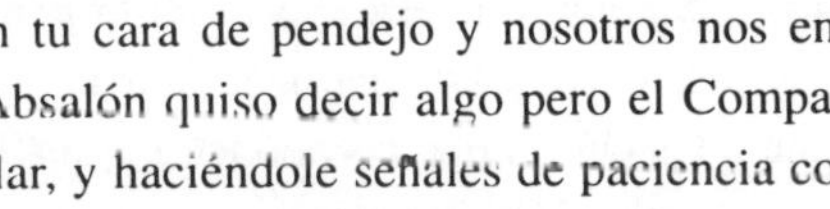

"OIGA LICENCIADO: NI TE IMAGINAS LA ENORME CANTIDAD DE DINERO QUE CUESTA SER POBRE"

- Oiga Licenciado, cuando uno ha sido pobre toda la vida, la palabra RICO sabe a beso de mujer y huele a colonia. Si tú la pruebas apasionadamente no habrá ni un chucha de su madre (incluido el mismísimo diablo) que te impida alcanzarla, porque ella tiene una fuerza que te vuelve ciego, sordo y mudo para cualquier otra cosa que no sea alcanzarla.
Toda la miseria se amontona: la caca que te limpiabas con el papel periódico, la comida recogida en la calle, el robo a tu casa, los avariciosos que te fiaban con intereses de chulquero, la mentira, el plato que te decían era de sopa pero que en verdad era agua con cebollas, y de vez en cuando una papa. A uno le atacan imágenes de la comida robada, la luz cortada por falta de pago, el monte de piedad, donde las joyas han sabido quedarse hasta convertirse en nada.
Uno piensa en todas esas cosas cuando oye esa palabra. Como cuando en Navidad a unos pocos les ahogan de regalos, mientras que al resto no nos tocaba nada. Por eso todos esos salsas no tienen el más mínimo derecho a decir ni "pío", porque ellos mismos han creado este sistema, en el que abundan los niños viviendo una vida azaroza, mendigando para ganarle un día más a la muerte a que les han condenado, una muerte que de todas maneras ha de alcanzarles antes de cumplir los trece años.
Sin rencores, más bien para materia de la charla evocar algunos de los recuerdos. Yo te lo digo llanamente, tal vez con algo de odio porque no soy metálico, porque veo el zoológico en que los polítiqueros han convertido a la sociedad, donde ya ni los ladrones más contumaces tienen la dignidad de apiadarse de algo. Ahora la única verdad válida es que en esta sociedad sólo sobreviven los animales de dientes más afilados, y los gobernantes creadores de leyes y beneficiarios se quejan de que uno salga a vivir su ley de la selva. Su insensibilidad y falta de inteligencia han creado "centros de rehabilitación", que en verdad son escuelas de delincuencia, horfelinatos o manicomios. Por avariciosos se les pudrió el corazón y dejó de funcionarles el cerebro, y aunque no quieren gastar ahí les toca, contratando tiras y más tiras para protegerse de lo que ellos mismos han creado, y bien viven enjaulados o mejor se cambian de casa a otro país, donde ya no serán los Señores Culo de Oro pero al menos clase media, sin un sólo gramo de conciencia. Por eso le digo, ni te imaginas el montón de plata que cuesta ser pobre.
Cuando me cogieron los tombos fue que aprendí a valorar las cosas. Ahí un hijueputa, mientras me ponía corriente en los huevos me decía: "si vos no eres ningún santo, aunque te digan el Angelito". Yo entre gritos y alaridos me reía, pensando que por primera vez me fallaron las alas. Ahí, sintiendo los 120

voltios enloqueciéndome comprendí que lo robado es mentira, porque si no sirve para algo bueno, no sirve para nada. Entonces aprendes que el peligro más grande no somos los ladrones comunes sino los uniformados, que además de recibir un sueldo mensual hacen horas extras con mano de obra gratis. Ellos te quitan todo, te torturan, te encarcelan por semanas y te sueltan para que vuelvas a robar y ellos vuelvan a coger lo robado, y si tienes dudas date una vuelta por la casa de los ricos y pregúntales si alguna vez recuperaron los que nos llevamos, y que al final sus efectivos y honorables cuerpos de la policía recuperaron. Ellos ni se enteran del paseo, o si sospechan se quedan callados para proteger el "prestigio" de sus uniformados. Ellos ponen la denuncia y lo único que hacen es darles la pista para que consigan joyas, televisores, carros, plata, o lo que sea, que al final va a parar a sus casas o lo venden en el mercado blanco y negro. Ni los ricos ni nosotros volvemos a saber más de esas cosas.

Me acuerdo que la noche del robo a la joyería "El Rey Midas" a ese Quiroz le brillaron los ojos hasta lagrimear, cuando por entre el hueco que abrimos en la pared vimos un montón de oro, acomodado en 8 vitrinas grandes. Pero más le brillaron cuando por accidente fuimos a dar con una caja en la que el dueño ha sabido guardar el dinero en efectivo: billetes, billetes y más billetes. Yo en mi vida he visto más, pero creo él no habrá vuelto a ver algo parecido, porque esa misma noche, y aprovechándose del ajetreo de las joyas, el muy cabrón nos hizo descuidar y se largo con la caja, pero claro que fue bien pendejo porque él se quedó con algo de plata, pero nosotros nos quedamos con todo el oro, que sumaba mil veces más que el efectivo.

La plena fue que el Serrano ya había calculado todo. Tal como le dijimos, a las dos en punto nos abrió la puerta y yo entré con una maleta en la que llevaba las herramientas necesarias. Los otros entraron con dos maletas vacías. Empezamos el cave y no nos llevó mucho tiempo abrir el gran hueco porque la casa era vieja, y en un dos por tres estuvimos dentro, y perdonarás la expresión pero coño no te imaginas cuántas joyas vimos. Nos tomó como quince minutos vaciar las estanterías, y eso que éramos bastantes manos, tuvimos que hacer dos viajes al taxi para entregarle al Cabeza las bolsas repletas. Entre estas y las otras el Serrano va a dar con la caja que te cuento, la abre a fuerza de cuchillo, encontrando toda esa lana. Ahí me acerco, y me doy cuenta que el Serrano solo alcanzó a ver el filullo de encima y se quedó quieto. Nos dijo que él se encargaba de llevarla al taxi y yo ya más o menos me di cuenta de las que se traía, así que a ojo de pájaro chapeo cuanto billete había, y al darme cuenta que no era ni tanto sino puro suelto, me hice el pendejo y lo dejé que la agarre. Para eso el Cabeza embarcó al vuelo las últimas dos fundas de joyas, y al rato de arrancar este Serrano se bota del carro con la caja, y corre en sentido contrario. El cabeza y los otros muchachos querían que le diéramos caza, pero yo les dije que no fueran tontos, que el man se llevo los sueltos y nos agrandó las cuotas.

Nos traicionó feo, pero más se traicionó a sí mismo porque no participó de lo que se vio luego. Puta, no te puedo describir el montón de plata que nos tocó a cada uno, solo te digo que nos volvimos ricos en serio, y aunque todavía éramos unos muchachos decidimos pensar en este asunto, primero porque era un golpe maestro, y segundo porque nunca más lo repetiríamos. La cosa fue por tan buen camino que el Compadre Tolinas, en sociedad con un ebanista, abrió un almacen de guitarras y requintos que se llamó "La videtela de Oro", y que por más de veinte años proveyó de los mejores instrumentos a cientos de artistas. Hace poco nomás cerró por la muerte del ebanista y el compadre vive ahí quieto en un pueblo, haciéndole a la música y a la cantina.

El Cabeza de Olla se compró una moto y le puso de nombre la "meteoro", con la que se fue para Lima. Nunca más supimos nada de él. El Gato Gallo le entregó casi toda la plata a su madre, con eso se pusieron un salón de frituras que hasta ahora existe en otra ciudad de la costa. Al Taita Cura se le ocurrió regalarle la mitad al barrio de la Merced, aportando a la construcción de una mini escuela, de la que ahora es profesor y cura dominico. Lo más loco fue que al Mago se le ocurrió convertirse en el "Emperador del Calzado", comprándose ropa de la más fina y como 60 pares de zapatos, uno para cada medio día del mes. La nota fue que cuando nos cayó la policía él no pudo salvar ni uno solo de los 60 pares, pero qué cosas de la vida, se escapó con el gran billete que tenía escondido en una maleta, mientras los muérganos se entretuvieron repartiéndose a putamadrazos todo lo que encontraron. Al Indio le dio por ser el amante oficial de casi todas las chicas del Motel Utopía. El muy cabrón ya ni se quedaba a dormir con nosotros. Pero eso sí, asistía puntualmente a las reuniones acompañado de la montuvia Tránsito Alamor, que esa época era la hembra más codiciada del burdel, y que a la larga llegaría a ser su esposa. El no les pagaba a las chicas por sus servicios, ¡qué va!, pero las tenía entretenidas regalándoles flores, vestidos, confituras, perfumes, cosas de mujeres, y así se pasó como siete meses, hasta que se fueron a vivir para el monte. Con la plata que a mí me tocó me construí una media agua y me dediqué al comercio de arroz y azúcar, pero no me fue tan bien porque como nunca he tenido corazón de banquero no podía decir no a los vecinos que me pedían de fiado. A la larga fue tan grande la pobreza en el suburbio que a mí primero me daba pena cobrarles.

Ahora ya ve, vivo una vida tranquila. Esa fue una buena escuela: lo que debía lo pagué en la cárcel y el garrote. Pagué por muchas de las cosas que hice y por otro montón de las ajenas, pero no más. Dónde diablos andará ese Serrano de mierda, no lo sé ni me interesa. Ahora me perdonas pero voy a servirle una aguita de vieja, que ya estaría de paganos el visitar la casa del Angelito e irse con el buche reseco."

EL AROMA DE LAS FLORES NEGRAS

1

¡Qué hermoso es Nueva York sin luz! Afuera del cosmos de la silicona representándose la danza de las sombras, en un jardín que sirve a la vez de patio y botadero de basura: como coleópteros oscuros juegan a la reproducción de imágenes, hasta lograr convertirse en el racimo de flores negras que desean. Las sombras son seres que vienen de lejos, de un tiempo en que el amor no se escribía con hierro, ni tormento.
Una vela pasada por los cuatro costados ilumina la distancia, abrigando los afortunadamente escasos espacios que su luz alcanza. La habitación abre su pequeño vientre y recoje evidencias de sueños y pesadillas, convirtiéndolas en un manojo de esperanzas púrpuras.
Una silla envejecida en decenas de asentaderas, en el lenguaje grabado de los objetos dice que viene de 1689, talla de un tal Lincango en la tierra en que se traban batallas entre los Indios Pueblos y las bandas de cuatreros mexicanos. Se dice que allí quedaron cenizas que de modo regular encienden el cielo, y la desértica zona de Nuevo México. La sostienen tres patas, habitadas por figuras de pájaros humanos de cuyos picos cuelgan animales de rapiña y muchas otras aves. De sus plumas gotean cráneos humanos de ojos alucinados. A todo su alrededor se han incrustado hermosas piezas de plata recreando imágenes de batallas. En el espaldar aparece grabada en jade una leyenda Zuni que nadie quiere entender porque todos saben que ésa es una de las lenguas más afortunadas para establecer contacto con los muertos. Su color es el ópalo puro con ribetes café obscuros, que le dan la apariencia de un algo en reposo. Dicen que allí no cabe un ser oscuro, porque al poco tiempo sentiría calambres en las piernas, y una extraña sensación de estrechez en las caderas. Engaña la mirada y el oído en noches en que la luna de la metrópoli decide oler a menta, para perfumar con su exquisita madera lo que un colombiano calificó de "desazón intercontinental". Yace silenciosa en el cuarto de los inmigrantes, cumpliendo el ritual de los objetos a cuyo cargo está atestiguar y desmentir el paso del tiempo, en una ciudad cuyas noches absolutamente obscuras son escasas.
Una cama que desentona con el conjunto, afinada en las notas del reloj, reclama la pareja que hace meses añora, emtiendo un aroma de fósiles disecados en la era cuaternaria de los girasoles, cuando aún era posible el milagro de poder ser seducido por las visiones mágicas de la Tierra.
Un par de medias endurecidas por el moho del camino goteando soledades se paran solas junto al macetero. Oliendo más fuerte que la palabra penetra su memoria de callosidades, que siete generaciones atrás vienen dispuestas a atestiguar el embadurnamiento de uno de los suyos, en las esquinas de una ciudad probable: jinete del apocalipsis cabalgando sobre la suerte de un karma invitado a la resurección de las tragedias. No hay bacinilla, ni corazón ni mortero para los excrementos de los vivos, ni vaso ceremonial para el corazón de los muertos. Tampoco hay urna funeraria en qué preparar los agazajos que reclaman los Dioses. Tampoco queda una sola de las 233 palabras con que usualmente se convoca a los lagartos para ser partícipes en rituales tribales, celebrados hace centurias y antes que las orillas del Río Hudson dieran albergüe a una selva insensata, en la que el hueso es de hierro y la piel de cemento.

Sombras en Nueva York, en el corazón de las alcantarillas como un puño cerrado, golpean multiplicando el dolor en las doscientas cincuenta y cinco mil especies que las habitan. Sombras y más sombras desvaneciendo las horas que le son propias al crepúsculo; dejando al pié de la horca a huérfanos, poetas y viudas extranjeros de todas las décadas bautizados con el candente hierro de la distancia, y rematados por la condena de un acento a lengua extraña brotando de sus múltiples bocas siempre llenas. Sombras en cada gesto de resignación, como un fuego de hielo que de tanto frío quema, y pese a la solidez de su forma recorre incluso los espacios menos imaginables.
A la izquierda de Manhattan el río Hudson: una serpiente emplumda que desliza sus escamas en 30 centímetros de un mapa cuya virtud es poder convertir la realidad del dinero en una fantástica sensación de fuga, que incluye manchas de sangre y pasajes de trenes sin retorno. A la derecha, y desangrándose en todas sus pústulencias aparece la vecina Queens con sus prostitutas de a 20 dólares, que al ritmo de sus caderas transmutan la soledad en un algo no letal y descifrable, dejándonos al final una alarmante sensación de hastío. Su barrio Colombiano de todos los colores, en el que la autoridad gasta millones de dólares sólo para complacer su propia paranoia de muertos frescos todos los días, sin que el negocio de las funerarias mejore. Más allá la calle Roosvelt con su cielo encementado para dar paso a trenes con destino a galaxias disímiles; el Parque Flushings resistiendo heróicamente todos los encuentros latinos, en ceremonias masivas para recordar con afección sospechosa fechas cívicas y otras ceremonias, en las que la policía sospecha hay océanos de felicidad, que perturban su compostura. Al sur está Brooklin acariciando el corazón del cielo en la sonrisa de sus tantos niños expuestos a un destino incierto y a la vez conocido. Al sur oeste, y ya casi al borde de la escala se levanta la Estatua de la Libertad dibujada por un caricaturista que además del aguacero le puso una leyenda que dice: "En nuestra costa el sol es eterno".
Y por todo el espacio se distribuyen los lugares de la Raza en un pedazo de papel que agoniza a plazos, colocado en la puerta trasera del baño. Allí se señala con precisión, y en tintas multicolores, los barrios donde residen los amigos, donde se encuentran los trabajos, donde está la gente conocida, y a su vez allá habrá otros mapas similares a este mapa, con señales similares o distintas para ubicarse. Un pedazo de papel rayado,

que de misericordia recibe la luz de la vela, y dibuja líneas de trenes, extensas avenidas subterráneas y manchas verdes que simbolizan parques y otros lugares para corazones ardientes y enamorados. Allí se celebran ceremonias de alianza, que incluyen mezclas de sangre, danzas, cánticos y otras infusiones. También hay lugares nativos, con comidas hechas en casa y cuyas cualidades son oler bien y saber fuerte. Uno sahumado por el vaho del sueño dice "el tiempo no pasa cuando se tiene la misma suerte".

Uno duerme al pie de la cama; otro desde un altillo mental evoca la revolución puertorriqueña "viva Albizu carajo el último coño de mielda nacionalista para chingar los fuking mother expansionistas"; al lado izquierdo del piso un aindiado se acurruca en las pocas palabras que alcanzó a aprender de sus ancestros; en el sofá cama otro ronca con sabor a Tylenol, mientras al lado derecho del piso el quinto se contorsiona serpiente emplumada, haber esperado tanto para exhibir tus danzas.

"Mugre Ciudad" ruge un graffiti reproducido curiosamente en la puerta de la cocina. "In Bahamas Cold Beer and Hot Chicks" dice otro, en el que los bikinis de las contorsionistas desaparecen a voluntad propia. En la esquina más prominente del cuarto aparece un altar, en el que se recogen elementos de varias dimensiones. Allí también está la estampa de la Virgen de Guadalupe, ubicada sobre un manto bordado que en letras con capacidad autónoma de expresión dicen: "Desde una esquina de mi barrio salud por siempre Paisano". Y nada más, salvo la luz de la vela iluminando una constelación de sueños que divididos entre cinco cabezas resultan: 3 pasiones y 1 recuerdo de infancia para el del pie de la cama; 2 balas perdidas y 3 sueños realizados para el puertorriqueño; 2 poemas y 2 mensajes descifrables para el acurrucado en las pocas palabras; una oxigenada anunciando los productos Tylenol para el del aliento; al del lado izquierdo del piso el desierto de Nuevo México inundado de helicópteros con cerebro, y camiones de migración masticando chicles ilegales. El de la silla tallada no sueña, sino que vive entre la más pura energía de la tierra, tallada en figuras de serpientes aladas y pájaros terrestres, de cánticos ancestrales. Ese suda espeso porque a través de sus poros aparecen otros seres de amplificadores, que repiten una melodía fastidiosa que dice: "tanto indio hijo de su chingada madre en estos buses" y él continúa rascándose las escamas, y hacia adentro vomita una verdosidad que lo embriaga.

Al agitar su cabeza el equilibrio del universo tambalea, y al más leve pestañeo de su cerebro la tierra tiembla y la Cadena Montañosa de los Andes Sagrados hacía un derrumbo en los siglos del inicio, cuando esta tierra cobró su actual aspecto. El Sol rueda pendiente abajo, quemándolo todo con el hirviente favor de sus entrañas. La Luna enviudece y sus hijas las huérfanas estrellas quedan prendidas en un cielo que nunca más volverá a cambiar de color negro. "Si le digo, Su Eminencia, a estos hijueputas deberían mandarles pata en tierra a habitar las selvas de sus países primitivos, para a fuerza de garrote aprendan las buenas costumbres, la lengua correcta, los fundamentos de la religión verdadera y las cartas de conducta que con tanto sacrificio introdujeron a su llegada nuestros primeros benefactores". El soñador no se detiene en sus desvelos porque podría ser asaltado por la tribu de máscaras. En el no movimiento encuentra la primera fuerza, y con ella en silencio canta. "Tampoco mi ungido intelecto, que ha hurgado y rehurgado en los Archivos Reales de Indias, en los de la Casa de Contratación, en los Archivos Nacionales de historia de 17 países iberoamericanos, en las Bulas Papales, cartas de manumición de esclavos y demás etcéteras sé quién mierdas les hizo creer que tienen alma... y discúlpeme Su Excelencia la expresión tan grosera". Continúa la danza y sus ojos alteran el orden del universo, desatando una tormenta de encuentros genéticos que van a dar a su memoria, llamándolo a gritos, haciéndolo sucumbir en un incendio de imágenes en las que su cuerpo se va consumiendo hasta dejarle la impresión de que por primera vez está viviendo lo verdadero. Las máscaras se aterrorizan, y el fuego se resuelve a convertirse en el primer elemento. "Y aparecerán a ofrecernos remedios infalibles contra los males de la caída del pelo, el acné, las manchas del cutis, la piel morena, y te dirán que debes educarte en espik inglish, y olvidarte de los guaraches, las alpargatas, los maizales, las vacas, el mote con chicharrón, el trago puro, la buena pachanga, porque dicen son cosas del subdesarrollo, o de pesadillas apestosas que le dan a nuestro tercer mundo su carácter de paraíso tropical exótico". Sueña y ya no se pregunta dónde mismo queda el planeta tierra. "Excelentísimo, si por eso no progresan esos países de mierda, porque siempre andan escapándose del avance tecnológico a pretexto de que no tienen monedas, o porque sus estúpidos y líricos poetas dicen que hay que permanecer en defensa de algo que llaman tradición, y que no es más que la repugnante memoria de su mundo de bárbaros y bebedores contumaces, escapistas, fugitivos de los siglos venideros. Su Excelencia Señor Presidente, a mí no me tiembla el tono de voz cuando en mi calidad de gobernador mando a que me limpien de tanta mierda estas tierras". Sabe e intuye, y cuando la intuición no le alcanza viene el recuerdo, le trae la voz de los páramos que le dicen: "arranca los pétalos de las siete flores que a ti te parezcan ser las más bellas, y disecados hiérvelos, y báñate en ellas". El rojo se ha vuelto el color uniforme, y su pasión lo ciega. "Si se lo digo, Su Eminencia, y respodiendo a su inquietud tras sesudo análisis, afirmo que todos estos debieron haber sido fusilados en tiempo de nuestros benefactores y mártires fundadores de la república, para que no anden invadiéndonos, y dando tan mala vista a los turistas que vienen de países en los que nada apesta ni se ve mugroso, ni hay seres de colores como la mierda tierra a la que deberíamos ponerles de vuelta". "No te detengas en la historia de imágenes que generas, y con una mano de indio dales la vuelta, y con la otra de azul, rojo, blanco, celeste, amarillo, disípalas y guárdalas en la juntura del cráneo y el corazón, para que cuando la cosa se ponga seriamente lluviosa puedas construir un lugar donde guarecerte, y no te deshagas como el algodón de azucar en la boca de un niño". "Señor gobernador, tenga la amabilidad de ser un poco más humanitario e ilustrado, y recuerde que en el manual para el correcto modo de trato de estas gentes, la existencia del indio y las demás razas feas es expresión de la pluriculturalidad y tolerancia de nuestras civilizadas metrópolis, además que viene a ser un elemento decorativo único, porque aparte de brindarnos seguridad alimentaria, todos gastan lo suyo para venir a mirarlos, fotografiarlos y contratarlos, pero nadie se los lleva, lo que es el fundamento del turismo ecológico o de bajo impacto: venir, dejar el dinero y partir". El sueño se ha vuelto tan rojo que adquiere sonido, y sus vibraciones queman. "De eso no se preocupe, Su Excelencia, que vociferen lo suyo. Que lo digan. Que lo eructen. Que lo escupan. Que se opongan. Que les salga en las mucosas, que vayan y hagan las huelgas que quieran, ¿o acaso no hemos invertido una verdadera fortuna en los garrotes que más les gusta?" Han desaparecido todas las formas posibles de vida. El universo se ha anegado, y ya casi no respira. El alma del que sueña cae en la nada, y su cuerpo aterrorizado de soledad derrama todas las materias, emitiendo sonidos que huelen denso y casi lo despiertan. "Loable reflexión, Señor Presidente, y muy caritativa considerando la cantidad de beneficios que por hacer nada reciben de todas nuestras carteras de Estado. No en vano Usted es el primer promotor turístico que como San Bartolomé de las Casas ha creado un plan sustentable de divisas y principios filosóficos para salvarlos de la extinción. Pero también reconozca que cada vez que les da la gana éstos entran y salen del país por la frontera, o se levantan con azadones y machetes y nos roban el dinero que a fuerza de sacrificios e incomodidades nos heredaron nuestros antepasados, que se hicieron un viaje tan largo nomás para traerles a esta horda de bárbaros la palabra de Dios mal agradecidos, ingratos, subversivos, guerrilleros, conspiradores que de la pura vergüenza se tapan las caras como si fueran marcianos o el que le llaman "Huracán Ramírez", que quieren sorprenderle al cojudo pueblo Yanky que les hace el juego nomás porque se ven originales y les hacen decir que finalmente han revivido el país bronco, del cachascán, de épocas cavernarias, de cuando podían agruparse y echarnos bala a pretexto de que no hay otra forma de que les oigamos, y todavía los muy audaces dicen que vienen de parte del espíritu de no sé quién, o mejor dicho en nombre de uno de esos muertos que nunca les falta... Su Ilustrísima y Serenísima, no hay derecho."

El que sueña la frustración amorosa al no sentir el beso de la mujer Tylenol interrumpe el sueño del que se baña en flores, que a su vez, y de un putamadrazo, tumba al helicóptero migracionista, que furiosamente le eructa algo en Karickiche al de la serpiente emplumada que se enchinga... y todos recuperan la paz cuando el gato entra por la ventana exhibiendo en su boca la mitad trasera de un ratón que aún se mueve, despidiéndose de la vida al ritmo de una trituración malévola, que es lo último que siente.

Esta es la noche de las flores negras, por misericordia momentáneamente a oscuras. El punto en que la ciudad yace apuñalada por colores, sonidos y formas disímiles, transportando en sus ruedas las convulsiones de aquellos que no pueden dormir porque sienten el cálido país de la sangre recorriendo el camino de las venas. Tantos tiros disparados. Muchos acuchillamientos, accidentes y violaciones colectivas, provocando que la acción vaya cediendo paso a la tristeza. Y la luz se apaga para asistir con reverencia a una serie de funerales no planificados. Muertos enfundados. Empaquetados. Colocados en líneas perfectas como productos de supermercado, sin que ninguna empresa se decida a poner su marca en las cabezas. Anónimos que alquilan fosas para diez años, luego de los que serán depositados en el osario. Doblemente anónimos.

2

Las horas se han vuelto largas, en ellas todos sueñan por fragmentos y se retuercen tratando de sintonizar los sueños para no morir de tantas impresiones: intuyen que en el desentendimiento anida el miedo. A sus pechos ataca una alegría suprema al sentir que el mañana se aproxima por un camino olor a hierbabuena, pero lo disimulan por temor a ser asaltados nuevamente en la noche de los Teúles, celebrada con disfraces de halloween en la morgue de algún hospital de beneficencia. Dicen que no. Que guarden los secretos. Que los pasen en ceremonias de alianzas. En las fiestas de los auto exiliados. Que no digan nada. Las ascenciones y caídas de los cielos se multiplican y sudan su fiebre. En las paredes. En los buses sin gente. "A todos los idiomas iremos transmitiendo nuestros conocimientos porque el no hacerlo significaría la destrucción de la especie. El mundo del mercado, sintetizado en la banal fórmula de la oferta y la demanda, habrá de perecer ante principios más humanos. Marketing es palabra que sugerimos se introduzca en las lenguas varias como sinónimo de apocalipsis, porque en la venta empieza el fin de los días, cuando ya todos tengan precio". Emiliano yace alucinado.

Desearían arrancarse los corazones temerosos y bautizarlos con nombres cargados de buenas nuevas en un ritual que les devuelva la visión de los ancestros en construcciones bañadas de rojos escarlatas que rebasen toda visión macabra. Y cada noche lo intentan de manera necia, hurgando respuestas en las arenas movedizas del subconsciente.

De estas noches en que llueve de abajo hacia arriba abundan en Nueva York, humedeciendo de cálices el alma; mudando el halo del tiempo en mariposas y azahares; vaciando de conceptos el conocimiento. Ni el tiempo ni el espacio son aprehensibles. El sueño es una casa de piedras que se desnudan y delatan, y sin embargo las figuras de los soñantes se desvanecen sin que puedan volver a tomar forma. Soñando se está en todas partes y en ninguna, ocupando con muchos cuerpos todas las plazas y en todos los mercados y recovecos inspirados en el sentimiento de saberse todo en la dimensión de la nada. Desdoblarse es la sensación que los acompañará mañana. Incursionar en el sueño a escenas jamás anticipadas. Entrar vacíos y salir llenos, con sus múltiples almas derramando intensidad.

- Esa güera está bien buena cuate.
- No mames, que nomás de verle las greñas chamuscadas se devalúa.
- Orale güey, no sias soberbio, a la mejor y el cerebelo está intacto.
- ¿Tú crees que esos petroquímicos industriales van a dejar algo?
- Averigua carnal, a lo mejor Tylenol te paga la adquisición en píldoras. No sias soberbio.
- No pos, si no es soberbia, pero como quiai que quererse aunque sea tantito.
- Pos más culpa tienen las empresas, por andarse inventando adefesios que de tan fuertes les cambian el color de las greñas y les chamuzcan las cabezas.
- Como la Victoria Sucrusal.
- O la vieja Delia.
- Yo le vi en la tele antes de.
- Y yo la vi después.
- Le noto calentona.
- A poco te la juegas .
- Jijo, que más me quisiera.
- Pos con lo que traigo en el bolsillo no me alcanza ni para la merienda.
- Orale eso sí mano. O ya hablando la neta mejor meto cinco pesos y le invito dos chelas.
- O mejor la oyes por teléfono, como el güey ese del departamento del Paisa.
- No, esos son negocios carísimos, ¿o no te ha contado lo de las cuentas del teléfono?
- Chingado güey, quiahorrativo te has güelto.
-No pos, si no es miseria, así y todo podemos echarnos unas chelas, y rematar en la merienda de a cuatro pesos.
- Ya se volvió solidario este cuate, ahora conjuga el plural como endeudado.
- No pos si siempre lo ha sido, sino que son pocas las oportunities para demostrarse.

2:50 en la madrugada, el que sueña con la serpiente emplumada logra despertarse y recuerda una voz que le dijo: "¡Qué grande es México, si vieras que allí tengo un cuarto en el que duermo solitito!".

BRUTAL LEX. BRUTAL COMBAT

"In God we Trust"

(c) Queda expresamente prohibido cualquier acto legislativo, administrativo, u otra acción de una ciudad, un Condado, o cualquier otra entidad de gobierno local legalmente autorizada con límites Jurisdiccionales... en orden a prevenir o limitar la cooperación requerida por la subdivisión.

HECHO CUATRO

"En los primeros años de este siglo, los inmigrantes constituían el 15% de la población estadounidense. En 1990 formaron sólo el 9%. Menos del 1.5% de la población en los Estados Unidos es indocumentada, ya que el 80% de los inmigrantes entran legalmente. De los 17.5 millones de refugiados reconocidos por la O.N.U en todo el mundo, menos del 1% viene a los Estados Unidos".

Iligal Aliens. Ineligibility for Public Services. Verification and Reporting. Initiative Status. Preparado por el Fiscal General.

EL TRAGO DEL "NUAYMAS"

(O la Cantina del Montubio Ausente)

En ese entonces las cantinas de Guayaquil eran lugares propicios para la evocación del amor entre canciones hechas a la medida, para alcanzar al pié de la letra cualquier fortunio o infortunio, real o imaginario. En medio de botellas vacías de cerveza o aguardiente, iban brotando conversaciones en las que reinaba el amor como sentimiento absoluto de lo bueno, pero a veces también de lo malo.

La gente de la costa es alegre, y con su risa clara salta de un tema a otro, aconsejando, opinando, frunciendo el ceño para significar la seriedad que pone en cada una de sus palabras. Allí el ambiente no es el de la pena, porque el costeño ama, se enreda, se junta y se separa como todas las demás personas, solo que allí los problemas se evacúan con el furor propio de un clima tan benigno.

Al pie del cerro de Santa Ana -y sujeto al olor del río- dos compadres abrieron una cantina que debido a su cercanía al hospital Luis Bernaza, pero sobre todo a su fama de despachadero humano, la llamaron "El Trago del Nuaymás", dibujando en el letrero a un moribundo agarrado de una botella. A sólo una semana de haber sido inaugurada fue clausurada, debido a que en una riña por averiguar quién desvirgó a la niña Estefanía Arévalo, un montubio no aguantó la afrenta de otro y se lo despachó de un machetazo. Quince días después de los acontecimientos, y valiéndose de las influencias de la Ninfa, la cantina fue reabierta para alegría de todos, pero con otro nombre: "La Cantina del Montubio Ausente".

Allí fue que Absalón encontró trabajo luego de su lance con los "Fuerza Delta". Con la caja del dinero en efectivo fue a parar a la casa del Chino Chang que antes le había empleado como limpiador de ventanas, pero que ya sin querer saber nada de lo que llamó "un trabajador tan inestable" se conformó con recomendarle a los dos compadres.

- El muchacho no es malo, sólo que a veces desaparece.
- ¿O sea que es medio Mandrake?
- Eso sí tampoco sé.
- Con que no se esfume con la mujer de mi compadre -dijo uno.
- O con mi comadre -respondió el otro, echándose a reír.
- ¿Qué pasó compay?, usted sabe que el único que desaparece con mis mujeres soy yo.
- ¡O los maridos!

Y Absalón fue contratado para hacer de todo, pero sobre todo lavar vasos, pasar trago y limpiar las mesas.

EL HOMBRE

Yo probé mujer allá, a los 17 años, en un burdel de Guayaquil que se llamaba "El Despertar Gótico", y que quedaba en el recinto Las Cañadas. Fue una tremenda sorpresa, you know, y de no ser por las varias cervezas y botellas de licor que nos tomamos, no creo que hubiese hecho lo que hice.

En ese entonces yo era muchachito, y aunque ya les oía hablar a los amigos costeños uno como idioma en clave, yo no les entendía nada, y me hacía el disimulado, dedicándome a mi vaina, pero con la oreja atenta. You know. Pero un día uno de ellos, morenón nomás, le dijo a otro, que era el más flaco de todos: "mañana después de la paga nos vamos al "Despertar Gótico". Esa fue la primera vez que oí la bendita frase, y me pasé imaginándome qué coño será ese despertar, hasta que un viernes de paga me embarcaron en un carrito viejo nomás y me llevaron, sin decirme para dónde, pero me advirtieron que íbamos a ir a una fiesta, you know, donde unas primas de ellos. Yo les creí porque eran bien bailariegos y tenían familias grandes. Ya allí dentro del auto sacaron unas cervezas que se habían traído de la cantina, pusieron música movida y la cosa como que se puso alegre, y empezamos a hablar a gritos, y todo era de carcajada y fiesta. Se prendieron unos cigarrillos y aunque yo no sabía fumar disimulaba agarrándome el humo en la boca, lo aguantaba y lo soplaba para que se oliera you know, cosa de muchachos. Como que me acuerdo que fuimos saliendo de la ciudad por unos caminos polvorosos y oscuros, hasta que llegamos a un barranco donde ha sido de dejar los carros. Allí nos recibieron unos morenos y nos dijeron que no nos preocupáramos, que todo era en familia.

Bajando la quebrada pasamos un riachuelo apestoso, y empezamos a subir al otro lado. Ví que en lo más alto brillaban luces de colores adornadas con unas como banderolas y serpentinas plásticas, You know, medio colorido el asunto. Clarito me recuerdo que en una rockola sonaba la música que en nuestra cantina les gustaba sólo a los más borrachos, y les hace confesar todas sus culpas, you know, cosas de las que a veces se jactan.

Bueno. Discúlpame los detalles Julia, pero es que de todo me acuerdo, you know, allá de lejos se oían conversaciones y golpes de vasos y uno como raspado que parecía venir del baile. Yo pensé que en lo de la fiesta había sido en serio, pero cuando abrieron la puerta me asusté tremendamente porque adentro ví que las mujeres usaban taco alto e iban desnudas, y los hombres estaban con zapatos de zuela y chancletas, you know, de esas que se usan en la playa. A mí me dio la impresión que íbamos a alguna fiesta porque como los costeños me dijeron que eran primas suyas, yo me imaginé que sería una fiesta de cumpleaños o algo así, pero cuando empiezo a fijarme bien, me doy cuenta que estaba equivocado, porque apenitas salgo del susto veo una construcción que no era ni casa, ni terreno de mecánica, ni plaza, ni feria, ni nada, you know, algo

así como los botaderos de basura pero con una construcción tonterosa, en la que estaba el burdel, que dicho con franqueza Julia no pasaba de ser un montón de tablas y cartones sacados quién sabe de dónde.
Lo primero que vi al entrar era un patio de tierra, largo y estrecho, al que siempre le estaban echando baldes de agua, que era sacada de los cuartos por las mujeres, después de que habían servido al cliente. Era como de media cuadra de largo y bien estrecho. A cada lado había una hilera de puertas pequeñas, pintadas de azul, y en vez de chapas iban colgadas a unas piolas gruesas. You know, cosa barata. A esos cuartitos les han sabido llamar "Las grutas del placer", y lo que ahí se hace ya te lo dejo a tu imaginación. Pero me acuerdo clarito Julia, y no me voy a olvidar nunca, que al fondo del patio estaba una cantina, con unas cuantas mesas y sillas, algunas luces de colores y una rocola de la que salía toda esa música de borracheras. Eso estaba lleno de mujeres y hombres, yow know, ellas ni desnudas ni vestidas, sino que tapadas con retazos de tela, y ellos así gente normal, vestidos con eso que en ese entonces era la prenda más tradicional y cómoda de la costa, que es la guayabera, una camisa floja y larga, con algunos bolsillos, y bordada. Allí bailaban cualquier cosa que sonara, y lo hacían muy alegremente, y se veía que se divertían. Otros hablaban de cosas que nunca me imaginé se podía hablar en un cabaret. Una pareja estaba maldiciendo la pérdida del equipo de fútbol, otra sobre el último capítulo de una radionovela, la subida de precios, yow know, cosas de casa. Pero por lo más oscurito ya se estaban besuquenado, y metiendo las manos. Conforme la cosa se pone más caliente van pasando a los cuartos agarrados de las manos, y medio ya agarrándose las partes prudentas, you know. Otros ya salen de los cuartos peínandose, y las mujeres botaban el agua al patio, y se vuelven a sentar en las mesas, y todo empieza otra vez, y los ritmos de las músicas cambian y todos bailan...
Sí sí, así era, igualito mujer, parece que ya los has visitado ¿eh? Sí, había todo tipo de mujeres: gordas, flacas, rubias, morenas, mulatas, altas, de formas distintas, pero se notaba que cada una estaba hecha para satisfacer los gustos de determinados tipos, y como eso estaba lleno de hombres, ellas estaban siempre ocupadas.
Una había que era la más rara, porque era vieja y gorda, y estaba sentada en un taburete pequeño, fumándose un cigarrillo totalmente desnuda pero con zapato de taco, riéndose y carcajéandose con las más jóvenes... ¿y sabes qué era lo más raro? ...que sólo tenía una pierna pero actuaba como si nadie lo notara. Ya estando adentro agarramos una mesa y pedimos una jarra de un trago que nos puso muy alegres y halagadores y como hacen los mayores empezamos a soltar caracajadas en medio de las palabras. Las chicas nos quedaban viendo y se decían cosas que no entendemos, pero que nos imáginámos, you know... Sí Julia, sí, te dije que no ibas a creerlo, aunque tenía una sola pierna ella estaba desnuda, y eso me puso más nervioso, pero viendo la confianza con que actuaban los costeños me relajé aplicando la técnica de concentración respirada, y me dí cuenta que el prostíbulo es un mundo real, que tiene tragedia, pero también alegría de la gente, sí you know... estábamos allí compartiendo una como hora social que no vale la pena mujer.
Entonces se nos acercaron las mujeres y empezaron a hacernos la conversa, la cháchara, y les brindamos un trago, y bebieron con nosotros un rato largo. El más flaco de todos hablaba más que nostros dos, y qué también estaría diciendóles pero al poco tiempo empezaron los besos y abrazos, y la metedera de manos mujer, ¿puedes creerlo? En eso llega otra chica y se agarra al que le decíamos el Toribio, y el hombre también se enciende, y se va a bailar pegadito, a conversar en la oreja y a reirse más, y yo me quedé en la mesa solo. Entonces cogí la botella de trago y me puse un par de tacos puros, que de tan fuertes se me subieron a la cabeza. Ahí fue que entre el bulto de la gente que bailaba y bebía se me acercó una señorita con un bikini floreado. Al llegar me pregunta si puede sentarse a mi lado y otras boberías. Yo le di un trago y ella me dio otro, y empezó a preguntarme que por qué tan solo, que por qué estoy tan melancólico y con esa cara de preocupado. Y como uno tiene que responder y hacer la conversa, le digo algo como para no acercarme y comprometerme tan de repente, you know. En eso llegan los costeños y me trincan en ese dilema, y le dicen a la chica que así mismo es la primera vez porque soy virgo o no sé qué vaina, y que nunca he visto mujer sino en las revistas, y la señorita se ríe, y se alegra más, y yo también ya mareado le empiezo a acariciar disimuladamente, you know, uno de muchacho es medio burro, y me le voy acercando y sintiendo el calor de su piel, no sé, algo bien raro, que te entra al cerebro. Entonces fue que me acerqué demasiado y le bese con la boca llena de salivas, y sentí un poco de recelo porque me imaginé la cantidad de hombres que le habrán besado, pero de todas maneras sigo en eso porque por primera vez me siento excitado, you know Julia, cosas de la vida, y aunque no me gustó tanto, acepté su invitación a bailar, y ya parados la cosa se puso más seria porque ella empezó a meterme las piernas y a marearme más, y se movía tan raro que me relajó y se me subió la borrachera, y me excitó porque esa fue la primera vez que sentí un cuerpo desnudo. Y todo eso te va excitando, y como eres jóven no tienes paciencia y cuando me dí cuenta ya estábamos en otro lado, y de otra forma. You know, eres mujer casada.

Tal vez fue por efecto del trago, pero la siguiente cosa que se me apareció fue la oscuridad por todo lado, y un tremendo silencio. Cuando me acostumbré al cuarto, vi un poquito de luz entrando por las rendijas de la puerta, y la mujer encima mío... claro chica, cómo no, tú sabes lo que es la impaciencia... Yo le ayudé a desnudarme, y me dio un chiste cuando me di cuenta que ella no se había sacado los zapatos de taco. Entonces todo cambió, y fué increible Julia, tal como yo leí en un libro sobre la auto hipnosis... claro Julia, de repente todo acaba y te sientes mojado, y la mujer se ríe y te pregunta si te gustó, y uno se pone avergonzado y nervioso y toda esa bobería o no sé qué.

Me levanté de la cama respondiendo a sus preguntas como pude. Ella me lavó con jabón y agua, me secó y me vestí, buscando que no se me olvidara nada. Abrió la puerta y salío con la lavacara, y yo salí detrás de ella, sintiéndome no sé si avergonzado o alegre, o una mezcla de las dos cosas. Y los costeños vienen y me abrazan, felicitándome por la experiencia, y a darme más trago, y a hablar que ya somos hombres y de otro poco de cosas. You know.

Así fue Julia la primera vez que conocí el sexo, ...sí bueno, tú sabes... es el modo más común entre los jóvenes. Así fue que conocí mujer en la cama, que más tarde habría de darme una carajita con la que hoy tengo problemas. ¿Y tú...? ¿ah sí...? discúlpame pero nuevamente he perdido el sentido del tiempo... sí... ya está muy tarde, a ver si nos platicamos mañana a ver si vamos a la discoteca, ¿O.K.? Bai bai.

MY KINGDOM

(Escena de basurero)

Muchas cosas se han ido acumulando como si a nadie le incomodara o importase. Muebles envejecidos por el paso del tiempo al aire libre, ni muertos ni vivos, atacados por una lepra que evidencia sus oxidados resortes entre retazos de tapiz manchado tan intensamente, que ni las más persistentes lluvias, ni los más audaces soles han logrado ocultar.

Un televisor con la pantalla reventada se empeña en brindar imágenes a color de lagartijas en incesantes relaciones, recorriéndolo de uno a otro lado. Otras se reproducen entre cables sueltos y sin altos voltajes; las más moderadas se asolean en las antenas, mientras otras se alimentan de algo que sacan de la basura. Huele a agrio, mezclado con sabor a naranja.

Allí agonizan congeladas planchas sin cables, intuyendo que no volverán a sentir más ropa que la del basurero; hay ollas angustiadas por la presencia de alimentos quemados, en los que cualquier adivino podría descifrar el destino de sus dueños; vasos y platos rotos, enredados en ramas; calzoncillos y medias que guardan aromas lejanos. Todo conformando una personalidad geográfica colorida, como la de un inmigrante que pese a sus treinta años de ciudadano se empeña en emitir un cierto aroma a su tierra.

Varias veces han intentando alambrados o tapiales con que defender de la basura los terrenos baldíos o los edificios abandonados, pero siempre ha podido más la necesidad humana de deshacerse de los desechos a ningún costo en el país en que todo tiene precio. En ciertos sectores apenas persiste la molestia de mirarlos al entrar o salir del barrio, como un elemento más del decorado.

Esa mañana Absalón entró en su casa con una lavadora encontrada en la calle. A fuerza de experimentar con cables y mangueras logró hacerla funcionar a medias. Volvió a intentarlo varias veces ajustando una tuerca o reparando algún cable suelto, pero ni el devastador desastre que provocó en su primer intento le sirvió como una prueba de que no valía la pena, pese a lo que Absalón insistió muchas otras veces, asegurando que los Estados Unidos es el país del despilfarro. Con un balde y un trapeador secó el piso tantas veces como le alcanzó la paciencia para probar la máquina, que finalmente volvió a la calle luego de haber logrado destruir el entablado. "Estas mierdas no sé para qué las quiere la gente. No deberían dejarlas tiradas a merced del más inocente, sino en un basurero donde todos entendemos que ya no sirven para nada", repetía una y otra vez, vaciando en la acera los baldes de agua.

Up town es una palabra mágica, que evoca implantes de sitios lejanos; la memoria reproducida en micro cosmos asentados en la meca de todas las lenguas, donde también Latinoamerica encontró sitio para su aguda presencia. Todo allá usa texturas, colores y aromas diferentes, que disienten con el de la rígida disciplina antiséptica que pretende dominar a la ciudad de los rascacielos, tantas veces publicitada en postales que siembran aires exóticos de curiosidad, como si se tratase de un paraje innombrable por el peligro a desaparecer en la primera sílaba. Para un grupo humano lo desconocido, y para otro lo popular, donde se juntan las costumbres nativas en una sucesión de manifestaciones culturales persistentes, y que se reproducen en varios puntos de la ciudad. El cosmos latino. La presencia viva de La Raza, cuya fuerza le ha negado el disfraz de centro turístico.

Como el Barrio chino pero con un encanto distinto, que nace de unión de gentes provenientes de un mismo continente y su voluntad gregaria inconsciente. O como la Italia Pequeña pero distinta. El Alto Manhattan es uno de los pocos lugares en el mundo donde aún es posible hacer realidad la vida de barriada, y el anonimato.

Allí la basura es como un aporte de los alcaldes al magnífico decorado de una ciudad impresionante, a la que se suman pinturas murales como obras artísticas de la pasión, los coches antiguos, y las alambradas. "This is my Kingdom", como reza un grafitti del que emanan tintas púrpuras, más allá de las cuales aparece la imagen de Albizu, gritando un "Viva puerto Rico Libre".

TOMA TU DOMINGO

La música de La Raza refleja su colorido en citas preconcebidas bajo los árboles eternamente apenados del Tompkins Square Park, entre un bulto impresionante de punkeros, patinadores, hippies, rastafarians, parejas cuyo instinto reproductivo ocupa momentáneamente toda su capacidad cerebral y otras filosofías.

Los domingos de otoño allí el sol sale temprano y se dedica a deshacer el frío de la noche, que cobijó a las flores y a los mendigos. Evapora núcleos de hielo y adorna con música los picos de las aves, que emocionadas celebran su dominical presencia. Las hojas de los árboles se empeñan en reflejarlos y a través de las gotas del rocío crean un universo de cristales. Una que otra cae rendida de tanta luz, y ya en el piso se vuelve hormiga líquida, que con paso acelerado acaricia la tierra

- Orale Paisa: ¡vamos a ver los músicos! Ahí nos chingamos un galón de jugo de naranja con sánduche de aguacate -dijo Emiliano con una emoción propia de día de descanso. Y los músicos ya estaban en el parque, hablando alto y soltando las primeras notas de sus instrumentos. Muchos bigotes y rostros lampiños, de manos y bocas distintas, acopladas a las formas íntimas de sus instrumentos y de las melodías que interpretan. Uno a uno van llegando con sus familias, llevan trompetas, maracas, guitarras, flautas, pero sobre todo instrumentos de percusión como tumbadoras, cununos, bongos y redoblantes. Nunca nadie dirige la orquesta, ni se ponen de acuerdo en nada que no sea los acordes básicos. La música fluye a su llamado y hace sentir su presencia, provocando que conforme avanza la fuerza de los sonidos un tema se vaya imponiendo, entonces todos se embarcan en su interpretación, predominando los ritmos latinos. Tocan temas de Celia Cruz, Bongó Santamaría, Cheo Feliciano, Carlos Santana, Rubén Blades, y en general toda la constelación de estrellas latinas que desde los años setenta han ido creando ritmos que conquistaron el mercado a fuerza de conservar -y transmitir- el poder del sentimiento latino.

- A ver Chiquitico dame tu Do -le dice el de los timbales.
- Chacho dime.
- De qué te lo ofrezco, ¿de boca o de cueros?
- Afina en Do, que lo tuyo parece de ambulancia.
- De lo que tengas más a la mano mi brother.
- ¡Sacúdete!

Y junto a los rayos del sol de otoño este grupo de músicos crea la magia del Domingo como día vivo, un día que por artilugio de alburero para millones de conciencias sale sobrando, pero que para quienes conocen las cadenas de los salarios es un tiempo nuevo, de reafirmación individual. Emiliano brinda con una carcajada y se sumerge en el cartón de jugo, mientras el paisano compromete sus dedos en acompañar la orquesta.

- ¿Qué cosas tú dices muchacho? Mira bien cómo es que va la letra de ese poema, ahí nomás para ver si le entras con los bongós o las baquetas esas. Te lo recito una vez y luego tú entras.
- Todos atentos, que aquí va una letra del rey de la trompeta que dice:

Todo lo que es amor
se ha acurrucado a dormir
en algún lugar de mi existencia.

Mientras se cierran tus ojos
-Lidia-
mi alma se libera
y todo aquello que pasamos
se convierte en amor,
y se viste de fiesta.

Doce de la noche
te llevo este canto
y Nueva York se convierte
en un abrazo gitano
que vaga por el espacio.

E inmediatamente cada uno de los músicos fue buscando acomodo a la letra, y en menos de treinta minutos de improvisaciones tenían una primera propuesta.

Así también puede terminar un domingo en Manhattan.

EL HOMBRE

Como te iba diciendo el otro día Julia, aquella época fue la de el burro. Tú sabes mujer, cuando uno se ha fijado recién en dos o tres tonteritas, you know, nada grande, y sin embargo ya se cree todo un hombre... uy... ni me hagas recuerdo de aquello, si con los hijos se pone bien jodido porque conforme pasan los años los muchachos nacen más avezados y empiezan a hacer preguntas que uno no puede ni debe responderles, porque ese es un asunto de la high schooll, you know, uno no tiene ni idea... ¿Ah sí...? apenas doce años... espera un poco y ya verás lo que es bueno... sí... sí. Sobre todo por lo de la carajita mía te digo, you know la historia ésa, que me tiene muy preocupado... tú sabes mujer como son los hombres, y más vale que se busque un buen partido que además del amor le aporte la ciudadanía... ya ves... así tú recibes algo de ayuda, o mejores dicho lo que estás pagando en los taxes... así mismo ha sido mi problema durante muchos años, el no tener derecho a exigir mis aportes, y todo ese lío, you know... sí, pensando en esas cosas nos extraviamos de la conversación... bueno... discúlpame el lápsus pero como te decía... ¿la palabra...? ¡ha, la aprendí del diccionario psiquíatrico! .... pero como te decía en esa época todo era cosa de chiquillos, algunas boberías y jugadas, you know, hasta que decidí que en Guayaquil la cosa no pintaba y que debía salir para Bogotá... ¿Cómo...? Sí, sin ningún problema. El dinero lo había ahorrado de las varias cositas que hice, uno de los compadres dueños de la cantina que te conté me dió la dirección de otro compadre, que tenía un negocio en Bogotá, y ahí mismo me fui a verle. En esa casa fue que conocí a la madre de Liz, y ahí mismo hicimos la fiesta de matrimonio, no muy grande, entre gente modesta... deben ser ya como veinte y siete años de eso... ¿Te parece...? a veces siento algo de tensión en los hombros y el cuello, pero no creo que sea por los años, sino por los problemas del trabajo, y la renta, y todo eso... sí, se desvanecen cuando logro pagar las deudas, ahorrar un poco y hacer los ejercicios que indican en el libro de corpo psicología activa... es muy interesante... sí, también incluyen respiraciones y gritos, pero aquí no se puede gritar muy fuerte porque los vecinos empiezan a reclamar y eso... sí Julia, así ha sido mi vida, ¡quién lo diría...! you know... no, no era falta de modestia, sino que estaba seguro que no me creerías... sí, yo mismo pienso eso, pero ahora que empieza a entrarme la vejez vengo a encontrarme nuevamente con asuntos éticos delicados, cuestiones morales indispensables de mantener y transmitir... sí, situaciones que requieren mucho de mi tiempo... no no, no es eso, más bien deberíamos ir fijando la fecha para ir a una de esas discotecas de Coney Island, you know, donde se baila sin problemas... ¿cómo...? ah sí, te lo agradezco mucho, lo que pasa es que hablar contigo es tan sabroso que uno pierde cuenta del tiempo... Sí Julia, te agradezco. Cabalmente anoche soñé contigo y amanecí mojado... ¿hay motivo...? claro, pero te lo confieso porque me gustas tanto... Si, discúlpame. Te veré luego, ¿O.K.? Chao.

EL DOCTOR ATAHUALPA

Reader y Advisor

El anuncio apareció en la página 8 de un diario latino de nombre escurridizo. Ocupa algo más de media página y enumera una serie de sufrimientos y flagelos a que "como mortales" estamos sujetos: "¿mala suerte en el amor? ¿envidia? ¿infertilidad? ¿juicios? ¿celos? ¿injurias? ¿malos vecinos? ¿trámites de residencia pendientes? ¿sufrimiento por adquirir la ciudadanía? ¿traiciones? ¿negocios?", todas estas alternativas enunciadas en letras discretas e indiscretas, en el medio de las que aparece el rostro de Atahualpa, último Inca del Imperio, evidentemente calcado de alguna enciclopedia de historia. Debajo de esa imagen la leyenda continúa diciendo: "¿necesita un pitoniso que le muestre el camino de la luz?", y con letras más grandes "EL INDIO SABIO: numerólogo y astrólogo, Gran Shaman, lector y consejero que pondrá Luz en las tinieblas, que en Nueva York pueden ser las mismas que en sus países de origen, pero acrecentadas por el espejismo de la distancia."

Absalón acababa de cumplir cuarenta y ocho años, y viajando de regreso a casa en el subway leía con curiosidad el anuncio, resistiéndose a creer en lo que él, en circunstancias distintas, hubiese llamado "los comecuentos". Durante las últimas semanas su situación se había vuelto difícil al tener problemas con su hija Liz, con su ex esposa, con su jefe de trabajo, el supervisor y la dueña del edificio al mismo tiempo, que terminaron llevándolo a creer que todos se habían puesto de acuerdo para hacerle la vida insoportable. ¡Y Julia que no contesta sus llamadas!

A su lado se sentó una muchacha joven, y como si intuyese su delicada situación sacó una Biblia, y fingiendo leerla, casi se la metió en los ojos. Absalón suspiro aliviado cuando llegó a la estación final del Bronx.

Ya en casa abrió la única ventana y volvió a leer el anuncio del periódico, llamándole la atención un pequeño dato que invitaba a las "almas asfixiadas" a sintonizar la emisora local a las cuatro de la madrugada, para por vía "micro onda" recibir respuestas y consuelo a sus problemas.

Esa noche se acostó más temprano que de costumbre, porque estaba dispuesto a madrugar para oír las palabras del Indio Sabio, y dependiendo de lo que escuchara ir a visitarlo. Apagó las luces y como era su costumbre se frotó casi todo un frasco de agua de colonia, sumergiéndose en sueños perfumados, que le traerían imágenes de mujeres desnudas, que con sus látigos le sometían a placeres inexplicables.

EL HOMBRE

"De la tanta preocupación que tenía por oír el programa y luego ir a la clínica psicológica, esa noche no pude pegar ni un ojo. Amanecí medio enfermo de los nervios, a duras penas alcancé a cumplir con las 8 horas del trabajo en la fábrica y me fui directo a hacerme la consulta, pero mira que resultó sorprendente".

La clínica parasicológica se reducía a un cuarto ubicado en Queens, y que tenía sólo una ventana diminuta, que parecía hecha para evitar cualquier intento de fuga. Todo por ahí era un amontonamiento de gente que entraba y salía de edificios que de todas maneras parecían vacíos. No habían perros ni gatos, pero sí pájaros entretenidos, cruzándose de uno a otro lado de los cables.

En los bajos del consultorio estaba ubicado un restaurante que con rótulos de cartulina amarillenta anunciaba promociones eternas de desayunos y almuerzos. A la vuelta hay un terreno baldío que con el paso del tiempo había mudado de aspecto, pasando de parque secreto a botadero de basura.

"Julia, de todo eso me quedé muy impresionado, you know, siempre es algo distinto".

THE LATINO POW WOW
EL DURMIENTE EN NUEVA YORK

El Durmiente en Nueva York es un hombre entre el llanto y la cárcel. De 12 de la noche a 5 de la mañana con los poros de su piel expulga periódicos escapando del frío. Transporta noticias. Es un:
Periódico ambulante.

Aquellos que lo conocen hablan del frío que producen sus uñas, frío que no cesa sino en los días más cálidos de verano. Quienes no lo conocen hablan de la sospecha que produce a las autoridades migratorias -y a otros cadáveres uniformados- la callosidad del dedo anular de su pie izquierdo, del que cada siete sueños benignos escapa un gorrión anaranjado.

A la luz del día sobrevive usando su capacidad de convertirse en tortuga, sin jamás exponer su cabeza a la crueldad de una sociedad que se autocalifica "protectora de animales". Habla con voz azulina, y dice que tres cuadras más allá del metro 4 . 5 . 6 se ahoga el País de la Canela.

Lleva en el pecho una marca hecha por las agujas de San Pedro en día de celestial vuelo. Nadie jamás la ha visto, y si se atreviese a mirarla quedaría ciego. "No tiene sentido".

El Durmiente navega por todos los espacios de la 207 Inwood, hasta el World Trade Center, línea azul C o E; 95 Street Ft. Hamilton to Ditmas Boulevard Astoria, línea amarilla N, y a pic hasta el Woodland Cementery. Recorre el West y el East Side, desde Riverside Park hasta John F. Kennedy (J.F.K.) International Airport sin importarle en lo más mínimo encontrar la salida.

El último tren a Lima fue vendido a precio de huevo por uno de esos presidensuchos de sospechosos manejos psicoeconómicos, pero al Durmiente en Nueva York sólo le preocupa la constitución atómica de las estrellas, que dice son sus hermanas gemelas. A él lo retrató un pintor famoso en una de aquellas noches en que el agua lava el mortero.

El periódico que lo cubre hoy día Jueves 19 de Marzo, fue publicado el 25 de Abril de 1971 y en grandes titulares dice: "SOÑAR NO CUESTA NADA", e informa que: "La representante de Uruguay al concurso de Miss Universo, Muria Stella Villalva, afirmó esta mañana que no sólo ganará el cetro de belleza, sino que además llegará a ser presidenta de su país".

- ¿Qué tal la lectura Paisa?

DE MISS ANDERSEN Y LAS FLORES EN NUEVA YORK

(Dibujo animado que ilustra la cátedra de cómo el amor llegó a Nueva York y otros asuntos, dictada por una viejecita en su pequeño mundo vegetal de animales, vestidos pintados, pájaros de plástico, perros, flores y gatos.)
- Nos vamos para donde Miss Andersen nomás de la pura curiosidad, y qué bueno que usted también quiera acompañarnos, a saber cómo acaba la historia esa que se quedó pendiente el otro día.
- ¿Cuándo nos sorprendieron las estrellas?
- Ese mero.
Y tomando la línea # 6 uptown el Brotherito, Emiliano y el Paisa visitaron a Miss Andersen, que por ser hora de la tarde estaba preparando un té de jazmines cultivados en su huerto.

Al ver que se acercaban se secó las manos en su delantal y salió a darles el encuentro diciendo "no es acaso ésta una tarde maravillosa? -y sin esperar respuesta añadió- me estaba preparando para compartir con ustedes una torta de manzana.
- No pos Miss Andersen, de ganitas se molesta, nomás queríamos que nos termine el cuento ese del otro día.
- Con mucho gusto, pero antes tomaremos una taza de té y un pedazo de torta de manzana, que por ser fruta de temporada abunda y está fresca.
Dicho lo cual los inmigrantes se acomodaron en los pequeños troncos de árbol que usaban como asientos, y se dispusieron a escuchar el resto de aquella leyenda que habla de Vassago; de cómo el amor llegó a Nueva York y otros asuntos. Y Miss Andersen continuó diciendo:

"En lo mayor de su experiencia en la dimensión de la materia el ser humano es libre, pero se vuelve criatura sagrada solamente cuando puede sentir esa libertad volviéndola su guía.
En uno de los mayores intentos por conservar la luz esta tie-rra aún conserva el nombre de Manhattan.

Aunque aparentemente aquí también sucumbió una raza, Antary también nos enseña que existen lugares cuyo poder magnífico se expresa en la gran cantidad de energía que emanan.

La leyenda dice que en su intento de destrucción corrió mucha sangre, y que fue tanto el sufrimiento que por efecto de la sorpresa muchas criaturas fugaron de esta dimensión. Las madres claman por la libertad de sus hijos sometidos, y como respuesta ellos consolidan la moneda. Se ha llegado a poner precio al tiempo, y ahora incluso el deleite de la familia cuesta. Entonces fue que se produjo un nuevo milagro, y es que en la aparente debilidad de los hombres se manifestó una voluntad casi inconsciente por preservar algo. La leyenda concluye diciendo que los hombres no estamos solos, y que en nuestro ser guardamos la esencia de la luz, de donde pese a todo habrá de seguir brotando vida.

La primera estrella se apagó cuando se inició el martirio, la segunda el momento de la crucificción de nuestro pueblo, la tercera cuando nos hicieron prisioneros del tiempo, y pusieron precio a nuestros esfuerzos.

Las estrellas se han ido apagando en una sucesión de palabras abstractas "dueño, dinero, tiempo, iglesia, prisión", solidificándose como raíces que alimentan un animal oscuro, que se alimenta de la absorción de la luz.

Apareció el hecho de un ser humano arrojándose al vacío y lo llamaron "suicidio", y dijeron que era pecado y que quien lo hacía perecería muchas más veces en pailas candentes. Pocas eran las puertas de escape y todas fueron selladas, porque más interesantes son los esclavos vivos que los libres muertos.

Vassago creó ejércitos de súbditos y con todos esos monstruos inventó creencias de efectos fulminantes, que asocian a la flagelación con el arrepentimiento. Difundieron con gran insistencia sus creencias y su loca ambición saqueó templos sagrados, destruyó símbolos intentando devolvernos al tiempo de su oscurantismo. Sobre las ruinas del conocimiento edificaron sus iglesias y riquezas, vaciando así de luz sus ojos.

12

Aunque su dominio es casi completo Vassago intuye que en el corazón de los hombres ha sido puesto un sentimiento irreductible de amor a la libertad y a la belleza.

Mientras todo esto sucedía Antary se retiró a una región distante y allí alimentó un modo de sentimiento que potencia la luz que anida en todo corazón humano, y por artes de alquimia lo convirtió en un sentimiento, y lo llamó Amor. Los Señores de la Vida sentenciaron que ésta será la llave del Cuarto Poder, y así es como hoy nace nuevamente el amor en Manhattan.
Antes que aquella flor se marchite
a la luz del sol se hará realidad la perfección
de su poema,
y a mi corazón le nacerá una alegría gigantesca
que de tan incontenible ruede por todas las aceras
hasta convertirse en el calor de la tierra.

Y ésta fue la historia de cómo el amor llegó a Nueva York y otros asuntos".
Los tres inmigrates sintieron el paso del tiempo y se conmovieron. De modo inexplicable fueron invadidos por una urgencia de mantener el silencio y así lo hicieron, y al marcharse se encontraron con que el sol paría las estrellas.

Y NOS FUIMOS DE COTORREO

"Mi rechazo a los ilegales no se sustenta en el odio por los extranjeros, sino por mi amor a los americanos".
Pete Wilson. Gobernador del estado de California, e impulsor de la ley 169 contra los inmigrantes.
Y como dicen que les gusta decir a los mexicanos: ahí nos fuimos de cotorreo. Nomás para gastar la feria de la semana comprando puros adefesios, o atragántándonos de vez en cuando manjares extraños, de esos que se mezclan con aguas finas embotelladas, con o sin burbujas.

Que pantalones Lavais; chompas acolchonadas de marcas exóticas y nombres retumbantes en el hemisferio comercial de la galaxia; zapatos air para andar en las nubes; relojes suizos que dan la hora más cara del mundo; chingonas cámaras fotográficas para perpetuar las caretas y filmadoras para ir haciendo tomas de los lugares más irreales, y mandárselas a la parentela del otro lado que hace de público contento, nomás pa´ que vean el calibre de diferencia que hay entre lo que los maistros califican de "universos contrapuestos". No mames güey, y todo eso para no aburrirnos, para no quedarnos pantuflas que no saben qué pinche ritmo hay que tocarle a la vida o a qué rumba la hacemos bailar, porque se nos hace pesada la lápida y no se puede agarrar una vieja ni güera ni prieta por el temor de meterte en un rollo como el del Paisano y la migra, o de que te agarre una venena, o que te claven el aids for free, o que luego te den cana o cargo de conciencia, o juicio de alimentos, y en algo hay que matar el tiempo. ¿O no hay derecho?

La milpa no rinde y los pinches culeros industrialistas big culos de negocios todo lo destruyen: nos tumban los árboles, nos pudren la selva, abren agujeros inmensos en la tierra, nos tienen de bases de prueba, nos usan de basureros atómicos y todo a precio de oferta, entonces la vida se pone retemala y los paisanos se vienen para Texas, o Nuevo México, Califas, New York, o cualquier otra parte que les permita escapar del infierno. Luego ya hacen una vida y no quieren hecharse pa´ tras, y con razón güey: ¿quién quiere pasárselas de espanto?

2

"Son culeros los güeyes, hasta a los que train papeles les echan su pedo. Si uno es muy abusado y tiene un documento, te quedan viendo como si fueses animal de feria. Y si no hablas inglés te hacen acuerdo que ellos son ciudadanos por nacimiento o porque les ha cobijado la bandera por cosas tan simples como un asilo político inventado, o buenos servicios a las barras y estrellas, o una resistencia hormonal de más de veinte años, o por ser miembro del Estado Libre Asociado. ¡Qué culeros! Si te trais un buen rollo no te dicen nada, hasta se atreven a soltarte consejos inútiles; luego luego si les entra la pinche gana te dicen que les enseñes algún otro documento, y ahí bien mandado uno les saca otro adefesio y los muy culeros andan buscando la originalidad de los sellos, o que la fecha de expiración, y no sé cuánta cabronada más, nomás buscando el pretexto para darnos en la madre. Que si muy mexicano, que si muy latino, que si la raza, que qué tipo de visa traís, o qué pinche permiso, o si juraste la bandera de las estrellas carcelarias... puras ganas de joder y sentirse los dueños de casa. Esto me pasó en El Paso, Texas, donde hay una cárcel adefesiosa, que es el símbolo de la lucha antimigracionista de estos güeyes. No me vas a creer Paisa, pero es una cosa de lo más fea y disfuncional, mezcla de templo adventista y hospital psiquiátrico, ubicada en el down town de un pueblo completamente mexicano, robado en guerras y firmas de acuerdos y contratos... ¡No mames güey!".

Se levantó y de la refrigeradora sacó un cartón de jugo de naranja, y llenó dos vasos.

"Pinche cárcel del Paso, es alta como de ocho pisos o más, de paredes construidas con ladrillos cafeces, y ventanas en algunos pisos. Nada hay que informe que eso es una cárcel, el lugar de la chota, de eso sólo te caes en cuenta al atravesar las puertas, y ahí te dices "jodida madre: no me están llevando a misa sino a cana". Y claro que la burrocracia migracionista tiene muchas secretarias y burros latinísimos, uniformados y llevando en el pecho la espátula que les identifica como acólitos de la temida y renombrada, on bilingual speaking, y te tratan como a delincuente, o a loco... ¡Pinches güeyes, la primera vez que me agarraron ahí mismo me hicieron maldecir el acento mexicano". Se levantó y abrió las ventanas. Le sorprendió encontrar afuera un día tan bello, pero aunque quiso desviar su pensamiento no pudo, porque le bullían las ideas.

"Lo más extraño es que El Paso es un pueblo que no se parece en nada a esa cárcel. Es una ciudad mexica muy antigua, que pese al agringamiento conserva el desorden ordenado de nuestras ciudades. Ahí mero hay muchas tiendas y cantinas con rockolas y bastante paisano de cotorreo, echándose unas cervezas mexicanísimas, que por estar en la frontera son más baratas. En una de las avenidas más largas hay un bullicio de gente vendiendo todo tipo de ropas, comidas, muebles, adornos y no sé qué tanta cosa de a dólar o a peso... ¡Pinche pueblo...! Pero esa cárcel es humillante Paisa, porque ahí te bañan y garrotean, y te botan al otro lado... pero luego luego uno se vuelve a venir de mojado y aunque algo te cuesta no es un gran problema, excepto para los paisanos que vienen de más al Sur, de Tamaulipas, Morelos Chiapas, y peor si vienen de tu país, a ellos sí sale rete caro, de a 8 o 10 mil dólares. Lo que sí es una chinga es que estos malditos andan haciendo redadas en los lugares en que uno chambea. Ahí agarran paisanos a montones y los meten en sus carros y la chamba se queda botada, y eso le afecta a su misma gente. Fíjate nomás el pensamiento de este retardado Pete Wilson, que les quitamos la chamba, que somos la causa de sus problemas económicos, cuando en verdad somos los que más trabajamos y más barato cobramos... no mames güey... son reteculebras. A nosotros nomás nos usan para sus campañas políticas, como los culpables o los salvadores de sus crisis, y levantan banderas, y se blanquean la conciencia. Hasta para los residentes y los gringos pobres la cosa se pone más cabrona porque la asistencia social va desapareciendo, y cada vez hay más chingadas leyes y reformas y contra reformas, y dinero para que los de la aspiradora haga nice su trabajo y les dejen limpio de inmigrantes, y es que estos culeros todo lo usan para política. Pete Wilson es el rey de los cabrones: un viejo que por llegar al poder sería capaz de vender a su propia madre, porque además sufre de pudrimiento crónico. El muy hijo de su chingada ha hecho de la antimigración su discurso, y ha convocado a los skin head cerebro pelado, y a los clase media que se sientan afectados por el declinamiento del "confort", usándoles mañosamente para convertirles en asiento para su trasero en el Senado, y sólo Dios sabe si este cabrón no aspira a llegar a la Presidencia... ya estaría bueno que el país de la tecnología tenga como guía a cromañón, cincuenta y más billones de años antes de Cristo". Se tomó el jugo de un solo sorbo, y volvió a llenar el vaso.

"Paisa, si tú le oyeras los discursos que se manda te quedarías paralizado porque tiene lengua de víbora en el sentido hipnotizador de la palabra: habla con una seguridad que llega a la auto hipnosis, (self service) por eso muchos güeyes frustrados por problemas de plata, atacados por la lepra de la rutina, o enfermos por tantos programas televisivos, se le unen, y cantan en ceremonias en las que se agradece a Dios el haber nacido en este suelo. Y este mal crece porque los americanos necesitan sobre quién descargar sus frustraciones; sobre quién dejar caer la culpa del empobrecimiento colectivo a que estos pinches gobernantes nos someten. Mucha gente cree que ellos son güeyes que nacieron con una deformidad congénita pero no es así: son víctimas atrapadas en una máquina que los irá triturando, como cuando el molino tritura los granos de maíz".

Volvió a levantarse y cerró la ventana.

"Este cabrón dice que les andamos quitando la chamba, pero ninguno de ellos quiere chingarse en una hacienda de California, recogiendo frutas o sembrándolas hasta 16 horas diarias los siete días de la semana, inundados en químicos por 3 dólares la hora. ¿Quién de ellos está dispuesto a lavar platos, limpiar casas, cortar vegetales en un sótano por 4 dólares la hora? Ni uno solo, porque ellos tienen un sentido muy curioso de la higiene y la conservación de la piel, además que no son tontos como para ir a arriesgar su salud o la de sus hijos, porque es bien conocido que en las barriadas de campesinos en Califas o Florida los niños no salen enteros. De ese poco dinero el boss se cobra el arriendo del cuarto, las comidas, fuera de otros gastos. Al final es poco lo que te queda. A ver cuál de ellos tendría una voluntad tan grande para sobrevivir en estas condiciones". El Brotherito se había despertado, pero al ver que el Paisa le hacía una señal se quedó callado.

"Un ejemplo nomás: haciendo cálculos de matemáticas ligeras digamos que una familia americana regular gasta hasta 30 dólares semanales en verduras y frutas; si en las granjas botan a todos los inmigrantes van a tener que contratar a ciudadanos. arreglar todo lo que se refiere a equipos de seguridad y protección de la salud; contratar seguros de vida; destinar grandes presupuestos para estudios médicos sobre causas y efectos de las enfermedades de las que son potenciales víctimas; separar imdemnizaciones por accidentes, además que estoy seguro que absolutamente ningún ciudadano americano estaría dispuesto a trabajar en condiciones tan duras por menos de 10 dólares la hora. Con todos estos pendientes ¿crees que las frutas y verduras seguirían constando lo mismo? Obvio que no, y entonces la misma familia regular tendría que gastar ya no treinta dólares semanales, sino hasta cien o ciento veinte. Si nos botan no van a tener quién chingados les trabaje tan barato. El reteculebra del Pete Wilson y sus devotos son los primeros beneficiarios de nuestra mano de obra, por eso el pinche culebra reduce el problema hasta convertirlo en una tarima para sus proyecciones políticas. Eso lo ha logrado convenciendo a mucha gente, diciendo que él sabe cuál es el problema y que él conoce las soluciones". Se dirije a la cocina, enciende la estufa y pone a hervir el agua de la cafetera.

"Y esto hablando sólo de las granjas, porque los trabajos en las ciudades son igualmente cabrones, porque te encuentras en el país de la eficiencia, donde has llegado a través de un tubo mágico a aprender la filosofía del tercer milenio: "time is money". Italianos, polacos, franceses, españoles, chinos, árabes, taiwaneses, africanos, latinos, y cientos de decenas de otros pueblos trabajamos en los sótanos de restaurantes, panaderías, pescaderías, bares, departamentos de familia o parques y calles al aire libre, haciendo que muchas cosas estén listas. Como ejemplo nomás te hago acuerdo que en el restaurante carnívoro de la 24 Utica Avenue está medio chiguagua. En el que trabajamos con el Paisa habemos mexica, español, polaco, taiwanés, peruvian, afroamericana, y ecuatoreño. Somos como un encuentro del tercer mundo, ¿y crees que la migra no se da cuenta? Para cubrir las apariencias, y dependiendo del tamaño del negocio, el dueño tiene contratadas dos o tres personas que tengan número de seguridad social, y son generalmente mujeres, meseras, cajeras o ayudantes de administración".

Los inmigrantes se quedaron en silencio, y sintieron la presencia del nuevo día, en el que las estrellas se desvanecen al pie de las seis y treinta. En un acto de voluntad todos mantuvieron el silencio, hasta que de la ventana saltó un gato blanco, llevándose el cuerpo de una paloma moribunda. Emiliano se refregó la cara como si hubiese sido atacado por un mal enredamiento de ideas. Tomó un sorbo largo de jugo y se dió cuenta que el Brotherito había despertado, y le saludó con un gesto de su mano.

"Culebras como Pete Wilson son bien chistosos. O sea son unos pinches salvajes, ésa es la neta. ¿Para qué le busca uno tanta explicación? Estos pinches luciferes todo lo corrompen y lo quiebran haciéndole negocio: si nosotros tenemos fe ahí llegan los pinches comerciantes a vendernos velas perfumadas con olor a fresa, cereza, mora, chocolate, vainilla y sus centros comerciales empiezan a vomitar cosas inútiles, y sin embargo tienen toda la endiablada publicidad para convencernos de que las necesitamos. ¿Que les costaba hacer como nosotros: organizar una fiestita donde se baile, se converse, se coma picoso, se tomen unos mezcalitos, se la pase bien con las chavas, se aplauda a las bandas o al encargado de los cassetes y los discos, se hable lépero....? Pero no, aquí todo es el pinche negocio del ruido y que te cobran la entrada, y que los tragos son caros y las viejas sólo andan en coche, y al final ni se habla ni nada, y uno acaba, y ellos mismos te vienen a ofrecer el remedio en tratamientos desestresantes por audio y video, sesiones de quiropráctica, tés de señoras, cirugías de estiramiento de la piel, venta de máquinas rejuveneceoras que caben debajo de la cama... si está retecabrón... dicen que el pinche Pete es un divorciado, y ahí anda el muy alburero con un discurso en el que la célula madre de la sociedad es la familia, la propiedad y la religión". Se acercó a una mesa y llenó otro vaso, y disculpándose con el Brotherito por la demora siguó hablando.

"Estos bárbaros oprimen facilmente a su propia gente porque les han hecho crecer sin cultura propia, ni tradiciones que los relacionen con la tierra y la solidaridad. Es un país inseguro, que no alcanza a darse cuenta de la verdadera dimensión de sus problemas... su gran energía la desperdician tratando de controlar a todos los otros países, nomás por conservar la hegemonía, pero no se dan cuenta que si los negocios anti estress son los mejores, es porque su gente está enferma. Siempre han estado inquietos, y desde el día de su llegada han tenido que aplicar el terrror como política ante todo tipo de pueblos... y los güeyes no descansan porque han sido atrapados en un ritmo infernal... y no pueden parar porque podría significarles un colapso étnico más fuerte del que ellos provocan en otros pueblos, y si sucediera sólo sería el camino de la lógica, y por ese camino están destinados a transformarse y a ceder su ficticia grandeza... Oklahoma Bombing, o las milicias, o los skin head o los darwinianos. ¿No se darán cuenta?

Por eso para ellos debe ser importante la mezcla. Deben esforzarse hasta lograr hacer que nazca un amor verdadero por la gente, un sentimiento que les permita hacer un país diverso, en el que el reconocimiento de las diferentes culturas sea un fundamento que les permita intercambiar conocimientos hacia la supervivencia de todos nosotros... pero la tendencia general es que a fuerza de oírle a este Pinochet los ciudadanos se son víctimas de una hipnósis que los tiene amortiguados. Esta enfermedad les lleva a vender su alma al diablo, entregando grandes cantidades de dinero, que sumadas a otros tantos aportes de empresas como la "Migra Mause" cubren los costos de esta carpa de circo, que siempre está llena y tiene sus fieras amaestradas, vedettes, anunciadores, magos, payasos, calaveras, jueces, periodistos, y claro: el Rey de la Arena. Y los ilegales somos la materia prima importada directa y voluntariamente de los países más exóticos... ¡no hay derecho a ser tan bestias...! Y discúlpemen un momentito que ya termino: nosotros somos la solución a su problema, porque si se juntaran a nuestras razas aprenderían de fiestas, tradiciones, música, costumbres, lenguas, y también podrían mejorar aún más su cultura alimentaria, o no?"

Los inmigrantes se rieron, y entendiendo la alusión, el Paisano se levantó de la cama, y le invitó al Brotherito a ayudarle a preparar su afamado "Sánduche de Marsicos"

CON EL MOVIMIENTO DE LAS ESTRELLAS

Y es que hoy no fui porque el horóscopo anunció un día brillante, bañado de sol hasta el cansancio. Porque los caimanes no quisieron disfrazarse y en cambio yo me disfracé de todos los caimanes y fui hombre alcohol hasta la perniciosa sabiduría.

Toroc toroc
brujo.
Chuchumeco.
Lector de cartas amorosas en amplitud modulada
bien sintonizado para antes del meridiano
captar tu onda
-frecuente-
y decirte
aquí amándote
aunque parezca onda corta
pero
al fin larga en la distancia
de tres bandas
con tu genérico de mujer maleza,
de óxidos mortales
hasta la exasperación
de un te quiero
engrasado en eternidades.

ENERGY

Camino de la calle Broadway, Emiliano y el Paisa se extravían en escaparates que anuncian todo tipo de productos como una irrealidad en el mundo de las evidencias.
Luces de neón, frases cortas y sugerentes, música ambiental y hermosas mujeres provenientes de todos los continentes crean la fiesta del negocio, que impregna de furor y prisa la calle, inundándola de gente a toda hora.
Un semáforo que en lugar de hablar el lenguaje de la luz proyecta rostros enverdecidos, atestigua mudo el trabajo de un grupo de música andina, salido de alguna guía turística que vende placeres en Latinoamérica. Dos pisos sobre la acera una pareja hace el amor con la ventana abierta, mientras en la cocina un tercero prepara una cubeta de gin tonic, que lo lleve al otro lado de la conciencia. Un visitante se detiene en la esquina y exhibe su mejor sonrisa para que su acompañante le saque una foto en el escaparate de un sex store, junto al que ha sido pegado un afiche de los del Séptimo día, anunciando el fin del mundo para mañana despúes del desayuno.
Los autos pasan llevándose en sus llantas el vapor que sale de las alcantarillas, mientras debajo de ellas el sub mundo vive con furor, compartido por hombres rata y mujeres araña, que existen como evidencia de lo íntimamente bello en el sótano Newyorkino. A uno y otro lado de la acera se alínean edificios de construcción antigua y moderna, en los que se refugian estudios de arte, galerías, almacenes, departamentos y cientos de negocios informales.
Emiliano y el Paisa entran a la tienda "ENERGY: Los Objetos Más Sofisticados del Universo", y encuentran largavistas de cinco centímetros que sin importar la hora les acerca a la Vía Láctea; alimentos y bebidas disecadas para astronautas; barajas espaciales que al ser lanzadas cantan una suerte; calidoscopios, reproducciones de el cosmos en caramelos, entretenimientos auditivos y visuales para matar el tiempo en Venus; esferas terrestres hechas con residuos no tóxicos de cohete nuclear; guantes para no sentir las manos; bufandas que con-

trolan la temperatura del cuerpo por evolución celular, y un libro que detalla e ilustra 250 formas de hacer el amor cuando la gravedad es de cero.

- Pa´ la madre, qué cosas tan raras -comenta Emiliano, y sacando la cámara desechable dice: "es que si no llevo una foto no me han de creer en Puebla". "If you do not speak English..." dice un letrero que anuncia la venta de un diccionario electrónico que simultáneamente traduce palabras a siete idiomas, y junto a él un consolador hecho en base a fibras naturales de plátano, "para mujeres astronautas", comenta Emiliano, agregando "menos mal que en México aún no tenemos los cohetes que se llevan las viejas al espacio".

Un rostro sonriente se acerca y les dice "¿may I help you?", y ambos, sintiéndose presionados a comprar responden "no thank you". Ella se aleja y desde el otro lado de la tienda les vuelve a sonreír, y ellos disimuladamente buscan la puerta de salida.
- ¡Ahora lo único que nos falta es averiguar para qué sirve tanta cosa!
- Ha de ser para no aburrirse.
- De veras, ahora me acuerdo que aquí habemos muchos retesolos.
- Y son cosas caras.
- El otro día leí que dentro de viente años ya estarán de venta pasajes para ir a conocer la luna... Dicen que el negocio se llama "caminata astral".
- Volvamos donde la joven y hagamos unas reservaciones.
- No, mejor sería un cohete a Puebla.

Nuevamente en la calle sienten la humedad del aire. En un árbol cercano dos hojas se resisten a caer mientras el viento sopla, anunciando la entrada del invierno. Un mendigo golpea contra el suelo una lata vacía. Lleva cubierta su cabeza con un calzoncillo en el que se dibuja una paila con dos huevos fritos, y una frase que dice "Usted pone la sal mamita". Detrás de la Escuela de Bellas Artes de la Universidad de Nueva York suena una sirena, y el mendigo, entendiendo claramente de quién se trata, se levanta y va a acurrucarse en un portón, donde esconde la lata y se saca el calzoncillo de la cabeza, pretendiendo hacer guardia.
- Mira Paisa - dice Emiliano -éste está tan asustado de la chota que se le subieron los huevos a la cabeza- y de una carcajada espanta a dos mariposas que andan extraviadas.

DOCTOR ATAHUALPA, INDIO SABIO GRAN SHAMAN

(Sintonía total en Queens, Brookling, el Bronx y Manhattan)

A las cuatro y treinta de la madrugada sonó una melodía de quenas y flautas, que evocando los sonidos del viento en un país andino, crea una atmósfera mística, que sirve de fondo para que empiece el locutor diciendo:
"El Doctor Indio Sabio Gran Shamán dice: las ciencias ocultas son tan antiguas como la humanidad misma, y en ellas el extranjero encuentra consuelo, porque son pan de vida, y enigma de las fronteras." Entra el sonido de la lluvia provocado por la agitación de papel aluminio. "Grandes personajes de la historia se dirigieron por el oráculo y vaticinio de los pitonisos. Por qué no lo hace Usted?" dicho lo cual entra una voz aguda, al parecer provocada por la introducción de la boca en un frasco con agujeros en el asiento, y con ímpetu continúa: "El Doctor Atahualpa, Indio Sabio Gran Shamán lee barajas, fotografías, cigarros, velas. Regresa al ser amado, realiza limpias, saca el espanto y el mal aire, quema hechizos y brujerías, atrae la buena fortuna." Nuevo cambio en la música y en el tono de voz, para decir: "Triunfe en la dura vida de inmigrante adquiriendo el talismán indígena Chichis Poil, aliado de la Cruz de Caravaca, traído expresamente de las selvas amazónicas para brindar poder y energía en la distancia, luz en las tinieblas y devolverle al cuerpo su natural y mística pureza." Entonces el fondo musical da paso a un coro que describe los materiales de que estaba hecho este amuleto, sus virtudes curativas, precio, colores, dimensiones y lugares de expendio, para luego permitir el retorno de la voz de frasco diciendo: "El Doctor Atahualpa Indio Sabio Gran Shaman atiende en su consultorio previa cita, de martes a domingo, de nueve de la mañana a nueve de la noche ininterrumpidamente... Visítenos... Nuestra dirección... 103 St. Corona Plaza. Flushing Park Meadous East... Guíese por su rótulo... Altos del

restaurante Irish Best... Segundo piso... Oficina trece... Doctor Indio Sabio Gran Shaman le devolverá la fe, la esperanza, el poder".

Y vuelve a cambiar el fondo musical, para luego de una breve pausa dar paso al Indio Sabio, que fingiendo hablar un castellano nunca bien aprendido se dirige a la audiencia con una voz mezcla de mujer y de niño, en la que se destacan los acentos y la pronunciación poco cotidinana.

"Así es pes compadrito, así es pes comadrita, no olvidés compadre enviá cartita delatando sufremiento tuyo que de mucho va a servir compadre su análesis para que gente no cometa errores y lleguen ca´ al fracaso... Abrimos mochilita sentimental con ayuda de mi secretaria Milagritos, y damos paso a la sección "corazones desvalidos" y ruego a mi secretaria ten la bondad de abriendo sobrecito y pasando cartita para dar inicio a nuestra sesión de curanderismo y consejería". Como parte de un guión preestablecido la asistente tose dos veces y con sus hábiles manos produce el sonido de un sobre siendo abierto. "Abro en estos instantes cartita y saco papelito donde está escrito lo que dice lo siguiente" y cambiando el tono de voz finge ser una persona afligida, para decir decir: "Programa del Indio sabio Gran Shamán en la radio (dos puntos) estimado compadre escuchando el programa tuyo yo necesito desahogar mis penas escribiéndote esta carta y así tratar de ayudar con el ejemplo de mi sufrimiento a mucha gente que a lo mejor necesita de mi sufrimiento y no se caiga en el error... ¡Compadre qué tristeza tan grande es cuando la familia de una se porta mal...! ¡Qué tristeza es ver cómo de la noche a la mañana se convierte el hogar en un infierno y así se llega al fracaso en ciertas incomprensiones...! Usté has de saber Gran Shaman que en la distancia de nuestros países mucho se aumenta el sufrimiento, que es como si esta distancia metiera nuestros sufrimientos en un ampliadora y así es mucho lo que se sufre y se llora, pero lo mío de incomprensiones ya llegó al extremo..." y se hace un silencio intencionado, en el que a muy bajo volumen suena la música inicial, para lugo continuar diciendo: "Hay veces en que uno se junta con personas que venimos de diferentes costumbres porque así nuestros padres y nuestros distintos países nos enseñan, y cuando el marido viene a la vida de una trae también distinta costumbre. Aquellas dos costumbres hay que saber unificar para hacer la armonía de nuestros hogares y así sacar adelante a nuestros hijos porque yo creo que unificando las dos costumbres entonces va a haber la neta orientación y nosotros podemos realizarnos... Pero ay... ¡Lo mío es tan grave...! ¡Yo pensé que mi familia me iba a ayudar cuando me comprometí al casamiento, ¡pero qué tristeza...! les digo con el corazón en la mano y lágrima en ojo, ver que cuando yo me casé y quedé a vivir en casa de mis padres, de la noche a la mañana mi esposó comenzó a cambiar, ya no me trataba como antes ni me invitaba al cine o a las comidas, o a los juegos de entretenimiento y desestresamiento, y más bien empezó a tratarme como una cosa más de la casa pero ya no como un ser humano. Yo ca´ no sabía el por qué, y aunque le preguntaba más bien molesto se ponía y veía la insultada y a veces la pateada, y así fue como mi hogar se destruyó... Pero eso no es lo más terrible Gran Indio Sabio Gran Shaman..." Se hace un nuevo silencio, y el eco del sufrimiento evocado se acrecienta: "¿Qué pasó...? Que mi propia hermana compadrito se llevó a mi marido. Yo lloro mi mala suerte porque hoy los dos están en un país del extranjero, de vuelta al país de él. Se fueron huyendo de aquí, de mí y de mis tres hijos porque sabían que les íbamos a hacer la vida imposible. Hoy en la actualidad con los hijos a cuestas y llorando mi mala suerte y en pensar que mi propia hermana Lupe, que mi propia sangre fue la que me hizo quedar mal adelante de mi familia y mis amigos, fue la que me llevó a un fango sin salida y ver a mis hijos que ya no tienen hogar, ver a mis hijos que tanto le reclaman al padre, y yo ¿qué puedo hacer? A veces con lágrimas en los ojos hasta he pensado en suicidarme y suicidar a los niños, pero luego digo no ¡por qué voy a sentirme cobarde si tengo por quién luchar!, por aquellos que son el fruto de un amor irresponsable, que fue su padre". Y dijo trescientas cosas más que se pierden en la distancia.

Absalón sigue con interés la lectura de la carta y siente escalofríos cuando el Gran Shamán, fingiendo indignación lanza un grito y estruja el papel ante el micrófono, produciendo un sonido perturbante, que da la pauta al técnico para que vuelva a introducir la música de fondo para él continuar emitiendo expresiones de dolor y rabia. Una vez calmado hace una reflexión verbal que nadie entiende, y disculpándose por su descontrol, pide a la secretaria que desdoble la hoja y continúe leyendo: " Así es mi martirio Compadrito, y qué tristeza... yo nunca he creído en brujerías ni cosas de los hechiceros, leídas de las barajas o de las velas, peor todavía en bolita de cristal o en las adivinanzas, y la verdad es que de hace unos dos meses acá estoy escuchando el programa tuyo Gran Shaman, que es un programa humanista y por ende nos hace reflexionar.

La verdad del caso compadre me siento conforme escribiéndote esta cartita y desahogándome después de tantas lágrimas de dolor, pero ¡cuidado...! ¡cuidado hombres que ustedes no vayan a cometer el mismo error y provocar el mismo sufrimiento...! Désen cuenta que a la familia hay que saber respetar, y peor aún cuando somos extranjeros y vivimos tan parias y tan solos.

Esperando que esta carta haya sido de grata recordación e haya dado una neta orientación a aquellas personas que a lo mejor están cometiendo esos errores pragmáticos de nuevo les repito no lo hagan... no destruyan sus vidas y las ajenas, sean responsables y salgan adelante por intermedio del sacrificio y por ende la comprensión en el plano sentimental. No destruyan como me hicieron a mí y a mis tres criaturas. Gracias Indio Sabio Gran Shamán y espero tu contesta dándome la receta del alivio y la prosperidad. Atentamente, mujer con el seudónimo de La Que Llora Lágrimas Vivas".

Vuelve a entrar el fondo musical y el anunciante, esta vez con una voz más melodiosa dice: "Envía tus cartas al programa de orientación familiar del Indio Sabio Gran Shamán, sección sentimental de casos y respuestas "Corazones Desvalidos", narrando tus problemas e inquietudes, sean éstos del trabajo, salud, negocios, amor, trámites, estudios, viajes, malos vecinos, lesiones, entierros, herencias, juicios, etecétera. A través del estudio correspondiente de su caso sabremos buscar la solución a tus problemas por muy difíciles que parezcan. Dirección (dos puntos) 103 Street... Corona Plaza... Flushing Park Meadous East... Segundo piso... Guiése por su rótulo... Altos del restaurante Irish Best... Oficina trece."

Mientras Absalón escucha la música de fondo siente que su dolor se parece en algo al de la mujer del seudónimo "La Que Llora Lágrimas Vivas", y pese a que una corriente de frío entra violentamente por la ventana entreabierta, no logra moverse, esperando con ansia la respuesta que el Indio Sabio dará a la angustiada. A los pocos segundos de espera siente que su cosmos y cultura han logrado trasladarse a una sociedad infinitamente extranjera, en la que había visto anuncios de muchos lectores de baraja y de la palma de la mano, pero jamás imaginó que habría uno que dijese ser indio, y que curase con plantas y amuletos traídos de las selvas. El compás de espera se cierra cuando vuelve la voz del Gran Shamán diciendo: "Así es pes compadres, así es pes comadres, ya no sufráis que aquí está mano amiga de Gran Shaman Indio Sabio... Solamente poné fe y creencia, es que fe pes compadrito es la que obra milagros o es la que perjudica. No pongás duda ni desconfianza del Indio Sabio Gran Shamán porque nosotros tenemos la poder, el secreto, el misterio para que tú triunfes en la vida, para que los caminos truncos se revuelvan y conviertan en caminos amplios, de tránsito hacia las fronteras del éxito. ¿Queres pes saber dónde comienza tu camino de felicidad y de éxito? Visitáme en mis ofecinas. Estamos en sección "Casos y Respuestas a Corazones Desvalidos" y voy a dar consejo y solución a mujer afligida que seudónimo dice "La Que Llora Lagrimas Vivas", aquella afligida cuyo marido dejó el hogar para ir con hermana. Pero antes quiero antecipar que cuando tú compadrito o tú comadrita enviés carta, no envíes plata, no envíes dinero, no mony, solamente escribí carta a puño con letra de tu mano para nosotros ca´ hacer el correspondiente psicuanálises de tu letra y así indicarte el camino correcto. No desmayés... no tronchés... no quebrantés porque aquí te daremos el poder Ictichicpurichún Imatamanti Richinramuy Chagangomaspaya Guaisapuchin de Curaca Blanco hombre de misterio y poder. No desmayes no desmayes..."

Y se abre un nuevo compás de espera, en el que entra música de coros indígenas sin compañía de ningún instrumento musical, para que él grite su llamado de: "¡Atención Comadre "La que Llora Lágrimas Vivas..." ¡Atención! ¡Atención!" y vuelve a entrar música andina, pero esta vez acompañada de un efecto electroacústico que imita el sonido de un rayo, para continuar diciendo... Luego de haber realizado el respectivo psicuanálises de tu letra por intermedio de bolita de cristal y cera negra... psicuanálises descubridero de verdad tengo que decirte... ¡Ay Comadrita...! ¡Ay Comadrita...!" exclama, provocando que Absalón imagine una escena de sangre y mutilaciones. "¡Ay Comadrita...! propia familia de marido hicieron daño para que tu separés, y tú sabes muy bien Comadrita que suegros tuyos ca´ no te quieren... ellos mismos alimentaron el amor entre tu marido y tu hermana metiendo cuentos, enredos y chismes, hasta decían a tu marido que vos estabas engañando con patrón de la fábrica donde trabajás... Tus propios suegros son causantes de la desgracia de tu hogar, como dice la sabiduría "ha caído el mal ángel del cielo y es difícil remedio... Fuera de eso tú sabes bien que antes de casar tu marido te hizo daño. En bolita de cristal con asistente Milagritos vimos que cuando tú te fuiste con él al cine directamente encontraste tu foto en la billetera de él, impregnada con alfileres, y entonces él te hizo un daño para que así comadrita no seas feliz en la vida tú no llegues a concretar el hogar tan anhelado, por eso es que se fue con tu hermana porque ella era más jóven y sin hijos, con un futuro próspero, esperando encontrar una vida nueva en su país natal... y ahora estás llorando tu mala suerte en plano afectivo sentimental que te ha llevado a envejecer y perder peso porque comes sin apetito y duermes sin sueño, y cuando te cobijas el frío de la cama te causa soledad, y es muy mucho tu sufri-miento... pero no te atormentés... la esperanza no está ma-lograda... en primer lugar hay que quitar esta brujería, esta hechicería comadrita porque estás siguiendo pes el camino errado, que no es el camino justo que tú debes seguir rompiendo esta mala suerte pes comadre, esta mala racha te vas a dar cuenta como encuentras éxito, felicidad y progreso en los diversos campos del quehacer cuotidiano. Ya no sufrás... ya no llorés... el cuarto creciente de la luna de la semana venidera es favorable para hacerte una limpia poderosa y luego de eso adquirí el talismán poder Cruripactimui Rarachamich Taporichín. ¿Está bien...? (Silencio total) Te espero pes en mi clénica. No olvidés, cuando vengas soy especialista en ver vela, en ver baraja, en analezar fotográfica, bola de cristal, palma de la mano, fondo de la taza, ciniza de cigarro, brasa ardiente... Vení vení limpiando tu ropa con una vela. Limpiá toda tu ropita y te vas a dar cuenta cómo te hago revelar aquellos males que estás padeciendo y que te están consumiento-laexistenciademaneratanviolentadacontralosprencipiosdelanaturaleza.......", y cientos de palabras más que salidas de la radio fueron a destrozar conversaciones afectuosas, palabras tiernas, besos inocentes, abrazos que comunican afectos, provocando la fuga de un ángel madrugador que en el milagro de la vida recitaba un poema. Pero pese a que le pareció deprimente, Absalón siguió con mucho interés el programa, habiendo decidido que mañana, después de su jornada de trabajo iría a visitar al Indio Sabio, y frotándose un nuevo frasco de colonia apagó la radio y convocó al sueño, que confiaba esta noche le trajera el cuerpo de Julia, o su voz por teléfono.

DEL ROLLO ESE DE LIZ "WON'T YOU TAKE ME TO FUNKY TOWN?"

- Tú roncas.
- ¿Do I?
- Of course you do... la cosa es que no te das cuenta because you are asleep...
- Or deaf... pero tú respiras muy fuerte.
- Será porque me gusta mucho el aire... Little Wind.
- O porque en tus sueños eres de la selva, donde abundan los jaguares, los pumas y las panteras...
- Y las serpientes voladoras que se comen los monos cantores... ¿no es raro?
- Tal vez los monos se coman a las serpientes y engorden tanto que les salgan plumas, y se vuelvan guacamayas.
- ¿Llenas de aire?
- O de plumas anaranjadas como atardeceres de California.
- Mi amor...
- Tell me.
- Let's get under the blankets, hace frío.
- En el trópico tambien llueve. Allí es donde los árboles suben por las nubes hasta alcanzar a convertirse en estrellas.
- En mi sueño tú subes por las estrellas y me llevas hasta tan alto que pierdo la cuenta...

#@%^/$"()'&_+%):.®%)#$%^%^+*

- ¿Piensas en algo?
- No, ¿y tú?
- Oigo la música.
- I have been living this life long before now.
- Sólo que cuando lo piensas se desvanece.
- ...O al menos la música era la misma.
- Y tú y yo.
- ¿No hemos cambiado?
- No lo sé
- ¿Sueñas algo?
- Que me desvanezco.
- ¿That is why some times tú tiemblas?
- No... eso es porque tengo sueños con movimiento.
- Es una fortuna.
- Es la piel del amor... Do you dream...? ¿en qué sueñas?
- En que las calles están llenas de gente, y tú y yo nos encerramos en un cuarto que no es nuestro.
- Is it a sin? Quiero decir ¿es un pecado?
- ¿What? Qué.
- ¡El cuarto!
- No... sólo es un hotel donde la música es de enamorados.
- ¿Algo más?
- En que estoy abrazando tu cuerpo y no tengo frío.
- Yo sueño que estoy despierto, y es muy violento. ¿No escuchas que suena la canción "won' t you take me to funky town?
- No, pero... ¿escuchas cómo ser ríe esa mujer?
- ...Se parece a ti.
- ¿Y qué vas a hacer?
- No lo sé.
- It seems she is happy... parece que estuviera contenta.
- Como si pudiese hablar con los animales y contarles...
- Cuentos de gentes de la selva, que evocan la lluvia y los rayos destructores.

#@%^/$"()'&_+%):.®%)$#%^&#@

- Cut it. ¡Córtate!
- ¿Qué cosa?
- Las barbas.
- ¿Por qué?
- Porque sí.
- Esa no es respuesta.
- Entonces... porque estorban.
- Me voy a hacer viejo.
- No me gusta.
- Me voy a hacer tan viejo que seré un árbol de papel...
- La otra noche soñé que te convertiste en mounstruo y me comías... yo lloré no sé por qué... I won't forget it.
- Yo soy un mounstruo y me convierto en inmigrante.
- Cuando bebes.
- Gracias a Dios.
- Al Diablo
- ¿...el Diablo hace favores?

- Makes the sins easier... hace las cosas más fáciles.
- Yo comeré sánduche con ponche.
- Yo bebo cerveza.
- ¿Y te emborrachas?
- Y me transformo en el animal que sueñas.
- ¿Como pájaro colorado?
- Como guatusa que viaja por las selvas.
- Y se come la yuca y el plátano...
- ¿Y habla?
- Hablar no habla, sino que cuando se asusta hace los sonidos de un cui... mejor toma trago y hazte un pájaro de pico largo.
- ¿Qué como?
- Pepas, pero no sé cómo se llaman.
- ¿Son pepas grandes?
- Y a veces se te atrancan en el pescuezo, y cuando se quedan allí por mucho tiempo se hacen corazones...
- ¿Y para que les sirven?
- Para que los hombres se enamoren de las mujeres morenas.
- Que tienen los ojos largos y los labios abundantes.
- Pero no saben de palabras ni frases ni nada de esas cosas.
- Porque hablan un idioma raro, que te endulza.
- Que nadie entiende sino sólo los hombres que están enamorados de ellas... ¿no entiendes?
- Yo tampoco.
- ¿Qué significa eso si se hiciera palabra?
- Lo que ya dijiste...
- ¿Eso que dice en el asiento del plato?
- Esa es mi huella de pájaro sagrado.
- ¿....y me pides un beso?
- Porque estoy enamorada y me gustan tus besos, que son como la selva de mis sueños.
- Siento como si la luz se apagase, vaciando el corazon de la noche.
- ¿Quién dijo eso?
- I do not know. No sé y no me acuerdo.

!"ú$_&'()_ú$:.®%)&

- Un día vas a leer una carta mía
- Do I? Me...? ¿desde un país lejano?
- Desde la sepultura, donde voy a esconderme de todos los aviones que se especializan en alterar el orden del universo.
- CDO1
- Pero antes voy a hablar para que se lleven a Emiliano de regreso a Puebla...
- ¿Es tan lejos?
- Sólo es cuestión de dos palabras croc croc y estará en Puebla
- ¿Y por qué no las dicen?
- Porque parece que a los letrados se les cayó la lengua.
- ¿Qué dice ahí eso que escribes?
- Que un día me fui detrás tuyo y te vi bañándote con los niños de tu país de origen. Era una tarde bella, en que se caían las guabas de árboles gigantes. Al sentir que golpeaban el piso sus ramas se sacudían. Era como si se estuviesen despidiendo de ellas para siempre.
- ¿Y el agua?
- También sentía, por eso en los ríos del monte hay culebras largas como las guabas, con ojos negros como sus pepas... y quiero que antes que el día regrese pienses en mí y te enamores otra vez.
- Y nos quedaremos escuchando cómo vuelve a venir la noche.
- Y si nos dicen que paguemos otros cuarenta dólares les decimos que los hijos de la luna podemos entregar la luz de las estrellas.
- Mua mua... quiero una cola.
- Cuando seas pájaro vas a tener muchas plumas bonitas.
- Y te llevarían los hombres de la selva para hacer de tí un collar con ojos largos y negros, en los que duerman todas las palabras... y al despertar harás realidad el día de las aguas.
- Soñé que soñábamos en los niños de la selva volando cometas hechas con hojas de plátano.
- Ya me enojé.
- Yo no... ni un solo reloj porque tu amor me ha liberado de la conciencia.
- Salud.
- Eres el viento que vuela en mi cuerpo trayéndome emociones. Eres dulce y pasas ligero entre las copas de los árboles.
- Mueves las estrellas, que se embarazan de ti.
- Y brotan ríos de plata que se quedan colgados de las nubes... por eso las noches en que me besas son color blanco.
- Y aunque te beso todos los días de mi vida nunca me llenas, porque te amo tanto que en lugar de vaciarme de ti extiendo más tu espacio.

('_ú$/'+%®•:.?)('&+%)#$@^&

- Ve a pagar.
- Callepai pagagua.
- ¿Nos alcanza la plata?
- Pactangam culqui.
- ¿Y esos barquillos?
- ("Cuestan ochocientos")
- Vámonos al cielo
- Jacuy rigahua cieloma.
- Allí es dulce, dulce como las flores que se comen los pájaros que tanto amamos.
- Misqui micumun sisa micumum pishcaguna.

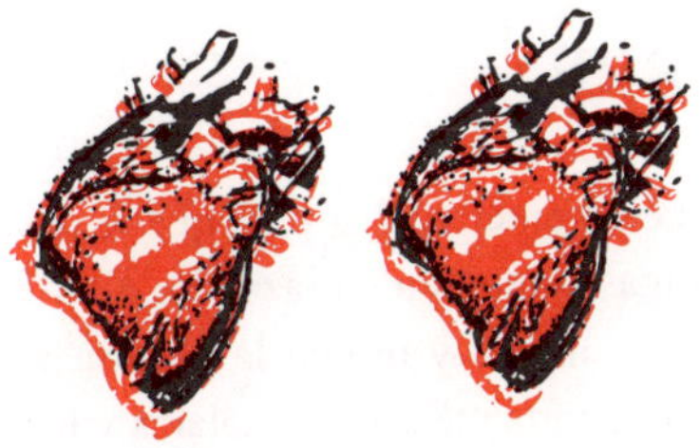

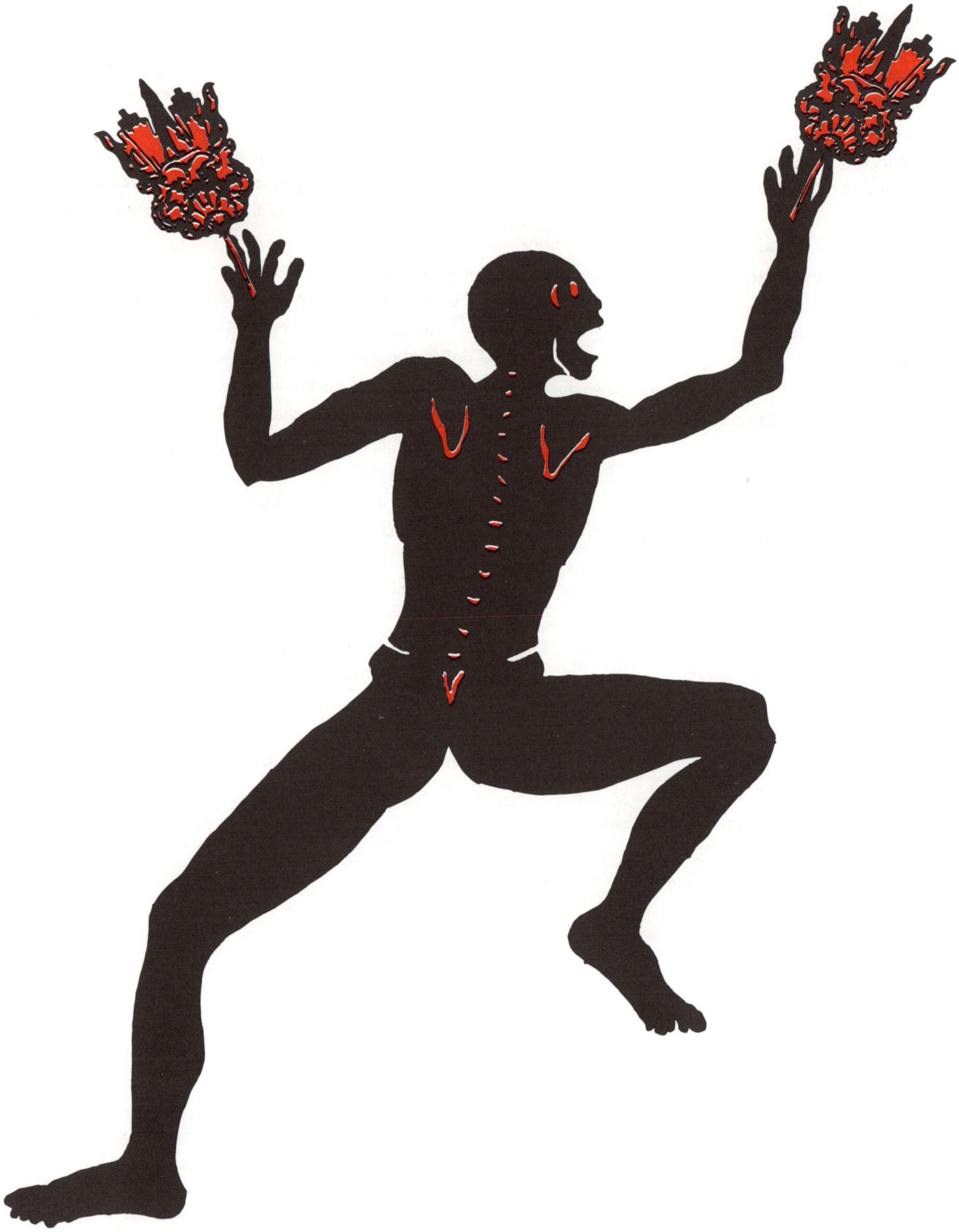

EL HOMBRE

“Mejor te lo cuento entero Julia, para que te des cuenta por ti misma, y me digas si tengo o no razón de estar enfurecido. Medio medio me ubiqué y di con la famosa clínica. Nomás cruzar la primera puerta me costó 5 dólares y luego otros 40 la consulta, que además se debe pagar por adelantado, y no incluye materiales como las velas o inciensos. Entonces es que uno puede entrar donde el adivino, yow know... sí, todo ese dinero antes de encontrarme con él... pero espérate mujer que ahí viene lo bueno: el hombre como que estaba disfrazado de indio, con un montón de collares y uno como sombrero de ramas. En las orejas llevaba unos aretes de escarabajos secos, uno verde y otro colorado, en la nariz tenía atravesada una

argolla que parecía de oro, you know, brillante. El cuarto estaba lleno de velas y frascos con líquidos de colores, pócimas, aceites, o no sé qué vainas, y en las paredes estaban clavados un montón de animales disecados, entre lagartijas, culebras, monos, gatos, y otros animales extraños, y también había pájaros y culebras, you know, uno como zoológico... Sí muier... ya te imaginarás la impresión que me dio... creo que casi me le quedo muerto ahí mismo, pero él me pidió que me calme, y me hizo sentar en una silla de piel y con una vela me hizo un par de movimientos que dijo eran mágicos, mientras en un idioma que no entendí rezaba y cantaba, moviéndose bastante, you know, convocando a los espíritus... ¡qué va...! no no... si todo era de lo más serio, no te digo que hasta me entró miedo... luego me hizo cerrar los ojos y empezó un silbido raro, que iba acompañado de música hecha con hojas secas. De ahí me puso la mano en la rodilla, que dijo era el centro kinético de la energía, y que al ser tocado de una determinada manera activaba el músculo de la verdad y los horizontes astrales, que yo algo entiendo porque lo leí en el tomo 4 de la enciclopedia para iniciación de mediums...
Se notaba que algo sabía el hombre porque ahí mismo, y como entusiasmado por ese músculo, le conté con toda franqueza los problemas con mi hija Liz y con mi esposa, y con el boss de la fábrica, y que tú no contestabas el teléfono y que a lo mejor ya te había asesinado tu marido, en fin mujer, le conté todo lo que he estado padeciendo you know, no son cosas de guardárselas para uno mismo. El me dijo que el trabajo que necesitaba iba a ser un poco difícil porque yo ya había acumulado demasiada mala energía, y que era como una persona que estando desangrándose quiere curarse con aspirinas. Entonces me pidió que en la siguiente visita le llevara una calzona de mi hija para averiguar si ya estaba embarazada, y que le llevara tres pelos de mi mujer para hacerme reconciliar, tu sabes mujer, para llegar a tu caso, que te encuentras al menos de vez en cuando con el padre de tus hijos, you know. La cosa es que yo me di mis modos para entrar a la casa de ellas pretextando cualquier cosa, el deseo de verle a la más pequeña, o una bobería así, total que logré sacar lo que el hombre me pidió. Volví tres días después y luego de cobrarme otros veinte y cinco dólares le entregué las cosas y él las dejó en uno como altar, en el que prendió un montón de velas blancas y azules, que total no sirvieron para nada porque con el paso de los días, y aunque pagué otras cuatro consultas, mi carajita se siguió viendo a escondidas con ese mamarracho, mi ex mujer sacó de la Corte una orden de protección policial diciendo que yo no las dejo en paz; me botaron del trabajo, y por poco me echan del edificio por haberme olvidado abierta una válvula de gas. You know, estos días parece que no tengo cabeza... No chica, esas cosas de brujerías son pendejadas, cuentos para sacarle plata a la gente, habladurías. Otra cosa son los poderes de concentracionismo y energía cerebral, cosas como en algún otro momento le dije que yo vengo estudiando por mí mismo... Sí, puede ser, pero ahí tienes mi experiencia: cientos de dólares por el hueco y un destrozo completo de los nervios".

SAN GREGORIO TOCADOR DEL PIANO

Las luces del local son tenues, y en su color reflejan sombras de seres víctimas fugaces de un efecto de especial ensanchamiento. La música sale de un conjunto de parlantes en los que de modo exquisito se encuentran varias energías creativas de experimentación originaria produciendo una atmósfera de sublime armonía, propicia para todo encuentro.
Provocadas por figuras humanas en diferentes posiciones y quehaceres, las sombras se enlazan, tejiendo con sus formas una tela de araña exquisita, en la que uno a uno caen todos los seres. Vistas a través del tragaluz del baño forman un conjunto de figuras primarias, solamente interrumpidas por sonidos de grillos o aullidos de chimpancés buscando eco en esta selva de las sombras.

En boca de los clientes se han colgado enunciados diversos, que en varias modulaciones y ritmos verbales expresan sus sensaciones y sentimientos, en una lluvia de palabras que de ser tantas ideas hacen realidad la conversa cósmica, en la que todos participan.

El perfume de la atmósfera es la realización del reino de la madera curtido durante millones de minutos por toda clase de materias, entre las que están diversos tipos de líquidos y gases humanos, además del humo del cigarrillo y cerveza negra. Allí también se posa una exquisita variedad de alimentos derramados en capas invisibles celebrando la felicidad de haber encontrado hogar en una corteza tan delicada, y que de manos de la grasa va escapando a la ruina material a que todas las cosas están condenadas.

Cuando ya nadie percibe la frágil presencia de la naturaleza, este vaho crea una especie de neblina azulada, que navegando por los amplios salones va a incrustarse en las ropas y piel de hombres y mujeres, dejándoles con un perfume irrenunciable.

En una de esas mesas están los inmigrantes, bebiendo cervezas en un restaurante y bar internacional en el que se vende la cantidad de 75 platos regionales, que incluyen explicación de la receta, lugar de origen, virtudes nutritivas, y en caso de saberse, mitos o leyendas relacionados con ellos, y todo eso en boca de 7 socios, que mientras atienden al cliente pueden resolver consultas diversas.

Sábado por la tarde, cuando la luz del sol empieza a opacarse, creando un estado de ánimo nuevo. Camino de la calle 14, y apenas alcanzan a iniciar la conversa, los inmigrantes se dan cuenta que desde la mesa de enfrente un hombre extraordinariamente diferente los mira.
Su sorpresa es inmensa porque están ante el rostro perfecto de un Cristo mutilado, al parecer obra de un maestro del arte religioso, que lo ha esculpido en materiales humanos tras centurias de devoción y afecto sadomasoquista. Es una figura víctima de una pasión alucinante.

Las cavidades de sus ojos son anchas y yacen vacías de luz. Ocupando un gran espacio del rostro, albergan dos ojos que sin ser excesivamente pequeños se nota naufragan y evidencian un brillo vital y extraño. Su cabello es de color amarillo, escaso y largo. Al parecer ha sido maltratado por una permanente exposición a la intemperie, y cae como paja seca sobre sus hombros. Su quijada está poblada por una barba rojiza, que no es tan grande como para ocultar la extraña pasión que va consumiendo su rostro, del que sin embargo sobresalen dos pómulos inmensos, producto no de la contextura física, sino del desvanecimiento de la carne. Parece que hubiesen sido hechos con papel periódico arrugado, y que detrás de ellos se ha colocado un juego de dientes que pese a estar perfectamente cepillados, muestran un amarillo de zarro. Su frente es amplia y está poblada de sudor, causado no por las espinas sino por la evaporación de las penas. Su piel es completamente blanca, y está cubierta de abundantes bellos dorados. Del centro mismo de su rostro nace una nariz muy gruesa, que le da a su figura un aspecto inesperado.

Su cuerpo es de porte mediano y cuando se mueve delata maneras armónicas, propias de alguien apegado a la soledad y el silencio. Se hace difícil calcular su edad, pero aunque su aspecto lo contradiga, este hombre no pasa de los 35 años, y mientras piensan en esto, los inmigrantes se dan cuenta que lo más desconcertante de su figura es una higiene excepcional, de la que emana una como aura. Lo miran absortos, y sus mentes se llenan de cristos y personajes de procesión tallados hace centurias, imágenes de seres siendo sometidos a una flagelación inmisericorde. En cuanto salen del asombro inicial se sienten confusos e intentan hacer algo que no vuelva ridículo su asombro, pero no lo logran, y por unos segundos más se quedan atrapados en la figura prístina de un ser humano extraordinario.
Emiliano siente una gran necesidad de decir algo como "a este güey se lo está llevando la chingada", pero no puede porque antes de llegar a su boca las palabras desaparecen. Tratando de superar el lapsus, el Brotherito alcanza a hacerle un gesto al Paisa, que comprendiendo el intento transmite otro gesto a Miguel, y éste a Emiliano, que finalmente se anima a levantar la mano y salir de su asiento a saludarlo. Al mirarlo acercarse el hombre se levantó con una agilidad inesperada, y hablando indistintamente en dos idiomas les dice:
- My name is Greck. Me llamo Greck, y no me lo digan lo que piensan de mí, and do not tell me what do you think about how do I look, ya sé que luzco frito -y se hechó a reir de manera tan escandalosa que los Inmigrantes salieron completamente de asombro, pero tampoco atinaron movimiento.

El momentáneo silencio posterior a la carcajada se iba tornando insostenible, y el mismo hombre, al fijarse en la expresiones de los inmigrantes se sorpendió, y como para relajar el ambiente continuó acercándose y dijo:
- Lo siente mucho amigos, I am sorry, tal vez no lo entienden inglés. Mi nombre es Greck. I am a nurse. Soy enfermero. I take care of sick people. Cuido gente enferma -y lo dijo con una voz gruesa, bastante melódica y atractiva.
- Nice to meet you. Gusto en conocerte -dijo el Brotherito extendiéndole la mano.- This one is Emiliano, from Mexico. Este otro this other one is Paisa, far away from Ecuador, vecino del Perú, you know, las guerras, y yo soy el Brotherito, allready ten times way back from Mexico -dicho lo cual todos se apresuraron a extenderle la mano, con ligeras frases introductorias dichas en inglés y castellano.
- ¿So, tú eres enfermero no? - dijo el Brotherito sirviéndole un vaso de cerveza.
- Long years ago, hace mucho tiempos. May I have dinner with you guys? ¿Podría merendar con ustedes?
- Claro -dijo Miguel, ordenando una carta y cubiertos extras.
- Salud enfermero -dijo Emilano levantando su vaso de agua.
- You folks are from Latin America? ¿Ustedes son Latinos? Must be fun down there, isn´t It? Debe ser bonito alla. -Todos respondienron con una sonrisa, que le permitió sentir que la tensión del primer momento había pasado.
- ¿Y tú?
- I grew up in Santa Fe, you know, New México. Crecí en Santa Fé, Estado de Nuevo México. Pretty wild. Muy linda. Crecí ahí desde que me era un niño, and there it was so beautiful, and so much spititual respect for life and nature, era tan linda ese lugar, tanta vida y naturaleza, but fucking town have been turning in a little Miami for cowboys, se ha convertido en una Miami para vaqueros, donde hasta venden artesanías indígenas made in Hong Kong. Pobre Santa, pero todo el resto... I tell you guys, it is paradise.
- ¿Entonces hablas castellano?
- Un poco. Just a little bit.

- ¿Dónde aprendiste?
- De cuando viví con mis papas down there in Nuevo Mexico. Mucho spañiol, todas las gentes mexicanas y otros latinos, y también los indios hablan ese lenguaje. There I was, allí estuve para casi 17 años. Long time ago. Hace mucho tiempo.
- ¿Y ahora vives aquí?
- Oh yes, veinte años hace. I like New York and it´s own gates to freedom. Me gusta Nueva York porque puedes ser libre. Free, you know. Hay tantas gentes y tantas cosas, and I now I look fried. ¿Parezco freído no?
- No, no se dice "freído", sino frito -le corrigió el Brotherito, y sin siquiera pensarlo Emiliano añadió:
- Abusado güey porque en tu caso no se dice frito, sino re-frito
- Y se desató una carcajada tan sonora e hilarante, que llamó la atención de toda la clientela.
- ¿Y dónde vives?
- Uptown 50 Street y Amsterdam.
- ¡Pa´la madre...! eso está lejos como para venirse a merendar acá no?
- There is such an invention called subway -y se echó a reir solo- hay un invento que se llama subway no... oh, lo siento, soy muy malo para las bromas, bad jocker, pero yo cada vez vengo aquí, su comida es nice, and the folcks are cool.
- Nosotros venimos porque hay platos riquísimos de todos los países latinos, y porque nos chingamos en un resturante vecino. Además los que trabajan aquí son nuestros carnales.
- Déjame traducírtelo Greek: en mexicano él quiere decir que nosotros trabajamos en un restaurante que queda alado, y que aquí trabajan unos amigos.
- Oh... ¿You guys son cocineros?
- No todos, Emiliano es lavaplatos, Miguel cocinero y el Paisa es el degollador de vegetales. Yo tengo un pequeño negocio allá en Times Square. -Entonces se acercó el mesero y les pidió que ordenasen la comida. Los inmigrantes pidieron burritos, enchiladas, tamales y un aguado de gallina, mientras que Greck pidió un plato de sancocho de Pescado y una cerveza sin alcohol.
- ¿Estará con hambre no? -le preguntó el Brotherito a Grek alcanzándole un vaso de agua.
- Bastante. A lot. I am hungry, tengo mucho hambre.
- Me alegro porque aquí todos vamos a dejar los platos limpios, nomás para que Emiliano no tenga mucha pena del primo que trabaja en el sótano.

Las cervezas llegaron y fue un buen motivo para que el Brotherito llenara los vasos y propusiera un brindis por lo que dijo era "la internacionalización de la amistad y los alimentos". Pronto llegaron los platos, que obligadamente hicieron cambiar el tema de conversación hacia el tomillo, el ajo, el cilantro, y las virtudes oníricas del plátano verde y los marsicos, unidos en un mismo plato que se llama Cazuela de Mariscos, y que llegó a la mesa como pedido sorpresa del Paisano, provocando una ovación común.
- Suerte que nostros tenemos gentes de tantas partes con sus ricas comidas. It is delicious!
- ¡Ya estuvo suave Greck! ¿No se te hace repadre ver a tanta gente de tantos lados en un mismo sitio?
- ¡Oh yea!, por supuesto, claro que sí. It's very cool. Nueva York es tan linda. Gente de todo el mundo en cada partes que voy, everywhere sus música y canciones rancheras y la salsa y la música de las Indígenas... It is great!
- Si te lo digo, está retepadre, y encima sus edificios... ¡y tantas luces!

Mientras conversaban, el Brotherito lo miraba con mucha atención, pero discretamente. Respondía a sus preguntas, mantenía la conversación con gusto, pero en su interior estaba tratando de figurarse qué tipo de persona era Greck, que teniendo un aspecto tan desconcertante, al mismo tiempo mostraba ser un hombre sensible y afectusoso.
- ¿Oh yeah? -exclamó Greek al enterarse que el Brotherito tocaba la guitarra- es tan linda instrumento, but me myself, pero yo mi mismo me gusta la música y toco el piano, and I know some latino music, y se algunas músicas latinas.
- Entonces debemos organizar una fiesta en nuestro departamento... o mejor en el tuyo porque nosotros podemos llevar la guitarra, pero tú no puedes traer el piano.
- Oh yea, mi departamento es grande, big one, y yo estoy solo. I would love it too. Me gustaría mucho.
- Sería retepadre que te aprendieras una del Cuco Sánchez.
- O mejor un guaynito, de esos compuestos para endulzar el amor.
- O un tema de los indios taraumaras, pero lo malo es que ya no me acuerdo uno completo.
- O uno del Jefe, como Dos Gardenias, acompañado por otro de lucho Barrios, dos de Alci Acosta, y de yapa uno del gran J.J.
- ¡A lo mejor puedes aprender a tocar pasillos en piano!
- Maybe, tal vez, si ustedes me enseñan yo trataré, I will try, pero también puedo tocar algunos old tunes, canciones viejas de este país.
Todos volvieron a brindar por la sugerencia, y la conversación se extendió aún treinta minutos después de la cena, cuando empezaron a despedirse.
- Bueno Grek, ahora tenemos que irnos porque mañana será otro día para Dios y la palomas.
- Orale Brotherito, no se ponga tan poético, no vaya a ser que se le enreden los cables de alta tensión y se nos circuite.
- Mañana es un día nuevo para el trabajo, pero mira, aquí en esta servilleta tienes nuestros teléfonos. Llámanos cuando tengas tiempo y nos pondremos de acuerdo en lo de la fiesta.
- O.K. folks, bueno amigos, here is my telephone number too, aquí en esta mi número también. Yo voy a ir caminando. Take care of yourselves, cuídanse mucho and hope to see you soon guys. -Dicho lo cual se encaminó en sentido contrario, moviéndose en una evocación de lo que es un sentimiento de pacífica alegría, despúes de una buena conversa y una exquisita comida.

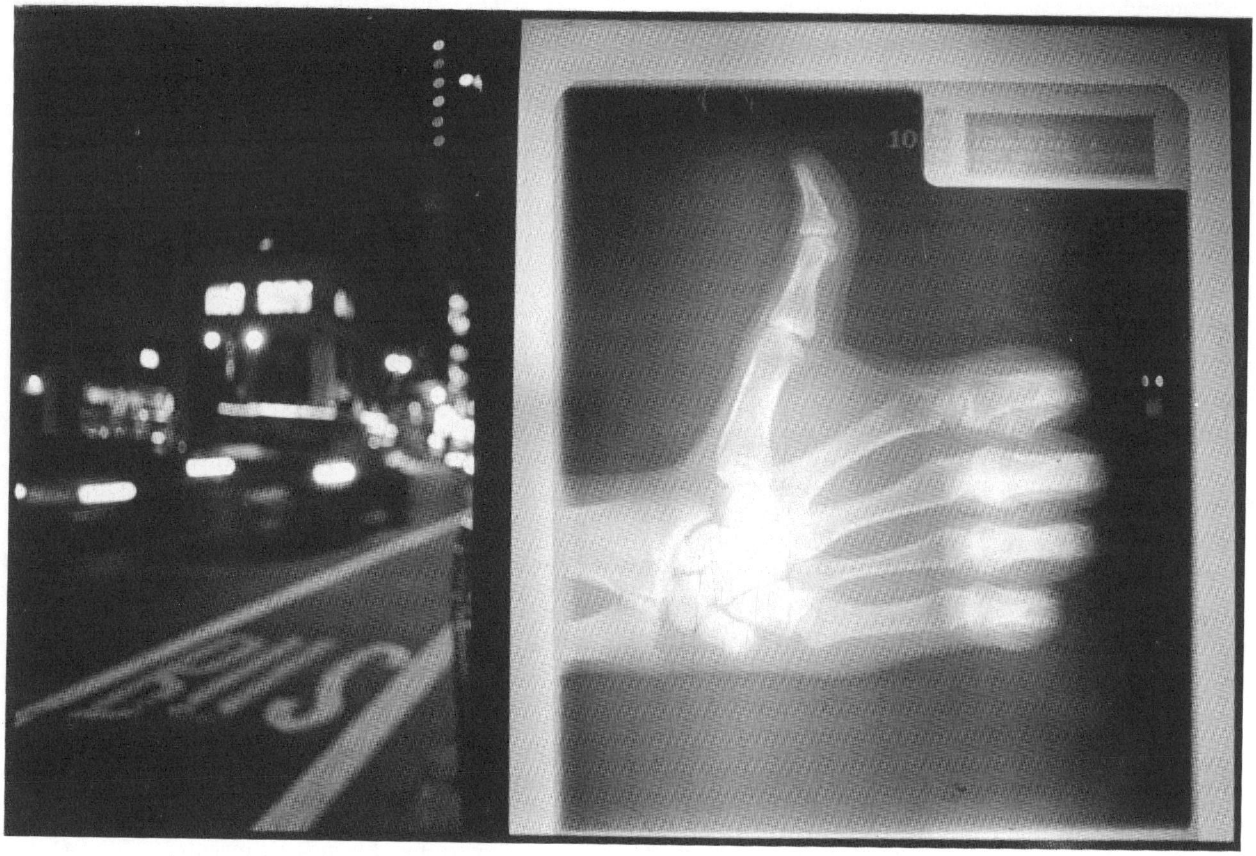

DE LOS RETECULEBRAS

Absalón es el tísico solitario, de orejas extremadamente largas, frente amplia y pómulos salientes. En la parte posterior su pelo es escaso, y por efecto de algún unguento ha logrado darle un color que sin ser el amarillo tampoco llega al café, produciendo el extraño efecto de una peluca que va quedándose calva. Su nariz sobresale del rostro por lo grande y deforme, sólo superada en tamaño por sus manos, que sin llegar al hueso puro hablan sobre cuál es su oficio primero, cuando todas las luces han sido apagadas.

Lo extraordinario de este personaje es que las funciones de su cerebro han sido reemplazadas por los genitales de manera tan funcional, que su modo de pensar se asemeja al de los justos y razonadores, con perdonables desvíos. Esta parte de su organismo ha logrado subyugar a todo el resto, y de allí brota toda actitud, definición y pensamiento. Cada uno de sus actos tiene una motivación físico genital intensa, y está claro que su vida no terminará sino hasta sentir encima suyo el peso de la tierra, indicándole que el razonamiento genital ha culminado.

Su voz es la del susurro y de la promesa, y posee la melodiosidad de quien está acostumbrado a expresar ideas poco comunes. Cuando Emiliano lo conoció por primera vez tuvo una sensación escalofriante, y al salir no se alejó ni dos pasos de la puerta, para comentarle al Paisano que aparentemente este hombre tiene ideas, pero que en realidad son una supuración que brota de un lugar distinto a la cabeza.

Ama el teléfono usado a oscuras, porque en él encuentra la libertad de construir para sí, y desde la voz que pende del otro lado de la línea, un universo de placeres en los que se mortifica. Suele ejercitar la memoria de un modo distinto, porque parte de un hecho cierto para luego ir añadiendo las fantasías de su conveniencia, entendiendo lo dicho como absolutamente verdadero. Con el paso de los años, y debido a este peculiar ejercicio, ha llegado a dominar con maestría el don de la convicción, por lo que nadie se atrevería a decir que miente o inventa.

Cuando recuerda suele abrir los ojos como si con ellos quisiera atrapar el pasado, deseando ante todo fidelidad en cada uno de los detalles que evoca. Es en ese preciso momento cuando sin que ni siquiera él se de cuenta, en su cerebro opera un proceso complejo, que provoca que lo bueno se vuelva buenísimo, y que lo malo sea relegado al plano de lo que nunca ha existido.

Uno de sus pasatiempos favoritos es la voz de Julia al otro lado de la línea telefónica, placer que a momentos llega a hacerle rechinar los dientes y helar el aire que por entre ellos, como a través de un filtro, se cuela. Es un maestro del lenguaje encubierto y a la vez un desfachatado que puede describir la cosa que desea de modo alucinantemente claro.

En diez años de vida conyugal procreó vuatro hijos y tres divorcios en Ecuador, Venezuela y Estados Unidos. En Nueva York vive extremadamente solo pero no lo siente, porque los que se empeña en llamar "los suyos", aunque de vez en cuando aparecen, en verdad no existen. No conoce el divorcio, porque una tras otra sus varias mujeres lo han abandonado al percibir que el pestilente aroma de su piel va creciendo. Por eso para él el amor dejó de existir hace más de diez años, y en su criterio apenas quedan un manojo de " vividoras destinadas a ser el calvario de los hombres".

Sólo se relaciona con la mayor de sus hijas, a la que una tarde sofocante de Caracas bautizó como Liz, con ella y su esposa viajó y convivió en Nueva York cinco años. Tras la separación fue llevado a la corte y sentenciado a pagar una pension mensual por alimentos, pero pronto quedó claro que no cumpliría su condena sin recibir algo a cambio, entonces encontró un juego nuevo y extremadamente excitante: controlar lo que su hija pudiera hacer con su corazón, sexo o cerebro. Así fue que a sus diez y siete años para Liz empezó el infierno, por soportar el cual recibe un premio de 270 dólares mensuales. Al enterarse de sus salidas con el Paisano, Absalón se convirtió en investigador privado, y se dió tantas vueltas por lugares tan variados y en horas tan diversas, que pronto consiguió sacar algunas fotos de la jóven pareja. Fue un Domingo 17, a las 5:30 de la tarde en que Liz y el Paisano fueron al cine, y él entró tras ellos cubierto con un abrigo negro, para durante más de dos horas atestiguar el sonido, la forma y el aroma de sus besos.

Liz llora el rollo ese en que está envuelta, y Absalón se deleita, confiando que de mano de Dios y de la ética, está preservando la virginidad de su hija para un ciudadano americano de nacimiento, que maléficamente intuye no llegará nunca.

Tiene 52 años y huele a algo seco. Su piel tiene la extraña tendencia a adquirir la textura de un tambor de cuero expuesto al sol por demasiado tiempo, enfermedad que trata de remediar con el uso de ungüentos caseros, mezcla de miel de abeja y avena, repitiéndose: "a la mierda con los de la Revlon".
Otro de sus pasatiempos es la compra de artefactos usados, herramientas o ropa, en casi todos los mercados de pulgas de Brookling, Manhathan y el Bronx. Cada Domingo vuelve a casa con algo de precio módico y utilidad aparente, que finalmente termina en una bodega-basurero que ha adecuado en el sótano de su departamento. Allí reposan los huesos de compresores, alicates, lámparas, radios, televisores, zapatos, equipos de golf, y una colección única de cosas tan inusuales como un colchón de agua sin agua, o una cobija eléctrica circuitada. Artefactos, cosas, mercancías compradas "a precio de huevo" sólo porque tienen algún desperfecto que él cree poder remediarlo, pero que al poco tiempo pasa a ser un muerto más en su personal mausoleo.

Absalón es tapicero, y trabaja diez horas diarias en la fábrica "Queen Size", para de regreso a casa empeñarse en obras por encargo: pequeñas composturas que tienen la virtud de dejarle algo más de dinero, y algo menos de tiempo.

BRUTAL LEX. BRUTAL COMBAT
LAS PESADILLA DE FREDDY

(Freddy' s Nightmares)

SECCION 5. Exclusión de extranjeros ilegales de los Servicios Sociales Públicos.

A la Sección 1000 1.5. A la ayuda económica e instituciones, se añadirá: "Con el fin de hacer realidad la intención del Pueblo de California, de que solamente los ciudadanos de los Estados Unidos, o los extranjeros legalmente admitidos, reciban los beneficios del servicio social público, y para asegurar que todas las personas empleadas en todas las agencias que prestan estos servicios protejan diligentemente los fondos públicos del mal uso, son adoptadas las siguientes medidas: (a) Una persona no recibirá ningún servicio social público, que en otra situación le corresponda, mientras su status legal no ha sido confirmado como:

(1) Ciudadano de los Estados Unidos.

(2) Extranjero legalmente admitido como residente permanente.

(3) Extranjero legalmente admitido por un cierto período de tiempo.

HECHO CINCO

"Se prevee un ahorro anual de 200 millones de dólares al Estado y a los Gobiernos Locales (principalmente a los Condados), al reducir los costos por prestación de servicios sociales públicos, cuidados de la salud y educación superior, pero los costos administrativos anuales que debería realizar el gobierno federal y los gobiernos locales, para verificar la ciudadanía o el status legal de estudiantes y sus padres, o de las personas que acuden para recibir asistencia médica, u otros servicios sociales, sería de decenas de millones de dólares (potencialmente más de 100 millones sólo en el primer año)". Iligal Aliens. Ineligibility for Public Services. Verification and Reporting. Initiative Status. Preparado por el Fiscal General.

C.C.H.
LOS SUEÑOS DE EMILIANO

Este es el Caldo de Células Hirvientes, cuando al cerrar los ojos a la realidad Emiliano apaga la lámpara y se duerme, acurrucado en dos imágenes sin audio que le prometen novedades para el próximo milenio.

Hoy ha llamado a su madre, enviado un paquete de cartas y tres regalos. Ha almorzado con el Brotherito, Miguel y el Paisa. El turno de las cinco se cumplió monótonamente, habiéndose quemado la mano derecha. Apaga la lámpara y se duerme en lo que él sabe es un mundo extraño, que lo ha acostumbrado a las malas sorpresas.

Veinte y siete inhalaciones y exhalaciones lo llevan al sueño y aunque desea descansar no puede: las puertas se cierran y él se ha quedado una vez más adentro, encadenado al universo del absurdo. Aquí se han concentrado un tumulto de personalidades inimaginables; buses viejos; comidas olorosas y premoniciones. A todos les une espantosos márgenes de pobreza, y la destreza espiritual para sobrevivir en ella.

En el sueño Emiliano se mira a sí mismo en una estación de tren, agarrado una maleta negra que pese a saber está completamente llena no pesa. Al encenderse un bus con destino incierto, siente que maliciosamente pone en su rostro cien libras de humo que le entran por la nariz hasta dejarlo semi inconsciente, pese a lo que se mantiene en pie, como si la carne de su cuerpo se hubiese convertido en piedra.

Las calles que mira son por naturaleza negras, con todas las alcantarillas taponadas a fuerza de tragar basura y excrementos de varias especies. Muchas de las veredas son pestilentes, con riachuelos de orina en forma de serpientes: ácido úrico disecado.

Alguién grita el nombre de algún barrio como destino, y Emiliano recupera su agilidad de pájaro herido, pese a lo que no atina movimiento. Cada poro de su piel es invadido por escenas que como testigo mudo está viviendo más allá del sueño, y la maleta junto a sus pies se mantiene quieta.

En este lugar la luz juega a ser de tonos medios, deslizándose entre las ennegrecidas paredes en algún otro tiempo de colores diversos, según las ordenanzas de una autoridad que parece haber sido asesinada en un orgasmo de humo. Paredes negras danzando en un maléfico desorden de anuncios para vender toda clase de objetos diseñados con finalidades terrestres y extra terrestres, en un intento de promover encuentros con los del tercer tipo. Nada hay que brille violeta, rojo o amarillo. De vez en cuando el azul intenso del cielo sobresale, solamente para ser devorado por un vómito de hollín que lo encementa. La luz ha sido capturada en una prisión de colores que van desde el bronce oxidado en la cara de esta gente, hasta el café claro de su tierra.

Emiliano siente que va recuperando su capacidad de movimiento, pero todos sus esfuerzos apenas le alcanzan para fregarse el ojo izquierdo, que empieza a dolerle ferozmente, pese a lo que es condenando a seguir viendo. (La maleta se abre por sí sola y deja escapar un ejército de arañas defecantes, que empiezan su tarea de contaminación estiercológica, construyendo un puente para los piés de Emiliano, que sin embargo yacen inmóviles).

Todo aquí tiene la magnífica presencia de lo oscuro, y respira una vida propia de alcantarilla. Le resulta terrible atestiguar su presencia en un sueño al que uno a uno se le fueron cayendo lo momentos placenteros, dejando apenas una sucesión de imágenes turbias, que presiente pronto se desbaratarán en hemorragias letales. Trata de cerrar su adolorido ojo, pero repentinamente siente un puñetazo que pese a provocarle hinchazón lo mantiene abierto, y Emiliano siente terror, y orina de miedo (la orina es rojiza, y es transportada al interior de la maleta por las arañas negras).

A fuerza de miedo entiende que ha sido condenado a mantener los ojos abiertos para siempre. Ahora mira buses viajando en todas las direcciones, cubriendo rutas largas y llenas de gentes apretándose hasta reventarse las espinillas y otras pustulencias. En sí llevan el cansancio provocado por el sufrimiento de ocho horas muertas, a las que diariamente han sido condenados por algún maestro de la maldad. En silencio lloran hasta llenar un balde de agua salada que alguien arroja por la ventana y que cae sobre Emiliano, que al sentirlo vomita (mira cómo su vómito mata tres cuartas partes de las hormigas negras, y sin saber por qué, llora de tristeza).

Sin poder cerrar los ojos ni quedarse quieto, Emiliano se sube a un bus y se desliza hasta la mitad del pasillo, encontrándose con cientos de libras de carne que pese a mirarlo con maleficio lo ignoran. Rostros de pómulos fuertes; ojos envueltos en ánforas con capacidad de parpadeo; manos que por sus líneas exhalan sudores en diminutos riachuelos que van a emplastarse al suelo. Abundan pelos de cebos magníficos, como una corona para la mata de pensamientos que oprimen las sienes y estrangulan las próstatas (la maleta negra quedó olvidada, y las hormigas al sentir la falta de amo se matan entre ellas).

Emiliano logra alcanzar un asiento y a través de la ventana atestigua el mundo que decurre: madres cargadas a sus hijos; hombres con caras de ejecutivo endeudado; jóvenes de pantalones largos y enredados en una loca carrera por escapar de la muerte; niñas ahorcando muñecas barbies; viejos siendo masacrados. Todos con oídos atentos, buscando de qué lado llegará el bus que les toca. Aquellos que van parados soportan con resignado agotamiento el peso de su cuerpo, depositándolo en brazos colgados de tubos, como si estuviesen siendo torturados. Ellos son los que se apiñan, los que van metidos dentro de sí mismos, sin el consuelo de una ventana o un asiento.

Emiliano siente que sus ojos son punzados con alfileres, y cuando para escapar de ese ardor intenta cerrarlos siente otro puñetazo, que le deja el otro ojo hinchado (de las hormigas negras no queda nada salvo una mancha amarillenta botando espuma violeta).

"¿Por qué todos parecen esclavos?" oye que alguien le pregunta, pero al regresar a ver no encuentra a nadie, sino la dureza de la carne con bocas inmisericordemente cerradas. Ahora siente que le duelen los pies, y que se le van hinchando las venas.

Los viejos motores vuelven a encenderse y la ciudad tiembla. El humo que hace poco se mantenía quieto se reproduce, matando los escasos grises que quedaban, condenando a todos los espacios a una oscuridad siniestra, y a un frío de sarcófago (alguien que disimula silvar una canción toma la maleta con la seguridad de estar recogiendo una cosa suya, y antes de caminar fuera del bus lanza un escupitajo que sepulta los amarillentos cadveres de las arañas).

"¡Qué desorden tan infeliz el de esta ciudad!" oye que dice la misma voz, y el dolor de sus piernas se hace más intenso, y sus venas empiezan a cobrar movimiento en várices coagulosas, que en su silencioso crecimiento van reventando la piel. Emiliano llora de dolor pero las suyas son lágrimas secas, y antes de sentirlas por completo recibe otro puñetazo.

- No pos manito, ya vieras cómo anda Puebla en tiempos de lluvia.
- ¿A poco los ángeles todavía se comen las güeras?
- No, a los muy culeros se los fue llevando la chota.
- ¿Y entonces?
- Con tanto ratero en el gobierno parecemos hormigas camino del cementerio.
- O del camposanto querrás decir cuatacho.
- Que para nomás de la conversa es lo mismo.
- ¿No me digas que ya encontraron el cadáver del Super Barrio?
- ¿...O los del Séptimo día ya empezaron a vender las entradas para la otra llegada del Cristo?
- ¡Sí que estás rete güey carnal!, parece que los Niu Yor te han consumido los sesos.
- No pos de eso hace ciento y cincuenta años manito, allá por el mes de julio de los mil novecientos noventa y siete, cuando empezó a consumarse la nueva misa negra del Pete Wilson. New Age.
- ¿A que no adevinas?

- ¿El PRI empezó a vomitar mierda?
- No pos, de eso hace ciento y cincuenta años, y todavía nadie se da cuenta... Pero mira carnalito, nomás para que tomes nota te informo que ayer llegó un camión de la Migra Mouse trayendo a Raimundo y todo el mundo.
- ¿A poco trujeron al Daniel?
- A Daniel tan, y a tu hermano Genaro, y a la chaparrita Euclides, y a la Teresa Guaiqui, y al Omar Quintana, aunque de ese sí me alegro porque era un güey bien culero y alburoso. Pero eso no es tan malo, lo cabronamente malo (casi como el "Show de Cretina"), es que les han cortado las piernas, porque los pinches gringos de la Border Police Patrol se cansaron de hacerse el viajezote trayendo a los ilegales, para después de una semana encontrarlos de regreso en sus fábricas y restaurantes. Así que la filosofía del Hombre de Cromañón (que ha de estar friéndose en las pailas de su pinche madre) evolucionó, y aunque deben invertir una chinga de plata en amputadores digitales, todavía les resulta más barato que el enmallado de todita la frontera. Así que el paisanal ahora es una procesión de tullidos en tablas con ruedas... ¡Sí está rete feo Carnal! ¿A poco no te parece culero?

Y Emiliano siente que las várices empiezan a reventársele, produciendo el sangrado letal de las pantorrillas. Tiene los ojos abiertos pero no las ve, ni puede hacer nada por ellas. Piensa. Se dice a sí mismo... piensa... es un sueño... repite... piensa... un mal sueño... pero no se despierta... "en los sueños no te dan de puñetazos" (pun, siente otro en el mismo ojo) "ni te duelen tanto las piernas" dice la voz del cuerpo ausente, y se va acostumbrando a mirar en la oscuridad, encontrando una serie de siluetas poco definidas. "Toda esa gente está condenada a acostarse con la muerte".
- ¡Que recojan esas medias apestosas!
- Pero antes que las feliciten porque vienen a pata desde Chicago.
- Son medias en romería.
- ¡Aliens!
- Y plis que les rindan homenaje en nombre de la comunidad Social Cristiana en el auto exilio voluntario.
- Además que se jugaron un partido de soccer con una de las figuras presidenciales más exóticas del tercer mundo.
- Al que la luna de miel en el Palacio de Carondelet le duró seis meses.
- El que dió a luz un hijo delfín.
- Y otro que de tanto comer fue atacado por la elefantiasis.
- Y que recibió asilo político en Panamá, donde dicen que anda cobrando algunas deudas.
- El carepiña.
- No pos, aunque fueran las medias nylon del Llanero Solitario.
- ¡Que las boten!
- Para qué también andarán cargando tantos olores... deberían hacerles pagar doble asiento y derecho de pernada.
- Son medias nylon.
- Por ser made in Japan están perdonadas.
- Guan tueni fai bus stop. Last in Manhattan... ¡El Bronx is next!
- Ponte abusado Paisa, que ahí viene la vieja cargada otra orden de katerine servis.
- Con esta llegamos al ciento de la semana.
- Menos mal que el viernes cojo un sobre con 450, y ahí sí que me voy a verle el cuero a la Selena.

Emiliano siente una puñalada en la espalda y al mismo tiempo una mano en el bolsillo, llevándose el sobre con el pago de la semana. Grita y por el agujero se le escapan los pulmones. El dolor de los ojos se agudiza y sacando de su bolsillo una navaja se los revienta, sintiendo que finalmente por ellos se le va el alma.

Despierta sobresaltado y al mirar el reloj se da cuenta que son las tres de la madrugada, y otra pesadilla en el corazón de Manhattan.

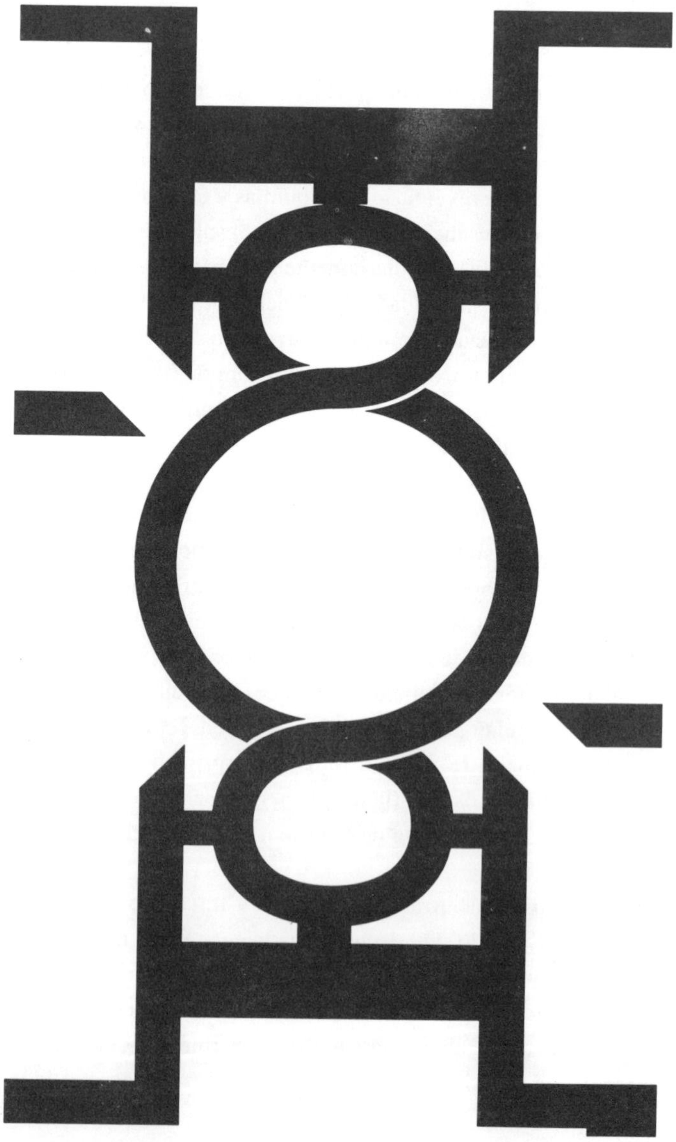

THE LANDLORD

Todos los idiomas, cualquiera sea la cultura que lo hable, reflejan el modo de vida y pensamiento de un pueblo.

En su calidad de inmigrante el Brotherito gusta reflexionar sobre las palabras que usa o escucha, buscando en el diccionario su significado e implicaciones. Las enreda y desenreda según le parece es posible, para una vez sacada su personal conclusión comunicársela al resto de los inmigrantes, que con deleite saben convertirse en una audiencia atenta. Así, una tarde de domingo en que los inmigrantes se habían reunido a jugar fútbol en el Flushing Park, y tras un partido que dejó un dominicano cojo, un brasileño hinchado los testículos por un mal balonazo, y un ecuatoriano con problemas de insolación por la tan poco recomendable mezcla de aguardiente y 90 minutos de actividad física, el Brotherito se fue en compañia de Emiliano, el Paisa y Miguel, al restaurante "Paladares Latinos", ubicado en la Calle 14.

Como casi siempre sucedía con él, y sin que viniera a cuento, luego que los demás hubieron terminado de alabar las virtudes oníricas del sancocho de bagre, y las bondades curativas de su precio, el Brotherito dijo: "Que cosas paisanos, ayer nomás estuve echándole fósforo al cerebro y realicé un decubrimiento que va a dejarles mudos a los charlas de la Real Academia de la Lingua" e hizo silencio, esperando que el resto digiriera la saludable sopa, y sus primeras palabras.

Los inmigrantes se miraron con deleite, porque sabían que se venía alguna otra ocurencia. Mostraron un silencio devoto, que dio la pauta para que el Brotherito continuara explicando su último descubrimiento.

- Lo patético de esta cultura es que tiene un empecinamiento enfermizo por las definiciones y conceptualizaciones de todas las cosas relacionadas a la propiedad, al dueño, al privilegiado, o como dirían nuestros brotheres mexicanos, por el "mero mero".

"Realizado el análisis justo, la palabra "owner" viene de "own" que significa "propio" o "yo", o "yo mismo". Luego le añadimos el "ner", que en la conjugación le da el sentido de dueño. Entonces en conjunto tenemos la palabra "dueño yo mismo", que ya es una redundacia hasta para la oreja de un sordo". Los inmigrantes no alcanzaban a entender del todo hacia dónde quería llegar el Brotherito con su disquisición gramatical, unos porque no hablaban inglés, y otros porque sabían que "ner" no significa nada ni en Inglés ni en Castellano. Pero sin ocultar su incomprensión le sonrieron, y continuaron escuchando atentos.

- Pero de entre todas, todas, la peor y más extraña palabra es una que se pronuncia "landlord", y que se usa corrientemente para referirse al dueño de casa. Así, toditos andamos siquiera una vez al mes como gallinas culecas, de un lado a otro cacareando "landlord" a izquierda, "landlord" a derecha. "landlord" del Infierno, "landlord" del purgatorio. Tiempo de pagar la renta, tiempo de pensar en el "landlord", si hubo algún daño en la casa: "landlord" para llamarlo, si el daño no es culpa nuestra, o para evadirlo si por algún infortunio lo causamos nosotros... si no limpias la acera, si no tienes abrillantados los pasillos, si tienes que buscar otra casa, si te suben la renta, si tienes 8 personas más de las permitidas en el departamento, si es tiempo de conectar el enfriador, o si es tiempo de conectar el calefactor... Todo este mundo de situaciones críticas tienen que ver con el "landlord", ¿y saben mis brotheritos qué mismo significa esa palabra?

Los inmigrantes apenas habían vuelto a meter la cuchara al plato, cuando Emiliano alcanzó a responderle:
- Pos esa sí que está retefácil Brotherito... ¿o a poco va a decirnos que el tal "landlord" no significa el chango dueño de casa?
- Aparentemente brotherito, porque "landlord", traducido a una de nuestras lenguas maternas significa dos cosas -continuó el Brotherito, y como quien quiere que la cosa quede claramente explicada, dibujó en una servilleta la figura de un hombre agarrado un fajo de billetes, y continúo diciendo- nosotros no somos sino unos miserables arrendatarios (excusando la expresión) condenados a la pena capital de pagar mensualmente un arriendo a cambio del derecho que nos asiste a vivir bajo techo, que en nuestro caso se reduce a dos metros cuadrados de suelo por cabeza: entonces lo primero es que "landlord" es el reconocimiento implícito a estar ocupando territorio ajeno.
- ¿Ya se volvió a poner analítico Brotherito? -le interrumpió el Peruano.
- Pero permítanme continuar, que la cosa no queda ahí... Reflexionemos que en nuestras tierra naturales "landlord" se traduce como el que tiene la tierra, o el terrateniente. En la Europa Medieval, y creo que aún hoy en nuestros días, es sinónimo de un caballero grande, que se asoma a su ventana y aprecia sus vastos feudos. Pero ya descuartizando la palabra diremos que "landlord" textualmente tiene dos voces: "land" que significa tierra, y "lord" que es el "señor". Entonces "landlord" es "el Señor de la Tierra", pero yo les pregunto: ¿existe en todo el planeta tierra, y sus galaxias aledañas un sólo dueño de casa que merezca ser llamado "El Señor de la Tierra"? -y se quedó mirándolos, mientras ellos casi se habían olvidado del sancocho.

- Estos señores están cabronamente locos, porque han sido capaces de llevar una palabra tan bonita como "landlord" a una expresión vulgar de propiedad privada, cuando según los sabios, "landlord" es palabra que hace referencia a Dios o a los grandes reinos, o a los señores antiguos que lo tenían como símbolo, y no a un grupo de mortales que tienen la dicha de poseer un bien y arrendárselo a otro... ¿ahora se dan cuenta? del defecto idiomático Brotheritos?
Sin responderle todos se volvieron a lo que quedaba del sancocho, cada uno pensando a su manera, reflexionando en el último descubrimiento del Brotherito. Emiliano dejó la cuchara y con cierta ironía dijo:
- Pero al Paisa no le chinga solo el "landlord", sino también el pinche Mario, que vendría a ser un "land-land lord", nomás para significar "el que arrienda la tierra y le chinga al Paisa"... ¿Cómo le parece el análisis Brotherito? ¿O a poco no está de madres, Paisa?

THE LATINO POW WOW

PALABRAS

Muchos otros podrán andar de luto, pensando en sus muertos ilustres, o al menos en sus cadáveres conocidos, pero nadie tendrá más convicción en su negro intenso, que aquellos que han sido sepultados en cañerías y acueductos de ciudades industriales, sin la más mínima posibilidad de un avión que los devuelva a casa.

Ellos son
las semillas más necesarias
en el amor a la sagrada tierra de Manhattan.

Muchos oscuros caminos van a venir a seducirnos con sus cantos. Como pajarillos en las flores van a ser. Como mirar el atardecer en el desierto. Así mismo de intensa va a ser esta experiencia, en la que se amontonarán millones de gentes pobres para golpear las fronteras provocando un sangrado que de no ser detenido a tiempo va a contaminar las aguas y el aire, convirtiendo al universo en un campo de concentración cuyos administradores volverán a ser los mismos luciferes de todos los días... como el pan nuestro de la violencia. "Y a ellos los juzgaréis conforme manda mi palabra, y sobre sus hombros depositaréis todas las penas causadas." (Apocalipsis 11:27)

DEL ANGEL Y SUS IMAGENES

1

Las tardes se han acumulado entre la Quinta avenida y la calle Lexinton. El número de suicidios ocurridos aquí apenas se iguala al número de palomas que anualmente se reproducen algunas cuadras hacia el Este, en los amplios techos y jardines de la Librería Pública. Cadáveres y palomas se hacen compañía, alimentándose de las migajas de memoria que de vez en cuando les lanza el peatón, detenido en una hora que no cuenta en las manillas del recuerdo.

El Paisano entra en un deli market ensayando un "buenas tardes" en castellano. Compra una docena de cervezas chinas recibiendo junto con el vuelto una sonrisa compleja, estacionada entre la felicidad de ver una mujer embarazada y la preocupación por el cargamento de frutas que no llega.

- Sólo a usted que no sabe se le ocurre decir que éste es un buen negocio, pero conforme llega la noche a uno le hace sudar más que a testigo falso -le comenta el vendedor, identificándose como boliviano.
- No se ve mal, y ésta no parece una mala zona -le dice el Paisano, señalándole el destapador.
- Aunuque usted no lo crea, en Nueva York no hay zonas del todo buenas como para estar tranquilo. Creo que hasta los ricos de Park Avenue duermen bien atrancadas las puertas.
- ¿Por qué si usted es boliviano la tienda se llama "Punk Mink" o no se cómo? -le pregunta luego de beberse un trago largo de cerveza, que en su garganta le sabe a primavera.
- Porque el dueño es coreano, yo sólo soy su empleado -y mientras lo dice entra un cliente y pide un té helado y dos pasteles de queso, al mismo tiempo que en el lenguaje de los gestos una anciana le pide algo de comer.
- Oye ecuatorian: ¿usted entiendes a la vieja?
- Parece que le está pidiendo algo para llevarse a la boca.
- ¡Ah!, entonces tenga la bondad de pasarle una de esas dentaduras postizas que se usan para convertirse en vampiro -y lanza una carcajada que asusta al cliente y a la mendiga, que sin esperar más abandonan la tienda.
- Ya ve ecuatoriano el poco sentido del humor que tienen estas gentes -dice, y el Paisano disimulando el mal rato termina la primera cerveza y se despide, guardando en una mochila el resto de la docena.
- Oye, ojalá que agarres una buena mamona con esa cerveza, que de paso le informo tiene polvo de una raíz que al emborrachar puede soldarte los huesos de la lengua -y volvió a echar una carcajada ante la que el Paisano se sintió indefenso.

2

"Generalmente nadie sabe qué mismo vino a hacer aquí, y ante tal desorientación todos terminan convenciéndose a sí mismos que el motivo único de su riesgosa aventura es el dinero, sin atreverse a confesarle a nadie (y mucho menos a sí mismos) que también han pensado en un matrimonio conveniente, en nuevas oportunidades de distración, en conocer las luminosas playas de California, o que simplemente se vienen fugando de algo que ya ni recuerdan. Por ese desentendimiento es que amontonen los dolaretes que amontonen, seguirán siendo tullidos para volverse a su país de origen".
Levantó la botella muy alto, aduciendo que sería oportuno brindar con la luna por el nuevo amigo de esa tarde. Sacó de su morral un estuche de pinceles, y pretendiendo dibujar en el aire una escena cósmica, provocó una sonrisa en el Paisa, cuando le preguntó si acaso no le parecía bella.

- "Yo tengo una hermana que ha juntado tanta moneda que le pesan las maletas. Vive comprando todas las ofertas que se anuncian en radios, periódicos y televisiones. Si usted tuviese el honor de visitarla se daría cuenta que de la gran casa que posee en Brooklin, apenas le quedan dos o tres huecos donde dormir con sus hijos, porque el resto lo ha convertido en bodega. Y se queja de esta maravillosa ciudad, y jura que el próximo verano volverá a nuestro país, pero ni ella misma se lo cree, porque all the way back, va jurando regreso desde hace 15 años, de los treinta que lleva de citizen". Vuelve a tomar los pinceles, y dibuja en el aire una escena que dice se llama "Infierno Poético". El Paisa le extiende otra cerveza, y le felicita porque afirma que ahora sí puede ver la escena, y que le parece muy bella.

- "Muchas gracias mi amigo, y es que esta ciudad mágica pese a toda su fortaleza es atacada de continuo por olas malignas de realidad obtusa, que dañan todos los sensores poéticos de quienes vivimos en ella. Lamentablemente el hechizo de que los inmigrantes somos víctimas, se disipa en el monótono ejercicio de la sobrevivencia sin el deleite de las artes y la cultura... Salud amigo, y déjeme decirle que todas las personas que cruzan la frontera vienen felizmente trastornadas, por lo que aquí enloquecen completamente. -El Paisano se recuesta poniendo su mochila de cabecera, cierra los ojos y se concentra en percibir las palabras que suenan.

De entrada abjuran distancia eterna con la mugre de nuestras ciudades tercermundistas; ante la modernidad americana creen tener una idea perfectamente clara de las formas y contenidos del subdesarrollo, pese a que la gran mayoría no sabe ni qué mismo quire decir tal calificativo. Cercenan la natural belleza de sus cabellos con aguas colorantes; hablan inglés con una defección extraña, y al menos durante un largo ciclo, sus mentes miden el tiempo entre el espacio de una buena conducta que implica llegar a la Residencia, y el otro calvario hasta la ciudadanía. Es un acto de malos hechizos que nos ha aplicado el Gobierno Federal, que nos induce a espejismos reiterados, con los que nos hipnotizan para que dejemos de ser lo que somos, y tratemos de convertirnos en lo que son ellos. Esto es un hechizo muy fuerte porque a sus víctimas las deja en el limbo, al no poder volver de regreso a sus raíces, ni ser capaces de transmutarse en algo distinto. ¡Es imposible cambiar las esencias! -y vuelve a tomar los pinceles, y mientras los limpia y envuelve en una franela continúa diciendo:

En lo personal me fascinan las familias con ese sentido tan sublime de crear espacios de identidad en medio de esta marea. Cuando he pintado sus rostros me he inspirado en esa aurea de belleza natural que cobija a todo inmigrante sin prisa por abandonar lo que es, y lo que para él significa su cultura. En lo que a mí respecta, y como usted mismo es testigo, me auto marginé. Mi problema es que amo Nueva York, pero en invierno el hermoso cielo se queda sin sol, y aunque me empeñe en evocarlo con mis pinceles, no aparece. En Otoño los árboles se pelan; en primavera vuelven a poblarse de miles de hojas; y en verano brilla un sol radiante, que quema las suelas. Cierto es que uno por naturaleza nunca está conforme, pero créame que es posible vivir en armonía con los elementos, en cualquier ciudad o clima. -Levanta la botella y a través de ella mira la luna, que esta noche aparece llena. Le gusta el color que le da el vidrio y decide que pronto va a reproducirla en un lienzo magnífico.

En el cuarto que moro no tengo nada sino espátulas, pinceles, cartulinas, lienzos, y otro montón de obejetos de valor, que hacen la vida sincera. Tengo vista al océano porque dibujé una gran escena de la bahía Newyorkina, además cuento con el privilegio de navegar cuando quiero en el Río de la Plata, porque una a una colecciono todas las fotos y postales que me envían mi compañera y mis hijos: ¿qué más puede pedirse al cielo...? pero... ¿usted no habla?
- Discúlpeme, pero con la sexta cerveza se me fueron las palabras.
- ¿Acaso no es ésa una magnífica experiencia...? A mí se me fueron desde el momento mismo en que fui invitado a ser partícipe de los tantos mundos en esta materialización del espíritu llamado Planeta Tierra. Desde entonces me decidí por los pinceles, y desde hace quince años me he dedicado a pintar exclusivamente los rostros de los tan diversos seres que habitan esta ciudad mística. Una mañana de marzo de 1980, cuando por primera vez puse un pie en esta tierra, me di cuenta que lo realmente bello no es la impresionante arquitectura, o el exótico entorno material de Nueva York, sino los rostros de las millones de personas que lo habitan. Todos son como la perfección de Dios materializada, y como por una iluminación alcanzada al pie del edificio del Empire State, decidí que desde ese momento me dedicaría a pintar sólo retratos y paisajes imaginarios de los lugares de donde proveniesen los retratados ...Me gustaría lograr un inventario de todas las razas que mis ojos vean, para que el conjunto de los hogares de mis momen-

táneos clientes, conformen el museo más grandioso de rostros humanos concebidos por Dios en esta dimención material... ¿Acaso no sería sublime...? Salud... pero permítame que le cuente: usted no le dice nada a la gente, sino que se ubica en su espacio de artista, saca los materiales, cuelga de un hilo un par de modelos magníficamente realizados y ellos vienen solos, y le piden un retrato. Entonces mientras con lápices evoca las líneas fundamentales de su alma marcadas en el rostro, les va preguntado sobre su lugar de origen: cómo es su casa, la forma de los árboles que conocen o cómo es el paisaje más bello que hayan visto en su pueblo. El cliente se relaja y le va contando, y usted ya se lo figura y al final del retrato le añade el paisaje narrado, que siempre le va a gustar al retratado porque es la meterialización de su propia percepción, trasmitida a través de las palabras.

- Me imagino que debe ser como viajar constantemente -dijo el Paisa sin abrir los ojos.

- Créame que sin moverme de mi silla he andado por casi todos los rincones del mundo, y he visto cómo son los países más distintos. Como ejemplo le menciono que parecería que la China es solamente un lugar inundado de gente y que produce baratijas ingeniosas, pero no, la China es el lugar donde se mezclan los colores, porque el armónico entorno de una cultura antigua y una naturaleza bella se refleja en el rostro luminoso de un chino feliz, que pinté el 12 de Mayo de 1982, a las 4:40 de la tarde... México es todo al mismo tiempo, pero más que nada estrellas y más estrellas como Estrellilandia. Río de Janeiro me pareció fuértemente poético porque no hay mezcla tan perfecta como el mar, la arena y gente tan bella. Polonia es toda de blanco; Nuevo México, como todo desierto, es la casa de Dios expresada en atardeceres violetas, que en sí abarcan el cosmos infinito... Si siguiésemos hablando de lugares distintos usted se daría cuenta que en millones de años de evolución los humanos hemos creado una geografía psíquica en la que se conectan todas las atmósferas posibles de imaginar: desde grandes gethos suburbanos hasta escenas de quirófano, o aislamientos uni-personales. Créame mi amigo que las cosas no son lo que aparentan, y lo bueno es que alguna vez en su experiencia incluso el ser más enajenado descubre su pertenencia a un espacio en que su alma se siente en casa. También ése es mi trabajo.

El Paisano casi se había dormido, y mientras hablaba, el Angel de las Imágenes había sacado su cuaderno de dibujo y sin que se diese cuenta lo iba dibujando tal y como estaba: recostado y con los ojos cerrados. Sin permitirle sospecha alguna le preguntó:

- Ecuatoriano: ¿cómo mismo es el lugar de donde vienes?

- Ya no me acuerdo -le contestó con un acento extraño.

SHOPIN O VITRINEARSE

(El sagrado arte de retorcerse el cerebro)

El acento de sus voces está hecho con algún sonido cristalino extraviado entre dos edades incompletas, o al menos en este gran centro comercial así suma, y aquello que dicen lo refleja: medio arrullo, medio suplica, exigencia, o pena.

El espacio en que viven (y comercian) es como una gran bóveda craneal sin cerebro, cuyo vacío produce ecos. Está construida con un sistema de sensores murciélago, que confiere a quien la habita o visita, un infalible sentido de la ubicación, fundamento de todo negocio.

Con morbosa devoción anuncian una serie de productos excéntricos como cremas de aleta de tiburón capaces de devolverle la virilidad hasta a un muerto. Grasa de ballena que evita la caída del pelo. Aceite de oso contra el arrugamiento cutáneo, todo con precios, materiales y diseños que como de sombrero de mago van apareciendo en una infinidad de detalles, dependiendo de la habilidad del personaje que cumpla el rol de vendedor o de cliente.

Con la misma morbosa devoción con que exhiben productos de muerte, emiten fórmulas sacramentales, que cuando suman más de dos producen lo que en el campo del marketing es conocido como "diálogo": el espacio que los interlocutores se dan para demostrar que algo saben de cualquier materia.

- ¿Cómo está usted esta mañana?
- Increíblemente bien.
- ¡Grandioso!

Es la fórmula inicial luego de la que es conveniente emitir una sonrisa perruna, dependiendo de la situación y los personajes, expresando así una discreta predisposición a la compra o a la excusa. Seguidamente se hace referencia a la calidad y virtudes del producto materia de la transacción dando mayores detalles a pedido de parte o volunariamente, en un acto de estricto comercio.

- Lindo material.
- El diseño me parece original, ¿me podría decir qué significa?
- ¿Cree que me alcanzará?
- ¿Combinará con el orange, que es mi color favorito?
- ¿Podría modelarlo para mí?
- Me parece tan espiritual.
- ¿Tiene uno de color un poquito menos chillón?
- ¡It is gorgeus!
- Oh, what a wonderful piece.

- Thank you.
- Es uno de los símbolos mágicos de los indios Zuni, traído a nuestra afortunada época, de modo exclusivo para esta tienda por el diseñador Fulano de Tal.
- Le quedará perfecto. Créame, tengo una hermana exactamente de su talla.
- Wow, la combinación con el orange resulta simplemente encantadora.
- Ah, será un placer, además que me encanta sentirlo en mi piel... me da la sensación de que aún está vivo. You know.
- Es sólo la primera impresión... ya verá cómo mejora con el tiempo.
- Ciertamente lo es, considerando especialmente las cualidades del material, y el significado astral que posee el animal en cuestión.
- Ah, la variedad de colores en que tenemos este artículo, por decir lo menos, y sin querer ser exagerado, resulta infinita.
- Yes it is!
- Tank you so much. Siempre es un placer encontrar personas de gustos tan refinados por las cosas que nos brinda la madre naturaleza.

Seguidamente, y tras escuchar con falsa atención cada una de las respuestas, puede hacerse referencia a las condiciones climáticas, y si es del caso (no muy común por cierto), a la situación física o espiritual de alguno de los actores. Resultará ineludible hablar de las maravillas de la maternidad si afortunadamente una mujer embarazada está de por medio, o lamentar la aún no invención de una vacuna que elimine el virus de la gripe si alguien estornuda. Las fórmulas van más o menos en ese orden, y no tienen necesariamente que significar algo: no una preocupación o interés real, no la expresión de un estado saludable de prosperidad y ventura, ni siquiera la sana curiosidad de quien se interesa por sugerir algo. Son frases sueltas, que jamás implican compromiso afectivo alguno, sino que muestran a una persona de mundo, que está acostumbrada al roce de las super diplo tiendas.

A estas fórmulas se añaden expresiones como "such a good price" (qué buen precio); "it is a good deal" (es una ganga); it is nice (es lindo); "quite expensive but fair" (un poco caro pero vale la pena); "I just love it" (simplemente me encanta), poniendo un discreto énfasis en la palabra "just", lo que tampoco significa que la venta esté hecha, porque cuando el vendedor ha sonreído con una finalidad estrictamente mercantil, el cliente puede añadir la fatal sentencia de "oh well, let me think about it" (déjeme pensarlo), pudiendo considerarse en el 98% de los casos la venta fracasada, porque el cliente difícilmente lo pensará, aunque su boca haya logrado una magistral composición educativa para expresar "solamente lo contrario". Pero el vendedor no se da por vencido, y aún ensaya dos o tres estrategias comerciales como mostrarle otros colores, y si es audaz y tiene intuición, aún podrá atreverse a sugerir otro producto de la misma línea, y si pese a todo este esfuerzo la venta no se realiza, este personaje ensayará una frase de cortesía sorprendente, considerando lo dilatado de las circunstancias, y dirá "please como back another time, it will be a pleasure to see you again" (por favor vuelva, será un placer volver a verlo).

Palabras dichas a costa de nada, expresadas con el justo y equilibrado acento que las circunstancias lo requieren. Palabras majestuosas, que conforme han pasado los años, y las generaciones ejerciendo este arte, terminan vacías de significado, dentro y fuera de los centros comerciales.

Por cuarta vez en menos de 30 minutos Emiliano exhibió su sonrisa, cuando junto con el Paisa caminaban al interior de este centro de compras, haciendo tiempo hasta que Liz llegara.

- Qué cosas tienen estos culeros... ¿Te recuerdas que el pinche vendedor le dijo a la señora que era "maravilloso" el abrigo de oso que llevaba puesta, y luego volvió a decir lo mismo para referirse al niño que llevaba en el coche?
- Creo que ninguno de los dos saben verdaderamente qué mismo significa esa palabra.
- ¿A poco lo crees?
- Pues así parece.

Y a la gran bóveda craneal se suman parlantes con sonido estéreo, asfixiando el ambiente con música de restaurante vegetariano, pero sin rayar en la devoción krishna, ni en el insípido virtuosismo de James Last. Música que a los oídos de los inmigrantes suena como una mezcla venenosa entre lo más aburrido del clásico, y temas compuestos por encargo para este tipo de sarcófagos. Temas para ayudar a la gente a no sentir nada, siendo su arte supremo el lograr pasar desapercibida.

Y los ojos inicialmente ávidos de Emiliano y el Paisa naufragan en en el vaho de las mercancías, recorriendo varios niveles de tiendas que en conjunto parecen un museo de arte zoomaniático en decadencia, instalado en escaparates de decorados sugestivos, que evocan escenas salvajes, de lugares que tal vez ya ni existan. Ante ellos con asombro se sacan lentes y gafas, se los vuelven a poner procurando un acercamiento medianamente racional al producto, brindándole a sus rostros un brillo de incredulidad, que finalmente se transporta al de la más frustrante incomprensión del por qué, o para quién.

Sentados en una banca se dan cuenta que el paso del cliente y del vendedor es el paso de quien decidió levantarse a estirar sus piernas tras varias horas de meditación ante el sarcófago de un cuerpo que ha sido velado durante ocho días consecutivos: es pausado, analítico, con un aire de elegancia ensayado en toda una vida dedicada a recorrer centros comerciales de contenidos diversos.

Mientras tanto los minutos se ciernen como una nata imperceptible sobre los atuendos de los marchantes, dando su definitivo "adiós" a la apariencia de lo nuevo, que a modo de "out fit" cubre el cuerpo de vendedores y clientes, entregándoles al finalizar el "vitrinazo" la patética apariencia de pordioseros cargados de vistosos paquetes.

Tras un decorado de carroza estacionada en el oeste hacia finales del siglo XVII, aparece flotando la imagen de un hombre de estómago sacrílegamente hinchado, que lleva un sombrero de vaquero estilo tejano, un par de botas enlodadas intencionalmente, y en la boca un puro masticado hasta la extracción corrosiva del cáncer. Alrededor suyo, y colgados de elegantes ganchos, se exhiben pieles de animales flagelados: osos, zorros, venados, búfalos, vacas, armiños, conejos, y una variedad extraordinaria de felinos extraídos de la selva.

En las paredes y en los pisos yacen acomodados en grotescas escenas animales disecados, en uno como museo del horror que sólo pudo haber sido concebido por la especie humana en su peor grado de decadencia. Se venden carteras y zapatos de cocodrilo. Caparazones de tortugas decorados con exóticas pinturas de Centroamérica. Llaveros hechos con patas de zorro. Alfombras de tamaño natural con el animal víctima abierto la boca. Cráneos de toro en cuya cornamenta se han incrustado pedazos de bronce que les dan un aspecto infernal, que sin embargo es calificado de "maravilloso". En una percha separada se exhibe una gran variedad de abrigos de todo tipo, muchos de los cuales, a modo de toque "chic", llevan de un lado la cabeza de un animal mutilado. Este es el centro comercial de la taxidermia, o el arte de deleitarse con lo muerto.

Tiendas y más tiendas, unas más grotescas que otras, decoradas con una intuición comercial tan exquisita, que adquieren el maleficio de la belleza falsa: una galería que expone todas las deformidades posibles.

A un lado, y como el negocio más exitoso, se abre la "galería de las mariposas", en la que tras gruesos ventanales de vidrio se despliegan escenas creadas con una multitud de mariposas muertas, crucificadas con alfileres en paneles que las contendrán por decenios. Son cuadros de diversos formatos y tamaños, destinados a decorar suntuosos espacios de seres a los que este ejercicio caníbal ha privado de toda capacidad de raciocinio. "Casas y oficinas, salas de espera, pasillos o ventanales de su empresa, lo decoramos todo con esta belleza", dice un anuncio pintado discretamente en uno de los vidrios, promocionando este arte del maleficio. Allí además se especifica el nombre de la mariposa, su lugar de origen, el año en que fue sacrificada y el precio, que siempre alcanza sumas exhorbitantes.

Y las mariposas asesinadas parten para todos los rincones de la unión Americana: Idaho, Cleveland, Ohio, Jersey City, South West Florida, Kentucky, Alabama, Mississippi, Texas... perfectamente empacadas y emitiendo el sagrado color que la naturaleza les concedió en procesos mágicos, de los que ni el cliente ni el "artista" tienen idea. Las hay del Zaire, de las Guyanas, del Brasil, de Ecuador, de Guatemala, de las Islas Fiji, de México... en un despliegue intercontinental de lugares a los que la muerte ha llegado. Y para sacar de su asombro al Paisa, Emiliano le hace notar que la música en los parlantes sigue sonando sin que nadie se dé cuenta, y la clientela se detiene ante cada vitrina emitiendo juicios y sentencias sobre lo bello y sacrificado de traer mariposas desde Oceanía, y va vaciando los bolsillos, llenando sus hogares de productos que terminan hacinados quién sabe dónde, y al siguiente día América despierta nueva y voraz, a seguir proveyendo.

- Es una locura que en este país todo lo materialmente nombrable exista y venga etiquetado, listo para la venta, vivo o muerto.
- Si te digo carnal: estos culeros son unos maistros del shoppin o vitrinearse: el sagrado arte de retorcerse el cerebro.

MY MACY' S

O EL SUPERMERCADO DE LA CALLE
(Donde al aire libre y sin impuestos
se transaccionan objetos bien y mal habidos)

"I'm trying to make a living. The police should be arresting these people selling drugs and turning tricks, not people selling merchandise... Oh well, you are righ, they are trying to make the living too."
(Frase escrita en un teatro de la calle 42).

Alrededor de Astor Place, todas las tardes de verano -y las menos frías de invierno- se despliega un gran mercado de vendedores ambulantes, que según informes policiales comercian ilegalmente productos de dudosa procedencia, que van desde aparatos electrónicos hasta cartas de amor, que pueden servir de anecdotario, modelo o inspiración.

Los vendedores en su gran mayoría son afroamericanos y latinos, habiendo uno que otro, que con su inglés perfecto pone una nota de color e internacionalismo a un mercado estrictamente tercermundista.

Se rumora que aquí gran parte de la mercancía ha sido dada de baja en los grandes almacenes, o recolectada en casas y departamentos de ricos. También se dice que no faltan cosas mal habidas, sin que nadie se atreva a afirmarlo o negarlo, dándole a la atmósfera un carácter de pecado venial, que en la sociedad del raciocinio se vuelve mágico.

Entre las decenas de personas originarias de muchos países del mundo, allí trabaja un puertorriqueño que por cada venta que realiza (y sin cobro extra) ofrece un discurso sobe lo bastardos que son los anexionistas. A él como abreviativo de Boricua le llaman "Bory", palabra que según los entendidos debe pronunciarse con la boca bien abierta y el corazón en una isla. Al igual que todo el resto de comerciantes, el Boricua ocupa siempre el mismo sitio, cumpliendo una ley no escrita pero que es fundamento en el código de honor del mercadeo callejero. Generalmente todo lo que él vende es usado: zapatos, perfumes, libros, ropas, radios, planchas, revistas, y una amplia variedad de objetos inimaginables, especializándose en ofrecer "Novedades de Temporada": productos que nunca antes existieron, o que nadie más puede ofrecer.

- Muchacho, que en vísperas del invierno traigo un poema de Alexei Bermuda Guano, que frotado en el pecho de la persona amada atranca el mal de congelamiento. Made in Japan. O chico, si estás planificando un viaje a la China aquí tengo un manual de los hoteles que por el mismo precio te ofrecen no sólo el desayuno gratis, sino además un tour por el arrozal, y dos camareras encargadas del masaje diario. O si lo que necesitas es dinero, aquí traigo el invalorable manual intitulado "Mil y un formas de evadir los impuestos".

A su lado hay un salvadoreño que vende libros de todo tipo. En el puesto esquinero hay uno que llegado desde las Islas Vírgenes se especializa en inciensos y aceites naturales. Más allá está uno que vende latas de cerveza convertidas en lámparas y ceniceros. Del otro lado de la acera está una mujer con un cochecito, ella vende comida donada por el Cuerpo de Paz, en medio de un aroma de maní enconfitado, que brota del cohe de su vecino.

Todo por allí es un amontonamiento de gente ofertando, siempre alerta a los productos menos usados. De vez en cuando aparece la policía para desalojarlos, unas veces llevándose a alguno y otras rompiendo sus cosas. Siempre hay alguien alerta, y hasta se diría que las palomas son sus cómplices, que al escuchar las sirenas a lo lejos provocan una estampida maravillosa. Si con anticipación alguien alcanza a gritar "POLICE" aún quedará suficiente tiempo para llevar el negocio a algún otro lugar de Manhattan.

Un dolar, cien o veinte son sólo cifras en un mercado que más allá del comercio es la reminiscencia de lo "tercermundista" en el corazón de Manhattan: un lugar para comprar y vender regateando los precios sin ningún complejo; un espacio para charlar sobre la salud, el amor, los lugares de origen, los sueños y los hijos.

- Chico sujétate bien que éste es el "My Macys", sin nada que envidiarle a la gran cadena de tiendas MAYCY´S, en la que te venden los mismos cacharros al quíntuple de su precio, sólo porque están tras suntuosas vitrinas, y porque son ofrecidos por perfumados que tienen el gusto de desatar una marea de virtudes imposibles en sus productos. - Y mientras el Boricua decía esto llegó la policía y se volvió a armar el escándalo cuando una mujer desesperada por la expropiación de sus cosas les gritaba "¡soy comerciante informal grupo de hijueputas, cómo voy a vender teléfonos con título de propiedad!".

Así las calles de Nueva York también son una vitrina donde se exhibe lo mágico de la sobrevivencia de hombres y mujeres que han creado su propio espacio en una ciudad que a veces parece saturada de seres excéntricos y ciudadanos, pero que realidad es una urbe que alberga a todas las culturas.

Siendo la una de la madrugada la presencia de la noche se hace completamente perceptible, y los vendedores ambulantes vuelven a casa, que generalmente se disfraza de trenes, asilos, esquinas, gradas, portales, o barrios de renta barata, de esos que afortunadamente todavía le quedan a la Ciudad de los Rascacielos.

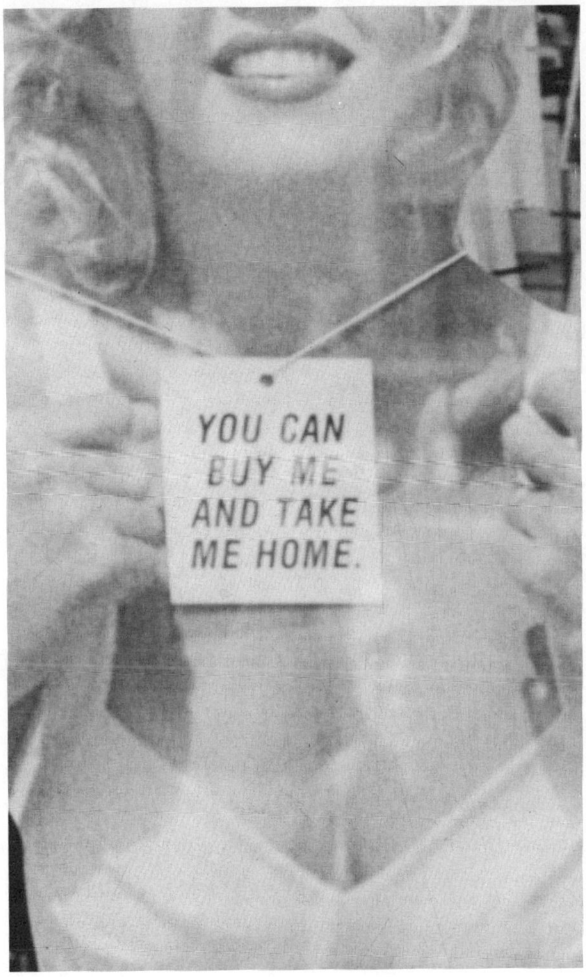

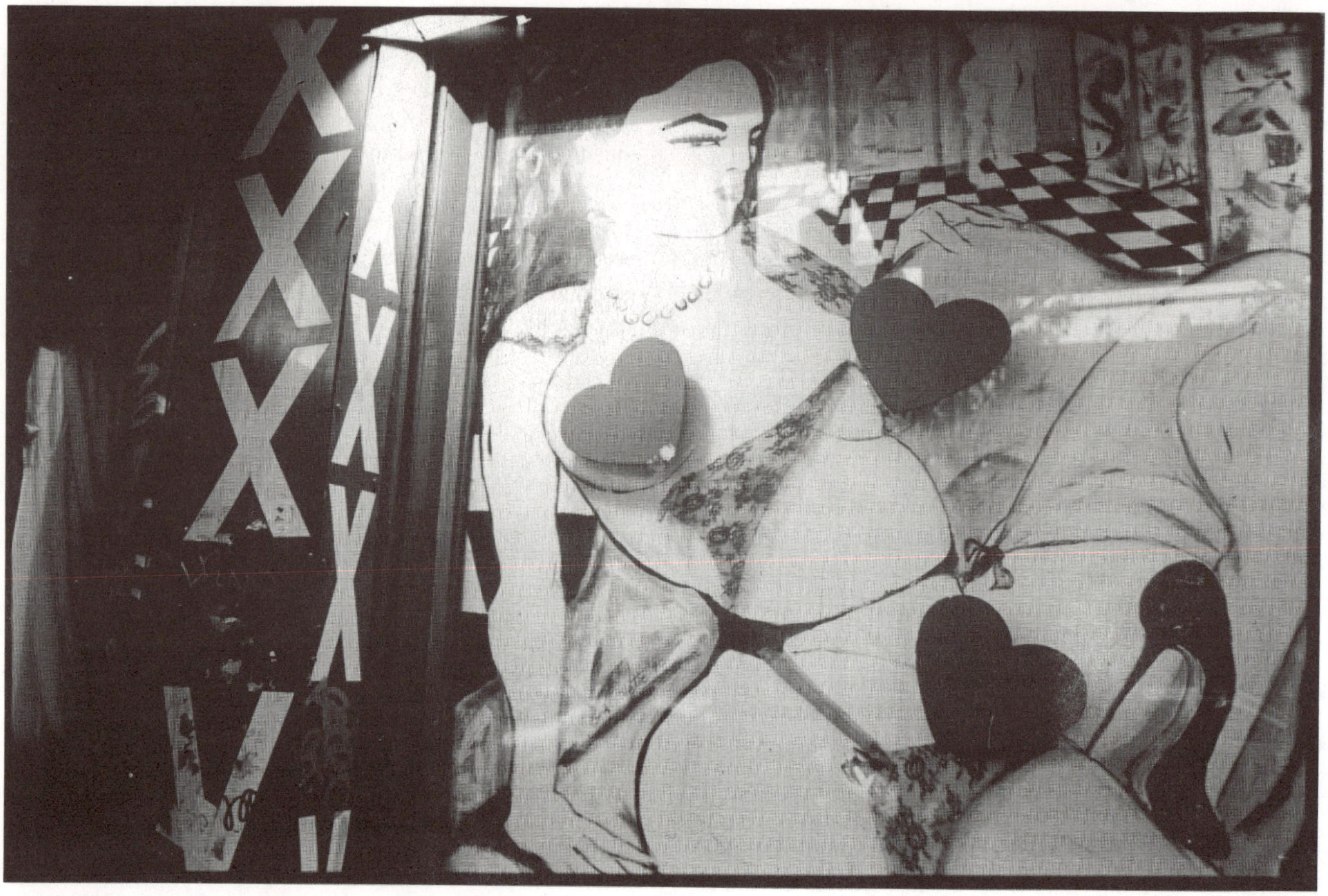

GOING UP THE RIVER

"Pobreza hoy brotheritos significa falta de plata, y ningún pariente más próximo de la pobreza que la desesperación, la miseria, y más tarde (como obra de culebrero) la locura.

Hay que trabajar brotheritos para huirnos de la muerte, pero con tino nomás, no vaya a ser que nos hagamos amantes de la avaricia y su parentela monetaria... y ya por último les digo mi cuento: no quiero ser rico, sólo quiero tener un montón de plata."

BRUTAL LEX. BRUTAL COMBAT

CHARITY "We Care About You"

(c) Si cualquier entidad pública de este estado, a la que una persona ha aplicado para recibir servicios sociales públicos, determina, o sospecha razonablemente, en base a la información proveída, que dicha persona es un extranjero cuya presencia en los Estados Unidos viola las leyes federales, debe seguir el siguiente procedimiento:

(1) La entidad no lo proveerá de beneficios o servicios.

(2) Le notificará por escrito de su aparente status de ilegal, y de que, u obtiene un status legal o abandona los Estados Unidos.

LA PISTOLA Y EL CORAZON

No sé cómo decirte
no sé cómo explicarte
que aquí no hay remedio
de lo que siento yo,
de lo que siento yo.

La luna me dice una cosa,
las estrellas me dicen otra
y la luz del día me canta
esta triste canción,
esta humilde canción.

Los besos que me diste mi amor
son los que me están matando
ya mis lágrimas se están secando
con mi pistola y el corazón,
y aquí siempre paso la vida
con la pistola y el corazón.

No sé cómo amarte
no sé cómo abrazarte
porque no se me deja
este dolor que siento yo
este dolor que siento yo.

Esta noche tan oscura
con sus sombras tan tranquilas
y el viento me sigue cantando
esta triste canción
está humilde canción.

Grupo "Los Lobos", México

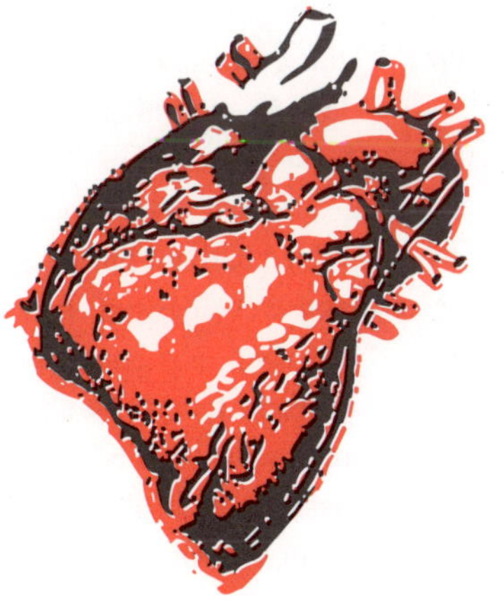

GOOD LOVING AND GOOD PREACHING MUST BE

"La prostitución subyuga y corrompe los sentimientos."
De un folleto publicado por el Templo Evangélico de Sinai.

1

"La prostitución subyuga y corrompe los sentimientos."
De un folleto publicado por el Templo Evangélico de Sinai.

"Must be some kind of tenderness in all that. I mean, when I am with him feels like I've been alive anyway. Generation after generation on a blooming of life, even if later comes lonelines; even if people (like those guys from Sinai Church) think that I've just been paying for offering pleasure.

I just feel another skin next to my skin. Another human being mixing his illusions with mine, and behind him another loneliness like the one that I have. Sometimes it seems to me that paradise must be a place full of expresions and sensivityness.

I know (we both do) that it is imposible to buy or sell love, but what money does in between us is allow that surviving to keep going on, even if this is not a god job in terms of human understanding. I know that all that sounds weird even you may be thinking the right thing when you look so impressed about all this deal, but I, just like you guys, have had come in here to look how strange ways life do has. You are not blind. You are not deaf. The source of your knowledge can not be dried because even if you are not made for hanging around this place, at least you can bring back on to your society something more of what it looks like.

Do not speak. No shame and no pain at all, just like paradise must be: sharing and loving, having the chance to be with yourself more than with anyone else. I like this feeling of being down the rainbow, waiting until once again we feel the chance to run away to another place, with another people and names, in another life.

2

(Traducción simultanea)

En "El Rincón del Feeling" Emiliano siente que existe algún tipo de afecto en lo que le dijeron es el amor de arriendo. Cuando se derrama entre sus piernas, el universo crece con él en una cascada de líquidos poderosos, que provocan tormentas impredecibles. Es instinto, pero también es una pasión recorriendo las vías del deseo, en un camino que lo llevará al centro de sí mismo, deslumbrándolo con sensaciones diversas.

Uno sobre otro, ejerciendo con el cuerpo el lenguaje de los primeros, tratando de hacer del momento tomado por asalto algo eterno, que supere los veinte dólares o cualquier otro monto de valoración bursátil.

Mientras ella habla él piensa que los sentimientos son memorias que irán marcando el camino de regreso, cuando al salir de la vida experimente la sensación de liberarse de la experiencia física del cuerpo.

"¡Qué bárbaro Paisa!, esa güera me hizo sentir chingón. Nunca pensé que besaría con tanto cariño, pero es que Paisa no sé qué me pasó, pos como que por alguna rajadura de la cabeza me entró la ternura, y ahí merito sentí que estaba con una chava rete padre, y la bese muchas veces, y la abracé no me acuerdo hasta cuándo. De veras Paisa, como que dentro mío se murió alguna parte fea. Como si en esta experiencia mi anterior de tratarlas desapareció... Allá en Puebla todo era burlarnos, o tenerles pena, andar de albureros, tirarles los carros, siendo tan groseros que se nos olvidaba nuestra condición de seres humanos... Es raro cómo la sociedad te prejuicia para que las trates como a cosas sucias. ¡Pinche sistema!" Y se quedó en silencio, sintiendo aquello que decía. "Me dio su número de teléfono, y tal vez la próxima semana salgamos a ver una película, o algo de eso."

Y gesticulaba ante el espejo, reproduciendo con cada parte de su cuerpo las palabras que iba diciendo. La comisura de los labios, el arco de las pestañas, las abultadas cejas, y el lunar heredado de varias generaciones, adquirieron una capacidad de expresión propia, que se reflejaba como afirmación de la experiencia vivida. Pensó varias veces en lo que había dicho. Lo repitió en partes y de modo completo. Caminando de un lado para otro, sin animarse a despertar a ninguno de los inmigrantes para contarlo, sin poder escribirlo, memorizándolo. "Es que el Paisa no me lo va a creer" se dijo, y apenas llegado el tres de octubre, Emiliano tenía impregnado en su cuerpo un perfume de mujer.

The sensations come
upon the ones
who were damned.

Men in dark suits
mastering a caravan of
sadness
in big masses
of inner pollution
and lords of laments.

Rolling down the thunder land
some kind of love
growing up
on a rented room.
Queens across the bridge,
where the flowers use to wear
powerful colors
in different ways.

Diga nomás
pray.
Once, two, three times
untill the morning lights
shine and turn on
the green grass.

"I HAVE SINNED AGAINST YOU"

SI DE HACER SANDUCHES SE TRATA ESO LO HACE CUALQUIERA

"¿Luna de miel? No, no, eso no existe papo... ¿o tal vez sí...? Bueno, todo será dependiendo del sueño en que te halles. Para eso se necesita ser esposa de alguien, y antes haberse casado felizmente, y antes haber sido novia, y antes haber sido amada, y de esos andares, papo yo no conozco, o mejores dicho no me acuerdo... La luna de miel no existe."

Y entra una mujer con su lavacaras, y fingiendo no verlos coloca sobre la silla una toalla limpia, un jabón de rosas y un rollo de papel higiénico perfumado. Cambia las sábanas de la cama, la tiende meticulosamente, conecta el ventilador, y pone una música muy particular, de acordes hindúes. Cubre el foco con un pañuelo rojizo de encajes blancos, creando una atmósfera de intimidad sorprendente. Antes de salir de la pieza destapa una botella de wisky y la acomoda sobre la mesa, finalmente suelta un paquete de preservativos, y con voz de ventrílocuo dice "están hechos con médula de cabra".

"Por eso es que nosotras no gemimos ni gritamos. Y antes tampoco (o al menos yo no) porque siempre lo hicimos oculto, en un terreno baldío, detrás de la puerta de calle, en un auto o en un hotelucho que no te pide documentos, pero que tampoco te permite quedarte más de dos horas... Al menos yo te estoy hablando de mi propia experiencia. La única vez que lo hice con amor sentí como si los músculos me fueran a reventar de placer; como si me hubiese inundado la alegría y dentro de mi cabeza hubiesen puesto un nido con huevos de gaviota, entonces llega el momento, y cuando te arriesgas con el hombre que amas (aunque sea por una sóla vez) se van reventando uno a uno, provocándote una sesación muy extraña y placentera."

"¿Suena medio raro no? Discúlpame papo, pero es que toda esta aventura de cruzar la frontera y en el camino ser víctima de coyotes, policías y oficinistas fue descabellada, y es que a veces pienso que me afectó de formas que nunca imaginé... Lo peor es que todo el maltrato te deja nerviosa durante muchos meses, y no puedes descansar porque sueñas que te están persiguiendo con sus perros y sus pistolas, para volverte a pegar y meterte presa... Cuando me acuerdo me duelen las muñecas... parece que ellas se acordasen de lo duras que son las esposas que te ponen durante días. La otra noche me desperté gritando porque soñé que mientras un helicóptero me aplastaba, uno de uniforme se reía tanto que se le empezaron a caer los dientes. ¿Puede haber algo más feo?" le preguntó a Emiliano, que la escuchaba mientras esperaba a que llegase el Brotherito. Acomodándose la falda continuó diciendo "pero en realidad no es para tanto papo, toditas las que trabajamos aquí te podemos decir lo mismo, sólo que con otro canto en la voz, porque de puertoriqueña a boliviana, gringa o europea siempre varía, como que fueran cosas del clima, o de las montañas. Esto te puede decir la misma vieja Leticia, que lleva en este negocio más de 20 años, y ha visto toda clase de hombres y mujeres". Al ponerse rimel en las pestañas piensa en lo raro que es decir todo esto cuando a estas horas de la tarde las calles de Nueva York están llenas de nieve y vacías de gente. "Y aunque digan lo que digan los metereólogos, no todos los días son siempre lo mismo. A veces el trabajo se amontona y se vuelve stress, pero conforme pasan los años la cosa se va relajando para unas y poniéndo atareadas para otras. La cosa está en hacerlo bien y con higiene, ahorrar todos los dólares posibles para salir corriendo y tener una cuenta que te ampare en los "rainydays" como dicen los gringos." Cruza la pierna y con su mano marca una vez más los dobleces de la minifalda.

Se excusa por no llevar ropa interior pero aclara que en esta profesión eso no cuenta, "pero eso sí, al salir de aquí me lo pongo porque más allá de la puerta mi vida es mi vida, y soy tan libre como el eco que rueda la montaña", hace una mueca que oculta el ojo derecho y se levanta a tomar un té, que elige de jazmines.

"Me han tocado todo tipo de hombres y no me quejo. Es como si por cuestiones de la vida estuviese hecha para conocer toda clase de hombres que viven en el mundo (¿sonó bonito no?). En Domingo me voy a la iglesia y agradezco la salud que tengo, la casa que pronto terminaremos de construir en San Pedro de Zula y mis dos niños. El primer martes de cada mes voy al médico por eso de los controles, y así además de estar segura de mi salud charlo con él, que en cinco años de atenciones se ha vuelto mi amigo. A él le cuento muchas cosas porque es como tú, no me pide nada y tiene buena oreja."

Le toma las manos y se las besa. Al sentirse muy emocionada vuelve a beber de la taza, y siente el exquisito perfume de jazmín.

"Los gringos son los gringos, muy higiénicos y directos en el trato de una. Se van sin decir mucho, como si sintieran miedo, o verguenza. El problema es con los latinos papo, que quieren quedarse horas platicando, y aunque una siempre aprende algo, el tiempo no alcanza." Con un gesto de la mano finge cortar el pan, con la otra pretende colocar mantequilla, pone jamones, rodajas de queso, una hoja de lechuga, le pregunta si quiere tomates, Emiliano le responde que sí, y para cubrirlo todo, con la voz muy bajita dice "si de hacer sánduches se trata eso lo hace cualquiera, porque se usan cosas sin sentimientos, pero puta (que digamos profesional) ¿quién se arriesga?". Apaga la colilla del cigarrillo en la suela de su zapato, toma un sorbo largo de té y se excusa con Emiliano, porque acaba de entrar por la puerta uno de los clientes más asiduos del "Rincón del Feeling", a quien ella sonríe y dice "ya era tiempo de que aparezcas, creí que finalmente te había tragado la tierra".

- Antes de irse mexicano daráse un tiempo para que revise las nuevas Barbies made in Taiwan que nos acabaron de llegar desde Los Angeles, el pueblucho ese en el estado de Califas. Me dicen que están hechas en base a fibras de delfín, que no se arrugan ni apestan... además que vienen bañadas en agua de flor de Amaranta, esa delicadeza de los Andes... ¡si estos chinos son bien ingeniosos!

2

"Next train is comming. Next train is comming. Please remain out of the yellow line", dice una y otra vez un alta voz en la explanada más grande de la Estación Central, mientras un grupo de jazz secuestra monedas y aplausos a montones. Algunos transeúntes se sientan en el piso, acompañando a su manera la música de la banda. No falta quien en medio del concierto maldice la obligación de llegar puntual a casa.

Al pie de una escalera eléctrica que conduce a los túneles del tren está una monja viejísima, envuelta en una túnica negra de la que apenas sobresalen sus manos y su cara, recoge limosnas para una finalidad cristiana que nadie conoce. Al mirarla Emiliano piensa que parece funda de papel arrugada enchufada a algún alternador de corriente que repite "Thank you. Thank you", sin siquiera molestarse en abrir los ojos. A su lado pasa un hombre semi desnudo, que lleva encadenado a su muñeca un maletín de ejecutivo. Al escuchar el "Thank you" de la monja automáticamente repite: "Thomas Elder. Accounter". Por el otro lado de la escalera, y evitando ser visto, pasa uno cargando dos perros chiguagua, a los que insistentemente dice: "Oh darlings, ¡what an owfull nigth to take you for a walk. I am sorry, but I was so tired this morning that I forgot to listen at the weather report!".

- Tuve un sueño espantoso dear, you won' t belive it, let me tell you: estaba flotando en un colchón king size en medio de un universo de flores en el que también había aves sagradas y mariposas, y hojas de árboles muy suaves y perfumadas. De algún lugar insospechado salía una música tan exquisita que te relajaba uno a uno todos los músculos del cuerpo... En eso, y a la distancia, aparece la imagen de Lynn (you know, the one of the first floor), y se me acerca con una sonrisa encantadora, of curse, es tan bella, pero yo le intuyo sospechosa... y no vas a creer que sin siquiera pedirme permiso viene y se mete debajo de la almohada, y repentinamente empieza a mearse de forma incontenible, inundando toda la cama...", comenta un pelirrojo a otro, y al terminar de descender las gradas deposita automáticamente 25 centavos en el ánfora de la monja.

Life is not coherent anymore.
The hollow that they want to bury us in
seems bigger every day
and darkness has started
to turn on the natural spot.

For the place in which we are
the universe seems to be finally posesed
by the caravan of sickness
fooling upon the miracle of creation.

Very soon it could be
that all of you guys be turn on
"a good natured tale
in a bad natured planet",
which is not but
a backstage scene.

Recita alguien, mientras Emiliano va a su lado, leyendo una hoja de ejercicios espirituales para principiantes en crisis, publicados en una edición de bolsillo por Miss Andersen, con un tiraje de tres ejemplares.

DE MISS ANDERSEN Y LAS FLORES EN NUEVA YORK

(Dibujo animado que ilustra la cátedra culinaria, dictada por una viejecita en su pequeño mundo vegetal de vestidos pintados, pájaros, gatos, perros y nubes.)

- No pos Miss Andersen, si yo también sé algo de vegetales y comidas, porque tenemos rete hartas tradiciones, además que mi ruquita tiene un puesto en la Plaza de los Coches, allá en México -dice Emiliano, sentado debajo de un árbol al que Miss Andersen había adornado con flores y pájaros de plástico, que anuncian la llegada de la Navidad.

- ¿A poco no han oído hablar del nopalito? -preguntó a los presentes, con tono de quien quiere ahondar en el tema. Miss Andersen, el Paisa y el Brotherito le respondieron que no, ante lo que Emiliano puso una cara de incrédulo y continuó dicendo.- No pos, si el Nopalito lo venden también aquí en gringolandia, sino que la gente se hace la pendeja, nomás de pura friega. Un día de estos nos vamos al Flushing Park, nos compramos un frasco y le hechamos a la lumbre... Claro que si queremos un platillo más elaborado le ponemos cebollas y vinagre, para que nos queden repadrísimos.

- Han de ser buenos para que te gusten tanto.

- Piches nopalitos que son re sabrosos y tienen propiedades curativas de enfermedades y males. Figúrense que también son buenos para no tener hijos. Los japonese se los llevan de México para hacer cápsulas que luego nos quieren vender carísimas, pero nosotros no les compramos a los muy culebras porque en México cada uno tiene su nopalero, y ni que fuéramos tan güeyes como para comprar nopal sintético.

- A ver si un día de estos nos preparas unos, aquí a Miss Andersen le van a sentar de maravilla. ¿O no brotherita?

- Por lo de las enfermedades ha de ser, porque de la anticoncepción estoy curada hace tiempo por la mano milagrosa de la Madre Naturaleza.

- Oiga Brohterito, no se ponga interrumpidor ni alburero y déjeme seguirle con el cuento -le dijo Emiliano, llevándose a la boca una rebanada de queso.

- Disculpe nomás... sólo estaba haciendo un comentario.

- Allá en la frontera también hay nopaleros. Yo los ví en Texas, en Nuevo México y en Baja Califa. Con mi primo nos comimos un chingo cuando estábamos cruzando la frontera. Allá en Puebla hay un chingo de platillos: Nopalito con Romero; Nopalito con Mole; Nopalito con Camarones; y cada uno con su propio saborcito... ¡y un aroma que mejores ni les cuento...! pa´ la madre que son exquisitos. Si nada más pasando la frontera, en el mercado de Ciudad Juárez se hallan nopalitos... ¿A poco no los has probado Paisano? -y el Paisa más en broma que en serio le responde:

- Para desgracia mía no, pero ojalá y Dios me lo permita antes que llegue el fin del mundo.

- Oajalá carnal, porque no es justo que hayan tantos muertos sin haber probado su nopal... Figúrate nomás que en Puebla la gente los tiene afuera de sus casas en los jardines, pinches nopaleras, crecen solitas y rete altas.

- ¿Entonces son como una tradición en su tierra? -le pregunta Miss Andersen, acomodándose en el sánduche que le habían traído los inmigrantes.

- Pos tan popular como el día de los muertos Miss Andersen, que lo conoce toda la gente.

- Nosotros también tenemos esa celebración -intervino el Paisa, comentándoles acerca de los platos típicos de la fecha, su música, y la visita al cementerio. Entonces volvió a tomar la palabra el Brotherito diciendo:

- Cuéntenos cómo es ese asunto en México, tal vez se parezca a lo que dice el Paisano.

- No pos, si se pone rete cabrón de lo lindo. Primero se arregla un altar en el que se ponen algunas figuras, unas hechas de azúcar en forma de calavera, y otras como flores recortadas en papeles de colores. Allí también entra el pan, el dulce, la cerveza, frutas, tequila, es decir todo lo que le gustaba al muerto cuando estaba vivo. Si le gustaba el guajolote, pos ahí merito le pones una pieza gorda, y él baja del cielo... o de donde esté y se lo come, y se queda tranquilo con los deudos que le organizaron la fiesta.

- ¿Y viene el muerto?

- Me canso de que viene, y si no pregúntele nomás al chingo de mexicas que vivimos aquí, donde también se conserva esta tradición, sino que más en secreto. El día de los muertos es retepadre: un guajolotico adobado con todos los ingredientes necesarios y acompañado con Mole Poblano, Guajaqueño o Yucateco. Cada quien se come una calavera de azúcar que lleva su nombre en la frente, nomás para que nos acordemos que un día no muy lejano todos hemos de bailar con la más fea.

- En esa fecha me gustaría tener una calavera con mi nombre.

- No pos, si somos así con nuestras costumbres. Estos cabrones son los únicos que le han quebrado la madre a la tradicón con su pinche Halloween, y que es la fiesta de las brujas.

- ¿Y también lo celebran en su tierra?

- Si, pero lo suave es que allí todo se adapta, se acopla a las formas de nuestras gentes. Como por ejemplo en el D.F., los chamacos se meten en la cabeza una caja de cartón con ojos y orejas y se andan pidiendo dulces y caramelos... nomás pasándola bien... dándose la vida.

- ¿Y la Semana Santa?

- ¡Pinche fiestota, nadie trabaja...! Jíjoles, eso sí que es increíble y dura toda una semana... Es más, en Ixtapaxlapa más de dos millones de gentes ven la representación teatral de la crucificción en vivo y en direito... Se hace una obra en grueso. Hagan de cuenta que Ixtapaxlapa es como la mitad de Manhattan, y que toda la gente está participando en la procesión. Allí se entregan diferentes papeles, que son un honor. Uno va de Cristo, otro de Centurión, bastantes hacen de judíos y romanos, hay los penitentes, también está San José y las Marías, los apóstoles, caballos, burros, ladrones y así, miles de güeyes como en película, usando disfraces y representando las escenas de muerte.

- ¿Y se bebe?

- Obvio. Triste también es, y se llora viendo el martirio a que fue sometido Cristo, pero siquiera ese rato toca aguantar el dolor. En Guerrero se encapuchan y se coronan con ramas de espinas de capulín, y cargan una varas que pesan de 20 a 30 kilos. Ellos son los penitentes, que se dan en la madre con fuetes de espinas y cabestros... unos chicotes como mazos, en lo que la gente dice "la flagelación", y que es el azotarse para pagar los males que hemos hecho. Esa es la fe de la gente, y es retebonito porque demuestra que tenemos conciencia de que Dios nos mira, y no le gusta que seamos tan calaveras.

- ¿Y Chiguagua es bonito? -preguntó Miss Andersen, aparentemente sin darse cuenta del tema de conversa.

- Es retebonito, pero lo más lindo de México es el Sur, donde se caen las naranjas y los melocotones. En los lugares cerca de Veracruz están los árboles frutales y nadie los pela... ahí se sienta uno a la orilla del camino y se las traga despacito, todas las que pueda, sin que nadie reclame de la propiedad privada, ni de chingada la madre... perdonando la expresión, pero allá todavía no estamos tan enfermos.

LA TEORIA DEL HOMBRE INVISIBLE

La puerta metálica fue cerrada con el cansancio de casi todas las noches.

El invierno anunciaba su llegada, y en la panadería de enfrente los inmigrantes atestiguaron cómo a la una de la madrugada el turno recién empezaba. Olía a trigo y cebada.

- Ten Paisa, échale este candado.
- ¿Sacaste el otro?
- Sí, aquí lo traigo, ¡y apúrate carnal que nos vamos de la friega! -y una vez cerrado el restaurante caminaron por una calle estrecha, que durante los últimos meses se había convertido para ellos en una especie de albergue.
- Quionda, ¿nos sentamos donde siempre?
- Vamos a zamparnos las limonadas, a ver si despúes de tantas horas de trabajo el cielo de los New Yorkers nos sonríe, o nos dice algún mensaje con sus estrellas.
- ¿A poco crees que pueda?
- Seguro que sí... el problema es que siempre andamos demasiado ocupados como para fijarnos.
- Alla en Puebla yo traté de leerlo, pero hubo algo que me lo impidió. A veces parecían formas que me decían algo y otras veces nomás se amontonaban. Allí habían estrellas relampagueantes que pasaban rápidas... y se perdía... ¡pinche cielo, a veces es tan discreto! -se quedaron en silencio, como si con todos sus sentidos estuviesen esperando la llegada de las dos de la madrugada, y en ella el anuncio retrasado de una nueva jornada. En el reloj de los pordioseros sonó el inicio de un tiempo nuevo, y aquellos que duermen en las rendijas iniciaron coversaciones de murmullos, que en sí guardaban el hechizo del secreto. Repentinamente se hizo realidad la luna, y su poder les devolvió el don de la palabra.
- Sabes Paisa... esta parte del cielo es rara.
- ¿Qué, en México no se pone negra?
- No pos claro que sí -y señalándolo añadió- es que no tiene estrellas -y el silencio volvió a tomar cuerpo y los dejó con los ojos pendientes en la noche, como si mirando su profundidad pudiesen comunicarse asuntos de colores distintos a verbos y conjugaciones.
- Y no me digas que no estás pensando lo mismo Paisa, porque sería una cabronada -dijo Emiliano dándole un codazo.

Volvieron a levantar sus ojos, pero no pudieron encontrar ni una sola estrella, aunque a lo lejos les sorprendió la luna intacta, en cuarto creciente iluminando con su cuerpo la maravillosa desolación que los acompañaba, creando una atmósfera que se quedó fuera del tiempo.
- Ya vez Paisa, aquí existen momentos en que el cielo se queda ciego... Allá en Puebla no te imaginas la montonera de estrellas, pinches estrellitas, y uno ni se fija en ellas.
- También en mi ciudad hay muchas, millones de ellas, imagínate que vivimos entre las montañas de una ciudad asentada en la mitad del mundo. Una ciudad que parece haber sido inventada como remedio contra la monotonía, con muchas cuestas, un cerro sagrado en el medio y a los lados otros que no acaban nunca... Se dice que ése es un cerro sagrado porque allí fue el

Templo del Sol de nuestros mayores, y está en la cadena de los Andes. Desde allí se ve la Cruz del Sur, a la que también me gusta llamarle la constelación de la alegría porque si te pierdes ella te guía.
- Pos si tú la has visto a lo mejor ahurita mismo te esté extrañando.
- A lo mejor. Ya ves que hablando franco nosotros somos acostumbrados a contarles de nuestras vidas hasta a las piedras.
- ¡Chingado Paisa, lo dices como si fuera un pecado!
- No, sólo que en medio de tantos sucesos extraños como que uno va perdiendo la noción...
- Ya hablando la neta, yo no sé qué chingados hago por acá.
- Yo tampoco, pero tal vez sólo sea una parte del tiempo.
- O tal vez de la angustia.
- O de la violencia... o un milagro. -Y la conversación se detuvo. El corazón de Emiliano evocaba la plaza de Puebla, donde su madre aviva el fogón de las ventas. Ahora recuerda las palabras que a su salida le había dicho, y le sonaban como una bendición pronunciada hace siglos.
- Sí Paisa, yo allá vivía medianamente bien, mejor dicho nunca sentí tanta necesidad de lana -y ya sin mirar a ningún lado continuó.- Mi familia es pobre pero yo no tenía ninguna urgencia de venirme a rajar la madre por unos pesos, que a la final se vuelven nada entre la renta, los pasajes, los gastos de la casa y la escuela... Una mañana en que llovía mi primo me llamó por teléfono, y me dijo que su hermano nos recibiría aquí, y como yo ya había terminado la preparatoria decidí embarcarme en la vía del diablo... si hubiese sabido a lo que venía... ¡qué cabrón!

El East Village volvió a convertirse en el lugar de los imprevistos. Durante decenas de años ha sido habitado por artistas consumados, ricos excéntricos y pordioseros importados, sin haberse cansado de recoger las confesiones de personas provenientes de todas partes del mundo, y que en conjunto crean la melodía del universo.
- Me acuerdo de mi propia historia, que no es muy diferente a la tuya -dijo el Paisa, terminándose de un sorbo la leche malteada que había comprado en el camino, añadiendo- no venimos sólo a cocinar o a lavar platos, sino a vivir otra forma de vida, a conocer un mundo diferente al mundo de nuestros pueblos... a saber que el universo es inmenso.

- A veces pienso lo mismo, porque de seguir en Puebla no habría cambiado en nada, y como que eso no vale... ¿Y qué onda contigo Paisa?
- Yo vine escapándome de una mujer que quiso involucrarme en un robo. En ese tiempo yo trabajaba de cajero en un banco, y ahí conocí una mujer muy bella, con la que fuimos enamorados más de un año y medio. Yo no lo sabía, pero ella había estado haciendo negocios chuecos, sacando dinero de unas cuentas y pasándolo a otras, en préstamos no autorizados. Por ese servicio había sabido cobrar unos intereses muy altos. Pero un día ella había entregado a un tipo 20.000 dólares, y él cobra el dinero y se desaparece, entonces es que la capturan, y ella, para descargarse en algo de la plata perdida me involucra. Tuve suerte que un policía que vive en mi barrio me contó de las sospechas que habían antes que empiecen las investigaciones, así que todavía tuve tiempo para salir del país viniendo por centro América y luego por México... Si no logro escaparme ahora estuviese pudriéndome en la cárcel.
- ¿Y vas a volver?
- Claro, lo que no sé es cuándo.
- Bueno pero lo tuyo no es tan malo, al menos eres el Salad Man, en cambio mira mis manos... ya parecen papas cocinadas... ¡No mames güey! -y soltó una carcajada que sacó al Paisa de su estado melancólico.
- Tú crees que para mí es mejor porque no tengo las manos metidas en el agua todo el día... pero yo creo que es mejor para las meseras porque ellas reciben propinas y no se cortan los dedos; ellas creen que es mejor para los mensajeros porque también reciben propinas y se pasean en bicicleta distribuyendo la comida... ellos creen que es mejor para mí porque estando en la concina puedo comer lo que quiera, tengo un sueldo y no me arriesgo a ser atropellado... y en este punto yo ya no sé ni entiendo nada, pero si te sientas a conversar con ellos te darás cuenta que de manera inconsciente nos quieren involucrar en una sociedad de anónimos inconformes, sometidos una monotonía criminal.
- Pinche Paisa... ¡nomás te la pasas elucubrando!
- Emiliano, tengo la impresión de que en Nueva York hay veces en que hasta los millonarios son pobrecitos.
- Y a esos putos del restaurante no les importa ni el más mínimo aspecto de nuestras vidas.
- Yo no reniego mucho porque me voy dando cuenta cómo funciona ésta máquina de hacer billetes. A ellos lo único que les interesa es el balance diario: si ganan diez centavos menos de lo que ganaron el día anterior es una pérdida, y se ponen neuróticos... Si ganan cien dólares más dicen que el negocio no ha prosperado, y también se ponen neuróticos.
- Y nos chingan a todos.
- Y yo creo que a ellos les chingan los mensajeros, que como son americanos y no le tienen miedo a la Migra Mouse, se desquitan llevándose algunas cosas de la bodega. Lo realmente malo es que los dueños siempre aprenden cómo hacer funcionar a la perfección el sistema, y ahí es cuando se aprieta la cadena y ellos recuperan...
- Buena te la traes Paisa...
- La cosa es que cada empleado cumple una cantidad determinada de horas de trabajo, por la que se nos paga cada viernes. En cada hora hay sesenta minutos, y en cada minuto sesenta segundos, que es la minúscula partícula de tiempo en donde se hace la plata. Para cada hora tenemos fijada una tarea, que no es solamente la parte del trabajo para el que fuimos contratados, sino otras cosas adicionales que nos encargan a diario, y ahí tienes el resultado: tu eres el lava platos, pero también el que limpia el sótano, lava los pisos de la cocina, empaca la basura, ordena los materiales de reciclaje, mete y saca las bicicletas al empezar y terminar el día, y cada sábado limpia los

vidrios y las estanterías. Luis es el Cheff, pero también es el jefe de personal, y el que lleva las cuentas de las horas trabajadas para calcular el pago. Las meseras y los mensajeros, aparte de su tarea regular, deben preocuparse de recibir y acomodar las cosas que llegan, limpiarlas, separarlas y distribuirlas. Yo soy el Salad Man, pero también soy el que cada noche limpia la estufa, barre y trapea el salón, cuida que estén llenos los frascos de las mesas con aceites, sal y pimienta, y además soy el asistente del Cheff, que cada día después de su turno me deja una lista de cosas que debo tener listas para que él pueda empezar su jornada. A la noche tú y yo somos los porteros, encargados de asegurar hasta la última aldaba del negocio.

- Y los dueños se ahorran la lana que deben pagar a otros.

- Y como no tenemos papeles nos pagan el sueldo más bajo y se ahorran los impuestos. Por eso no entiendo la enfermedad de los cerebro pelados que hacen manifestaciones y leyes en contra de los inmigrantes, cuando son ellos los mayores beneficiarios de nuestro trabajo.

- ¡Pos como que están muy retesabios los culeros! ¿O será que somos tontos?

- Puede que así sea, pero es mejor buscar soluciones que hagan más justa nuestra vida, y más precisa la visión que de nosotros tiene el ciudadano americano común, que casi siempre se limita a decir que ésta ha sido nuestra elección, y te pregunta, "¿o te han puesto una soga al cuello?".

- Pos que digamos soga no, pero, ¿y si te acuerdas de las deudas que tienes que pagar por comida arriendo, ropas, estudios, pasajes...? ¿...y qué de la ayuda para tu gente?

- Puede que para ellos ésa sea la cadena que ata al hombre invisible.

- Buena tu teoría Paisa, ¡ahora resulta que ya no somos ni mexicanos, ni ecuatoreños, ni salvadoreanos, ni legales ni ilegales, sino "hombres invisibles".

- ...Por lo menos hasta que todos los demás entiendan que la vida existe porque existimos muchos pueblos, y que detrás de casa cosa sencilla que comen o usan estamos nosotros, haciendo con nuestra energía el milagro de la vida... ¡o por lo menos que las cosas estén listas!

Y la sola presencia de los inmigrantes convierte a esta pequeña calle en un espacio donde se representan todas las obras que nacen del sentimiento, incluyendo el palpitar del corazón del Hombre Invisible, evidenciando lo oculto.

"AND THE ALIENS WILL BE JUDGED BY WHAT WAS WRITTEN IN THE BOOK OF LIFE,
BY WHAT THEY HAVE DONE."
(Revelation 20:11)

"Y los inmigrantes serán juzgados por aquello que está escrito en el libro de la vida, y por aquello que hayan hecho."
(Apocalipsis 20:11)

CATHARTIC EPIPHANIES

Un día más ha partido
y la oscuridad alberga al sol.

La calidez de la luz
se refugia en el frío vientre de
la noche
y la creación hará posible
la proximidad de los Dioses
acechando azahares
que hagan realidad
las revelaciones.

Cada elemento de la creación
es purificado por la agonía del
encuentro
en que la luz del día
y la totalidad de la noche
hacen posible la vida.

PETE IS HUNGRY

"LES MISERABLES"

SECCION 6. Exclusión de extranjeros ilegales de los servicios de salud que operan con fondos públicos.

Capítulo 1.3 (iniciando con la Sección 130) se añade a la parte 1 de la División 1 del Código de Salud:

130. (a) Para hacer realidad la intención del Pueblo de California que, exceptuando los cuidados médicos de emergencia requeridos por la ley federal, los beneficios de los servicios de salud que operan con fondos públicos los reciban solamente los ciudadanos de los Estados Unidos, y los extranjeros legalmente admitidos, y se asegurará que todas las personas que trabajen proveyendo estos servicios deberán proteger diligentemente los fondos públicos del mal uso, para ejecutar lo cual son adoptadas las siguientes medidas:

(b) Una persona no recibirá ningún tipo de asistencia de un servicio de salud que opere con fondos públicos a que tuviese derecho en otras condiciones, mientras el status legal de dicha persona no ha sido verificado como:

(1) Un ciudadano de los Estados Unidos.

(2) Un extranjero legalmente admitido como residente permanente.

(3) Un extranjero admitido legalmente por cierto período de tiempo.

HECHO SEPTIMO

"El negar los servicios médicos a los inmigrantes ilegales podría implicar el incremento de los costos de salud para el estado y los gobiernos locales. Por ejemplo: eliminar el derecho al cuidado prenatal de una mujer ilegal, puede resultar en elevados costos para el Estado en el cuidado de sus niños, que en el futuro resultarán ciudadanos americanos."

Iligal Aliens. Ineligibility for Public Services. Verification and Reporting. Initiative Status. Preparado por el Fiscal General

EL LATINO POW WOW

ACOMA LA CIUDAD DEL CIELO

En el cielo encontré un montón de casas color café, que si uno trataba de materializarlas se fundían con el viento en el azul intenso, pintado con líneas blancas que se veían lejos, a la distancia.

Eran muchas esas casas, y estaban habitadas por gentes muy lindas, pero más que nada por el silencio y la sensación de inmensidad propia del cielo. Allí había diferentes tipos de obras nacidas de la cerámica, unas veces cosas materiales de uso cotidiano y otras representaciones de sueños, o energía transformada en "ommen", o amuletos de la buena suerte. También había alimentos hechos en base a maíz. De la bebida no me acuerdo.

Lo más bello de ese pueblo era el cementerio. Yo lo ví al voltear para salir de la iglesia, y tuve una visión multitudinaria de cruces de hierro y madera, adornadas con flores que de tan viejas habían adquirido el color de la tierra. Era como mirar una procesión de cruces flotantes.

Duró poco tiempo y yo te hice voltear para que tú también lo vieras, y te quedaste maravillado, y tu rostro se llenó de luz, y honestamente lamentaste que no hayamos traído la cámara de fotos, pero enseguida dijiste ¡qué bueno! porque así nunca se desvanecería la visión de este pueblo. Sólo al salir de la iglesia nos dimos cuenta que había sido un cementerio, y entonces nos pusimos a leer las inscripciones y leyendas, que habían sido escritas hace miles de años, y de las que quedaba un sentimiento de paz que por primera vez me acercó a lo eterno.

Cuando me desperté, la primera palabra que me salió de la boca fue "ACOMA", y no sé por qué, pero tengo la sensación de que ambos estuvimos juntos en algún lugar del cielo.

- Pinche Paisa... buen sueño te trais.
- ¿No es lindísimo?
- Pos nomás de oírte se me hizo como el cielo de Puebla de los Angeles cuando se ha ido el invierno.
- Fue como si se nos hubiese concedido el poder de vivir en un pueblo antiguo.
- ¿Y tenían fiestas?
- Eso no soñé, pero alguien de por ahí me dijo que cuando la fiesta es más alegre todos los fiestantes caminan por las nubes esparciendo la tierra de los cuerpos.
- Pos a lo mejor y un día volvemos allá en uno de mis sueños.
- A lo mejor y un día volvemos por el camino de polvo que van dejando los baileros, y nos subimos a las nubes, y volvemos a tener visiones de nuevo.

DE LOS RETECULEBRAS

(Silvando a través de la neblina)

1

"Es preciso que yo deje este país, pues siento una gran necesidad de cambio, ya que no es aquí donde puedo dejar mis huesos.

¡Vamos!, todo el mundo en mis manos y yo parto sin saber a dónde, y desde dónde ha de cambiarse de sitio, mientras se sepa que es imposible vivir. El reposo no pertenece sino a la muerte, el trueno retumba en un confín y va a extraviarse en el otro; el pájaro herido atraviesa el aire y va piando sin saber dónde caer. Yo partiré pronto y tú partirás también; una dicha que se desvanece en dos estaciones no es sino una encantadora broma de la suerte.

Parece que la tristeza fuera un lastre indispensable de la vida, y que la felicidad sin amor fuera contraria a la naturaleza humana. ¿Conoces alguna flor que no desmaye en su color, que no se marchite? ¿un perfume que no se evapora? La alegría del corazón es aún más frágil que todo eso. La felicidad no dura largo tiempo, y parecida a la más suave esencia se disipa y se pierde en el mundo del olvido.

Tú has amado a esta sombra que te encontró por casualidad en la vida; la sombra va a desaparecer; plegué al cielo que hubieras amado a un ser más conocido y constante; los cometas se dejan ver sólo un instante: son cuerpos siniestros a los que hay que temer. No son la estrella más propicia, que no desaparece y brilla con fulgor propio."

Carta del escritor ecuatoriano Juan Montalvo a Lidia

2

Tal vez ni siquiera mueva un pie pero de todos modos estará lejos, buscando con el olfato, y ese sexto sentido tan desarrollado en la distancia, un lugar dónde encontrarse consigo mismo, aunque nunca más vuelva a salir de su propio cuarto. Las maletas han sido hechas recogiendo lo más significativo y empacándolo con la delicadeza que se conservan cristales de edades deliciosas, cuya sola forma y brillo reordenan el universo. Decenas de pensamientos son envueltos en tejidos transparentes, buscando anular la ferocidad de su presencia. Cintas multicolores los atan con nudos maestros. Cerraduras, llaves y candados de muchos otros tiempos son convertidos en sarcófagos que sellados no dejarán escapar ni la más leve posibilidad de volver a convocarlos.

No son muchos los paquetes que se ha preparado para cerrar este ciclo, pero lo contienen todo. Ejerciendo el arte del hechizo, y sólo guiada por su instinto, Liz llama a este encierro a todos los tiempos posibles de su romance con el Paisano y los sepulta bajo una foza de imposibilidades en medio de un sentimiento que nacido de la tristeza pasa a los dominios de la inexistencia. Muerta su relación y marchito el espíritu del amor su cuerpo camina hacia la última cita.

Cierra los ojos al sentirse acariciada por el fuego que va consumiendo cartas, fotos y regalos que el Paisano le había entregado a lo largo de once meses de relación, y piensa que también es posible deshacerse del tiempo, aunque al atrevesar la puerta del olvido nos deje marcados con sus huellas. "Nadie sabe cuándo será la última vez que una pareja se acuesta", había leído en el brevario del amor, pero hoy, al encontrarse con el Paisa y junto a él recorrer las calles camino al hotel Saint Marks, Liz sabe que ésa será la última vez, porque así se lo había prometido a sí misma y en silencio al hombre que más la conocía.

Camina sin prisa, y con una despreocupación que le asombra al darse cuenta lo poco perceptivo que puede ser un hombre enamorado. El Paisa va señalando cada una de las cosas que le parecen en el East Village, y hasta se detiene para entregarle un bello adorno de flores silvestres.

3

Con gestos de ternura que no corresponden a ninguna de las palabras que dice, Absalón le explica la serie de problemas que él puede causarle al Paisano si ella insiste en seguir viéndolo. Invocando las normas jurídicas que se había aprendido de momoria en un folleto del servicio de migración, le dice que sólo basta una llamada para que ellos vayan a buscarlo a su lugar de trabajo o a su casa, y le den un tour a la cárcel de El Paso, o al aeropuerto más cercano. De su bolsillo saca el folleto y con un efecto de su mano lo convierte en una ave de mal agüero que se agita con vida propia, y antes que su hija alcance a mirarlo lo vuelve a guardar en un acto de habilidad siniestra.

Le pide que considere si tan repentina vuelta era conveniente para su amigo. ¿Desde aquí no está haciendo posible un modo de vida más digno para su familia? ¿Había ya terminado de pagar las deudas de un viaje tan largo y complicado? ¿Había logrado ahorrar unos cuantos centavos...? Y en una exhibición sorprendente de acentos va dibujando una obra de tragedias tan perfectas que logra estremecerla. "No es arte de la ficción, sino pruebas de una realidad ineludible", y antes que ella pueda decir algo Absalón reflexiona, y en voz alta se pregunta si acaso a los del I.N.S. no les convenía atender con prontitud este tipo de denuncias, porque así no sólo que lograban sacar de su país a un ilegal, sino que además obtendrían del empleador una jugosa multa de 100.000 dólares "por casi nada".
La palabra "bien" aparece una y otra vez en sus frases, seguida de apelaciones al buen juicio, y en cada lágrima que derrama su hija Absalón va apretando las garras... Dice que éstos no son tiempos de discutir sobre el amor filial o la libertad de los corazones para sentir lo que les venga en gana, sino que son tiempos de obedecer la voluntad de un padre que siempre sabe qué es lo mejor para su hija, "¿O usted no sabe que ya aprobaron la ley 169?".

Se sienta sobre el filo de la cama actuando como quien lleva sobre sí el peso de ser el incomprendido, y con un gesto de teatrino deja su mirada fija en cualquier sitio, como concentrada en la emoción de un dolor común. Traga saliva y entre sus dientes vuelve a absorber el aire, dejándolo escapar sin hacer ruido... Aún quedan en las paredes el eco de sus últimas palabras y antes que desaparezca por completo dice "todo es por su bien, porque de ilegales hace más de 15 años que nuestra familia está limpia... y usted seguramente no querrá ponernos a empezar de nuevo sólo por un capricho".

A través de la ventana Liz mira caer una lluvia triste, que ha convertido a la calle en un espacio ausente de toda forma de vida. El sonido del agua golpeando los techos ha logrado hechizarla, y sin escuchar ya ninguna palabra siente que dentro el vacío cobra forma. Repentinamente vuelve en sí y se da cuenta que mientras habla los ojos de su padre adquieren un brillo de siniestra ternura, que logran catalizar los efectos que cada sentencia produce sobre ella. Al sentir la primera lágrima escucha la palabra "experiencia", y cuando el llanto es ya silencioso y prolongado, le escucha decir que a cambio de un dolor pequeño su padre le evitaba un destino incierto.

Le parece que el monólogo a que es sometida durará eternidades... pero concluyó de modo repentino cuando su padre se dió cuenta que ella ya había aceptado abandonar al Paisano, pese a lo que a modo de sentencia le dijo: "De todas maneras le recuerdo que usted aún es menor de edad, y que si me entra en gana le pongo en un internado para que allí le den la custodia que no quiere recibir de su padre", y al salir cerró la puerta con la delicadeza de quien respeta el silencio de un muerto.

4

"La soledad y el silencio son todo mi universo."

Juan Montalvo

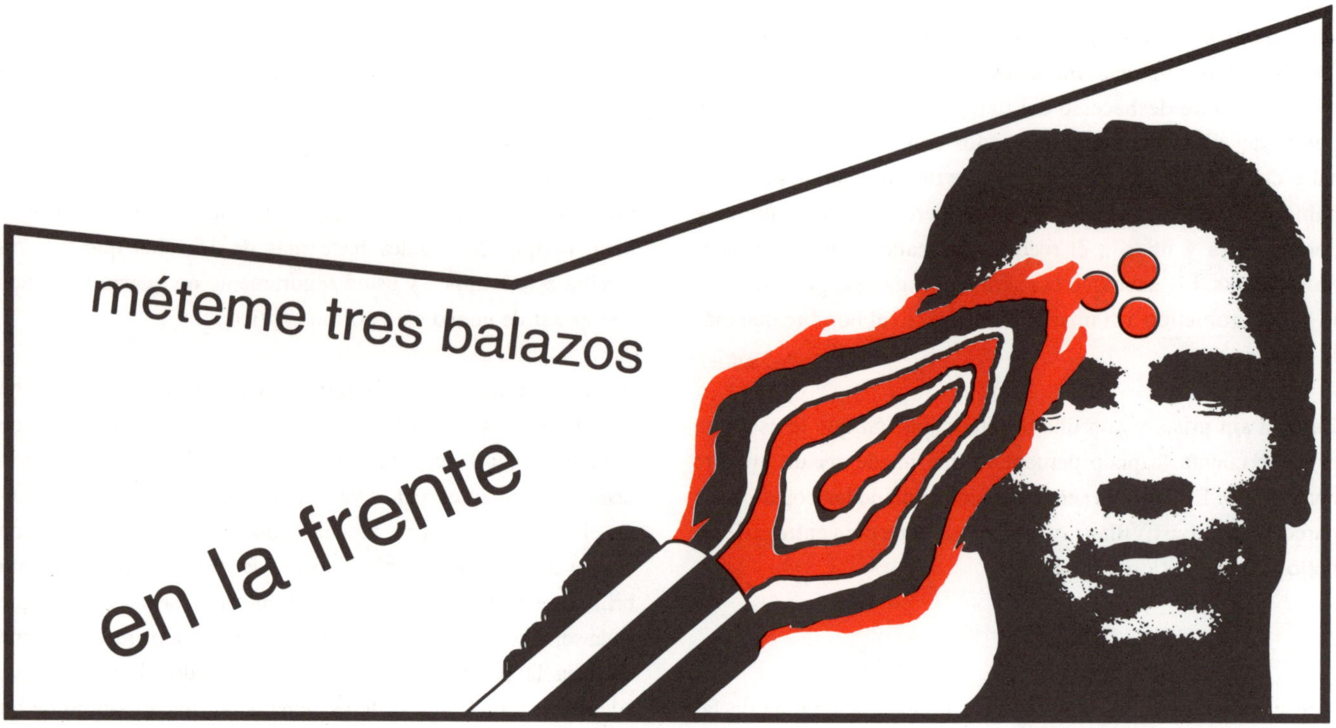

LA NAVIDAD
EL DIECISIETEAVO REGALO
O PAPA NOEL VESTIDO DE DIABLO

La plaza ha quedado semi desierta, y por hoy lo único que abunda son ladrillos y piedras. El agua de la pileta está seca, y los pájaros se han albergado en los aleros de casas y edificios.

Las ramas de los árboles y sus incontables hojas se han empeñado en atrapar las horas, estrangulándolas, haciéndoles emitir sonidos de niños siendo guillotinados. Son las tres de la tarde (siempre han sido), y la poca gente que camina alrededor de la plaza, pese al sonido de sus pasos, está detenida.

La fuerza del viento se enreda en la copa de los árboles, y a la tierra solamente llega su murmullo, inundando de paz el césped en que descansan los inmigrantes. Emiliano mira a lo lejos la figura de Greck, avanzando al ritmo de su cabello suelto, siempre con la misma metálica tristeza, y ese rostro de cansancio eterno, que algún día les dijo es propio de aquellos que se quedan solos luego de un largo romance con la cocaína. Sus ojos sobresalen de entre el grupo de gente que transita por esa vereda, y en sus gafas rojizas se refleja la lentitud de la tarde. Estando como a una cuadra alcanza a divisar a los inmigrantes y con su gran sonrisa les saca la lengua, llevándose en su vuelta el aire frío que anuncia la llegada del invierno.

- Mira, ahí viene el Gregorio -dijo Emiliano. El Paisa proyecta sus ojos tan lejos como puede, y silenciosamente reflexiona sobre algún hecho incomprensible de las tres en punto. Al llegar Greck les extiende la mano y se deja caer en el césped.

- Quihúbole Greck, ¿finalmente acabaste el turno?
- Yes, it was a long one. Fue uno muy largo. Cuarenta y ocho horas non stop.
- Como un viaje en bus desde Texas.
- O desde la locura. From the madness.
- Lo bueno es que ya estás fuera, ahora descansa un poco que la tarde está fresca.
- Yes. Descanso just a little bit, sólo un poco porque a la noche tengo clases.
- Nosotros hoy tenemos el turno de las cinco. Duérmete y en unas dos horas te despertamos...
- I can not. No puedo... ¿no les ha pasado que a veces están tan cansados, so tired, que no podemos dormir?
- Cuando yo estoy cansado me rajo la madre durmiendo, hasta dos días seguidos.
- Bueno eso es síntoma de buena salud. Good health.
- ¿Y a poco tú estás muriéndote?

Greck se quedó callado, y todos notaron un repentino cambio en su carácter, como si hubiese escuchado algo demasiado serio. El silencio se prolongó por varios minutos, y el mismo Greck lo alejó hablando con mucha melancolía.

- I have been dying since I was five. He estado muriendo desde que tenía cinco años, cuando mis padres decidieron hacer de mi "algo útil a la sociedad" en lugar de ayudarme a ser algo útil a mí mismo... mistake. Mucha mala cosa todo el tiempo, muchas instrucciones como "ve allá... allá no vayas, haz esto... no hagas eso, lee este libro... no leas eso..." ¡Shit they just drove me crazy! Me volvieron loco".

- Parece que tuviste un mal tiempo.
- Ellos estuvieron tomando decisiones en mi vida por más de 16 años y eso simplemente me volvió loco... Me imagino que en sus países al menos tendrán algo parecido a una familia. Here's just nuts... aquí simplemente es loco, o al menos lo fue para mí. - Entonces se hizo silencio, y mirándolos fíjamente les preguntó:
- ¿Could you imagine... pueden imaginarse el regalo que me dieron mis padres cuando cumplí 17 años? When I turn on 17 years old? -Emiliano y el Paisa no respondieron, pero se dieron cuenta que la proximidad de la Navidad provocaba en Greck el florecimiento de recuerdos ingratos.
- Por la cara que trais me imagino que no te habrán regalado nada bueno.
- ¡A fucking luggage...! ¡una mierda maleta!, lo que significaba solamente "¡get out of here! ¡vete fuera...! ¡Déjanos en paz!". Este es lo que ellos me hicieron cuando apenas era un niño.
- ¡Qué cabrona situación!
- Pero ya pasó.
- And the worst was that... lo pero fue que ellos son una especie de gente rica... folks with cash... pero nunca me dijeron "mira hijo, toma estos pocos dólares y diviértete... go and have fun", nada de eso. La siguiente cosa que pasó es que me fui de la casa todo lo lejos posible... I just ran away as far as I could. Empecé a vivir en la calle. Fuí a casa de unos amigos pero no me querían allí mucho tiempo por su sentido de la privacidad ...mucha gente estamos locos con eso, y mientras más tierra hay entre una casa y otra ¡que mejor! Fuí por muchas ciudades y hallé la cocain, y durante 15 años he estado tratando de encontrar en ella lo que nunca encontré en mi familia. It was really awfull shit... Ese fue una verdadera locura.

El Paisa y Emiliano lo miraban con mucha atención, tratando de entender en cada palabra un problema que les parecía mucho más grande que el que pudiese tener cualquier inmigrante. Greck continuó diciendo:

- Pistol Packing Mama... una noche me levanté empujado por una gran ansiedad. I woke up anxious, no sabía dónde estaba ni qué fecha era... no even an idea. Mi cuerpo me pedía a gritos cocaína pero yo ya no tenía ni un poquito y ya hace muchos días que mi dinero se había terminado... it was all gone. I was sick. Estuve enfermo y aunque no dormía ni dos horas diarias no estaba cansado ni quería ir a la cama... no sleep. Con el poco dinero que tenía salí a la calle a buscar algo de crédito pero en este negocio no existe. Estuve caminando por no sé cuántas horas o días, I really do not remember, no lo recuerdo pero sin habérmelo querido me encontré cerca a una casa donde venden crack... heavy shit, ustedes saben, eso es mierda pura, pero al menos es algo... Anyway compré cinco dólares y me lo fumo. I smoked it y la única cosa inmediata que recuerdo fue que sentí que mi alma se salió del cuerpo y empezó a correr rápidamente dejándome sentado... believe me, my soul just got out of my body and started on running and running, and running so fast... entonces me dije "qué demonios está pasando, ¡what the hell is going on!" y vi que mi alma se alejaba rápidamente por una cuadra. Me desesperé increíblemente porque sentí mi cuerpo vacío... room for rent dude, como si fuera cuarto de arriendo. Me asusté mucho y empecé a llorar, pero me levanté tan rápido como pude y empecé a correr tratando de alcanzar mi alma, que ya estaba como a una cuadra... I run like evil. Corrí como diablo por muchas horas, tan rápido y por tanto tiempo que crucé dos veces el maldito pueblo, pero finalemnte la alcancé y la volví a meter al cuerpo... then I told my... entonces fue que me desmayé y entre sueños una voz me decía "estás enloqueciendo".

Y mientras hablaba sus ojos adquirieron una dimensión y brillo extraordinarios, como si toda su historia pasase a través de ellos, escena tras escena, provocando que ciertos diminutos vasos sanguíneos se reventasen, inflamándolos de rojo.

- This is not just my story... pero no es sólo mi historia. Durante muchos años he encontrado chicos como yo, con la misma historia. Sus padres tratando de hacer con ellos algo que no pudieron hacer de sí mismos, crazy dudes... y cuando no les funciona te dicen "¡get out of here! ¡fuera de aquí!". Hay otros casos de niños que se van por sí solos porque no pueden soportar el modo de sus padres. Sienten que se están viviendo como locos y lo único que quieren es ser libres... they just want to be free. Al siguiente día que encuentran la libertad y un feo sentimiento de soledad... loneliness is rude".

Ninguno de los inmigrantes pudo decir nada respecto a esta historia, contada de modo casual mientras esperaban llegase su turno de trabajo. Sintieron que la tristeza de Greck se iba haciendo cada vez más grande, y al mirarlo sentado, con la cabeza metida entre sus rodillas, se sintieron impotentes para ofrecerle consuelo.
- A pa' regalito de los muy culeros -dijo Emiliano tratando de llenar el vacío.
- Te hicieron daño...
- I tell you something my friends. Les digo algo mis amigos: no es la culpa de mis papás, es simplemnete cómo está hecha la sociedad: they do not want humans, they want machines... no quieren niños, quieren máquinas... de esto se trata las drogas. At least it was for me.
- Es rete cabrón lo que cuentas. Lo siento mucho amigo -dijo Emiliano, mientras el Paisa no atinó palabra.
- It is O.K. Está bien... no les digo este para que tengan pena de mí.
- No mames carnal, si pena sólo se tiene de los que se les llevó la Migra Mouse. Ya ves, tú tienes un trabajo de enfermero y ayudas a la gente. Además que el pasado es historia que ya no cuenta.
- Créanme: la gente enferma es mejor que la sana. Tal vez la enfermedad les vuelve más humanos.

- Tienes un gran trabajo, ayudas y aprendes, ¡eso es algo magnífico de la medicina!

- Oh yes, pero es raro cómo en este país también el buen trabajo puede volverse horrible. It could become evil.

- ¿A poco ya le encontraste un pero?

- It is not it's fault, no es su propia culpa, pero la gente de negocios en medicina no quiere que muchos enfermos mueran en paz. Si alguno está tan enfermo y no quiere comer, they will feed him, lo alimentarán aunque tengan que abrirle un hueco en el estómago. I have seen... He visto gente pidiendo morir pacíficamente, no quieren más drogas ni operaciones, pero the fucking system wants them alive, pero el sistema los quiere vivos porque siempre hay un seguro que pague las cuentas y los ayude o condene a estar vivos más allá de sus deseos. ¿Isn't it awful?

- Pos en nuestro caso no creo que querramos estar enfermos más de un día porque en la última vez que visité el hospital perdí casi todos mis sobres de sueldo.

- In your case it is different, en su caso es diferente. Ustedes no tienen la posibilidad de elgir un sistema de salud como nosotros... You have no choice. Si se enferman todo lo que tienen es su fe porque para ser atendidos estarán haciendo cola por siempre, just because of the money, porque no hay suficientes médicos, ni medicinas ni equipamientos, porque el presupuesto para salud pública es pequeño y más pequeño cada año... I have seen immigrants just dying... he visto morir inmigrantes sólo porque no tienen dinero, o no quieren ir al hospital porque tienen miedo de que los deporten y eso no es correcto, this is not fair porque ustedes trabajan duro y mercen buenos cuidados y medicinas.

- Eso hay que hacerles entender a los primates que forman el Estado, ellos son como monstruos de dos cabezas: con la una se benefician del trabajo y con la otra hacen leyes para quitarnos los derechos... Pero mejor no nos pongamos tristes, además que ya casi son las cinco, y tenemos que empezar nuestro turno de trabajo.

- Is is not sad, no es triste, es sólo la realidad, es cómo funciona el sistema, but if again you have sort kind of hard time, I will be there to help you guys, si otra vez vas al hospital ahí voy a estar para ayudar.

- Gracias Gregorio, pero ya hablando la neta, el mundo está circulando al revés, y ya cerca del año 2.000 nos lleva la chinga si no empezamos a cambiar nuestras almas.

- You are right my Bro, estás correcto y me gustaría invitarles un helado antes que empiece su trabajo, ¿sounds good?

- ¡I does sound perfect to me! -dijo Emiliano, y todos mostraron su asombro ante la frase dicha completamente en Inglés.

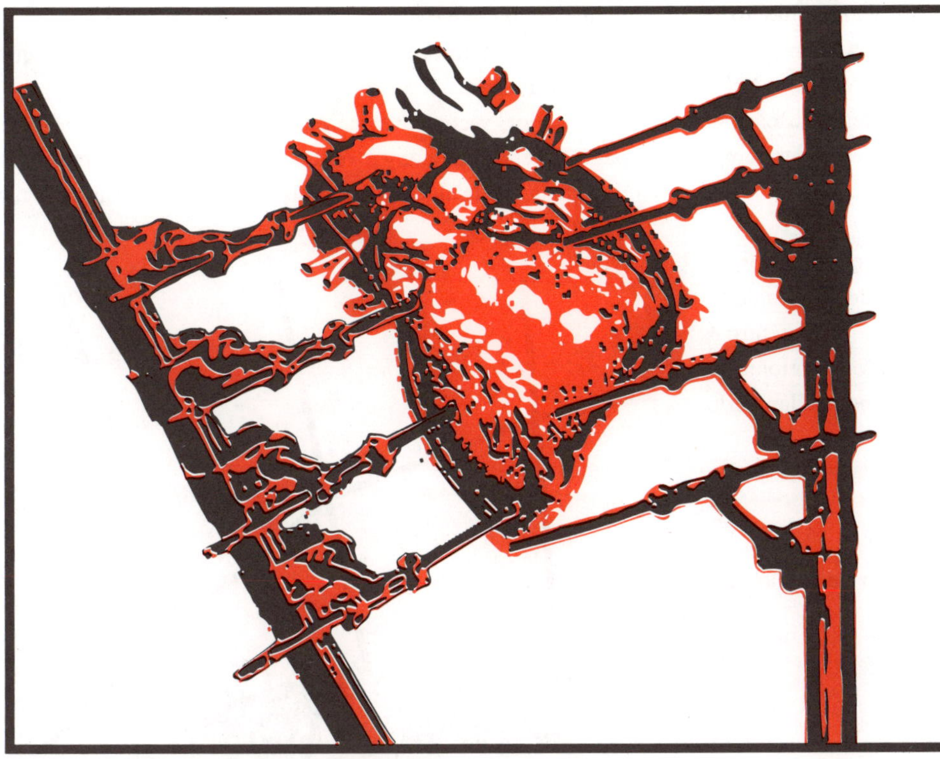

haz de mi corazón lo que tú quieras

C.C.H. O LOS SUEÑOS DE EMILIANO
(LA NACION DEL SUEÑO)

"Siempre me invade una tremenda debilidad al emprender un viaje. Tengo que reconocer mi condición de ser vulnerable, que necesita aprenderlo nuevamente todo. Desconozco la lengua que hablan, el aire construye una atmósfera que me atora y la presencia de personas tan diferentes me deja atónito. Hay unos que me atropellan, otros vienen y me golpean. Los rayos del sol que se esconden paren la noche, y las estrellas titilan seduciendo mis ojos pero nada entiendo.

No sé si tienen o no costumbres. Me imagino que algún código reglará sus acciones, pero pese a que somos más de un millón mi cultura quiere ser anulada, cambiándola por reproducciones de formas sin contenidos, o contenidos vacíos de formas. Muchas veces mi gente no es mi gente, sino un experimento de realidades y fantasías pecaminosas. Me siento como un recién nacido huérfano.

El camión en que atravieso la frontera es como el vientre de una mujer que donde quiera que me deje me deja solo. La soledad se come todo lo que pienso; mi alma se desarma dejándome desconcertado y ansioso de volver a juntarla en pequeños fragmentos. No logro hacer de ella un todo, y entonces me sepultan en el desierto... humillando lo que los Indios dicen es la casa de Dios.

Muchos se preguntan por qué he venido de tan lejos, mucho más lejos que todos los kilómetros recorridos. Tal vez sea que cansado de la monotonía infame me nacen alas, y aprendo a amarme con el viento. Tal vez sea que la degradación a que somos sometidos empieza a anularnos como seres humanos, o tal vez sea que antes de dar a luz criaturas maravillosas nuestros vientres persiguen una idea sintetizada en la frase "siempre hay un mañana". Tal vez sean todas esas cosas y tal vez no sea ninguna... yo no sé.

Habito el centro de algo extremadamente frágil. Aquí todo está hecho en base al cálculo perfecto, usando definiciones materiales y prácticas técnicas que sé son vulnerables. Como antídoto al tremendo efecto de la distancia organizamos nuestras familias en mini planetas que a ellos les parecen barrios sin orden ni ley, que adoran espíritus extraños. Si no viviésemos separados lo nuestro estaría en peligro de extinsión porque el sistema incluyente lo primero que quiere es la anulación de las particularidades, y la generalización de lo que suelen llamar "los buenos modales". Mi abuela solía decir que antes de abrir la puerta de nuestras casas debe estar ordenada nuestra conciencia de lo milenario.

En la dimensión de la que provengo las cosas fueron hechas con rudeza y solidez. Como si la intención del espíritu creador hubiese sido dotarnos de un soporte que pese a los cambios no perezca ni mude de aspecto. Es como si en la consistencia los cambios fueran más armónicos. Es como si partiendo de raíces profundas los injertos crecieran robustos, y dieran a luz otros seres mágicos.

El clima es duro. Las montañas depositan su majestad en la solidez de la piedra. A partir de sueños inmensos los ríos cuentan leyendas que logran la perfección de la naturaleza. El sol aparece y se oculta desde la fuerza de su luz, y los demás astros son enunciados celestiales habitando el espacio cósmico.

Con el paso de generaciones las cosas tienden a diseñar un cauce de sucesos violentos, pero que en la bóveda del tiempo conforman un todo armónico

No solemos movernos mucho aunque estemos en todos los lugares. No somos partes del conjunto de curiosidades académicas. Somos seres vivos y estacionarios, cuyo centro es el espíritu de nuestros ancestros, que se renueva en retoño florecido. El futuro existe aunque nuestros ojos no puedan verlo. Somos la Nación del Sueño."

2

- Paisa, no sé qué chingos tengo, pero sufro de sueños con voces.
- ¿Cómo sueños en stéreo?
- ¡Qué tan calavera!
- Será que te quieren decir algo...
- ¿Como un mensaje?
- O como palabras que te olvidas... ¿o te acuerdas?
- No, pero a veces tengo la impresión de que tal día voy a soñar, y ahí es cuando quiero estar más despierto.
- ¿Y te duermes?
- Aunque haga todos los esfuerzos...
- Creo que es como todo, si te asustas más, más te atormentan
- ¿Y cómo le haré para no asustarme?
- Mi mamá sabía poner en la cabecera de nuestra cama ramas de Romero... he oído que aquí los Indios saben tejer una tela de araña cazadora de sueños.
- ¿Y qué dice la leyenda?
- Habla que en los tiempos más antiguos el ser humano podía comunicarse con otras criaturas, de las que era amigo. Entre ellas estaba la araña. Ella vió que los niños y los viejos y en general todos los hombres éramos atacados por malos sueños, y por esa amistad que teníamos nos tejió una red mágica, en la que se quedan todas las pesadillas. Los hombres antiguos aprendieron ese arte, y hasta hoy es reproducido en varios pueblos del desierto.
- ¿...y que ahí se quedan enredados los malos sueños?
- Y sólo pasan los buenos. Ese es un tejido igual a la tela de araña, va adornado con plumas y otras formas.
- Ya me acuerdo que cerca de Albuquerque vi uno, sólo que yo no traiba ni un peso.
- Ya apaga la luz... se nos volvió a hacer tarde.
- Pinche Paisa, si ya han sido las tres de la mañana y nosotros todavía de cotorreo. Tenía la idea de contarte un sueño rete suave de la otra noche, donde una voz dijo bastantes cosas que ya no me acuerdo.
- ¿Y entonces qué querías contarme?
- Las huellas que deja... pinches palabritas, me entraron hasta adentro. Fue uno de los sueños que no me han dado miedo. aunque estaba reteoscuro... ¡pa' la madre!
- A lo mejor se lo cuentas a Miss Andersen... me parece que ella podría leerlo.
- A la mejor, y como ya me entró el cansancio ahorita sí le apago la vela eléctrica, y a ver con qué nos encontramos en lo que queda de la noche. Bai Paisa, y que duermas con tus angelitos.

DEL ROLLO ESE DE LIZ

La noche entró por las rendijas de la puerta casi sin hacerse sentir, y como es su costumbre en esta época: vestida de gritos humanos, que desde el otro lado de la vida la alimentan.

La lámpara de la mesa dibuja columpios, casas con puertas en el tejado y macetas pariendo racimos de flores negras. Zumban moscas silenciosas y verdes, escapando a su condena a través de una bacinilla llena.

El sol pintado sobre la pared esquinera sonríe con su cara de inexistencia, naufragando en un mar de nubes escarlatas producidas por la humedad de alguna tubería rota. Dos milésimas de segundo al norte aparece una frase escrita con pintalabios violeta, y que en inglés denuncia algún tipo de sentimiento indescifrable, de esos que aparecen en la víspera de cualquier crucificción. Letra de mujer esperando una respuesta que no se produce ni de detrás del armario ni de debajo de la mesa.

El Paisano ensancha el oído y sin atinar el lugar exacto ni la párticula de tiempo que evocan, escucha melodías moribundas, que escapan de alguna reunión de fantasmas. Se acerca a la ventana y la abre, encontrándose con la inmensidad de una ciudad por primera vez callada, viviendo una muerte abrumadora. En el parque alguien grita "¡Escama!" y el grito se aleja sin que nadie responda a su misterioso acento de mensaje no descifrado. Los cables de luz se estremecen y tiemblan.

Una sirena barre el viento con su único y monótono acento. Los perros se suicidan colgándose de los árboles, en los que quedan como bombillos de temporada. Las hormigas devoran cuerpos difuntos y por sólo dos segundos reina la pestilencia. A la una y treinta de la madrugada nada importa, y cuando el sueño llega a esa hora sólo es una acumulación de penas malditas no resueltas.

Abandonando el laberinto del que es víctima el Paisano regresa su mirada al cuarto, y se deja caer sobre las horas, que condenadas a vivir el exilio de otro tiempo pasan desgarrando las células humanas y sus formas. Levanta el colchón y a sus ojos salta la foto de Liz desnuda mostrando sus senos firmes, que dibujan una sombra de media luna en su pecho, y que en el descenso se extiende hasta dar con el sexo, atrapado en tonos diversos conforme avanza el recuerdo.

Con ella adorna su aliento y sin siquiera tocarla la trasporta a lo más íntimo de su sexo. Antes de la erección final la foto es abandonada, condenándola a un olvido voluntario que llegará junto con el cambio de tiempo. Se dedica a analizar con sospechosa devoción la forma de sus caderas, y sin añadir ninguna idea toma la foto y le da la vuelta sólo para recordar una vez más la dedicatoria, que ahora le parece hueca.

Liz ya no existe y conforme pasan las semanas parece que hasta la foto va envejeciendo, poblando de arrugas una piel joven.

MAMA ESTRELLA

(La magia a orillas del río Hudson)

Donde Manhattan y el Bronx encuentran las aguas del río Hudson vive una mujer negra, que con movimientos de leopardo arranca malezas y reproduce besos. Aquellos que la conocen y aquellos que son su clientela la llaman "Mamá Estrella", y es una reproducción poética de las energías esenciales de la naturaleza.

Su edad parece haberse detenido en los noventa años, aunque al conversar da detalles minuciosos sobre construcciones, hechos y personas de diversas épocas.

Una tarde en que la blancura de las nubes y el celeste del cielo se fundieron de manera perfecta, Mama Estrella narró a los inmigrantes la leyenda del General Sheridan, héroe de una guerra civil que por primera vez confrontó a balazos a los norteamericanos, y que además de enriquecer a panteoneros y leguleyos sirvió de inspiración para construir un cuento muy popular entre los negros del Sur y que se llama "El baile de la Muerte en la Cama de Sheridan". Y sin más introducciones empezó diciendo:

"El General Sheridan era un hombre de pelo blanco, con unos bigotes grandes que al borde de la oreja se convertían en patillas, y éstas más arriba en una cabellera escasa, pero blanca al extremo de asemejarse a la plata. Por eso, y por sus abundantes vellosidades era conocido como "El Hombre de Plata", porque en verdad brillaba.

Cierto día que será recordado como el más feroz de la batalla, el Mayor Sheridan fue herido malamente, causando gran alarma entre su gente por ser hombre importante en estrategias y combates. Inmediaramente fue llevado al pueblo más cercano, donde por accidente abundaban el algodón y las mujeres guapas. Apenas llegado se armó gran revuelo en el pueblo: uno de los generales más afamados del ejercito había sido herido, y se rumoraba que de ésta no saldría vivo.

La improvisada clínica en que era atendido se llenó de curiosos, que se regaban por todo lado queriendo ver la cara del ilustre moribundo. La guardia policial que lo cuidaba era escasa porque todos los hombres estaban en el campo de batalla y en su mayor parte se componía de voluntarios sin rifles ni pistolas ni nada que pudiese parecerse a un arma. Pero no sólo fue esta carencia la que permitió que sucediese lo que más adelante cuenta la leyenda, sino que además todos eran amigos, compadres o vecinos de los curiosos, y poco era el esfuerzo que hacían por contener a ese gran enjambre de personas que organizaron lo que más tarde se conoció como "el baile de la muerte en la cama de Sheridan".

Un negro al que todos conocían como Chamba dijo que de la muerte él sabía más que suficiente porque se había acostado con ella diez veces, y que esa vasta experiencia le permitía hablar con conocimiento, y decir que "Sheridan ni se muere ni se va del pueblo". Ante tan temeraria afirmación todos los curiosos se rieron con risa justa, diciendo que Chamba estaba enloqueciendo.

Cada media hora salían del cuarto del enfermo partes más alarmantes. Uno de los médicos que lo atendían dijo que la bala se había alojado cerca del corazón, lastimándolo malamente; otro dijo que a la complicación señalada por su colega, él añadía una neumonía grave, producida por las horas pasadas a la intemperie; el tercero firmó un parte en el que no le daba sino dos o tres horas de vida, porque a los males señalados por sus colegas debía añadirse una hemorragia interna incontenible.

Como afectado por un mal de contagio colectivo, todo el pueblo se interesó en la suerte del militar, y se dijo que era cuestión de pocas horas el inicio del banquete que la muerte ofrecería. "Hay que ponerle sus botones dorados, y abrillantar su espada." "Las sábanas en que yazca su cuerpo deben ser bordadas con fulgores de batalla. Allí deben aparecer cañones lanza llamas, bayonetas, estandartes, humo, sangre y guitarras, y esta tarea se la encomendamos a la Niña Eloisa Yambé, por algo reconocida con la orden al mérito artesanal: Aguja de Oro". Y así se hizo con el consentimiento y aporte económico de las escuálidas arcas del ejército confederado.

La Hermandad de los Trabajadores de la Madera, integrada por siete de los mejores talladores, sembradores y segadores, se comprometió a (en un lapso récord de dos horas y media), entregar un cofre mortuorio hecho del Aspin más bello, que pese a ser árbol de tierras lejanas ellos lo contaban entre sus múltiples riquezas.

Y así procedieron unos y otros, sin faltar desde luego una reunión urgente de los miembros del grupo "sweetest music" para ensayar los cánticos mortuorios que inevitablemente invitaría a cantar el párroco del pueblo. Entonces fue que al cabo de poquísimas horas todo el pueblo sucumbió a la atmósfera mortuorio-festiva, yendo de casa en casa escogiendo o exhibiendo lo mejor de sus trajes, en los que desde luego predominaría el negro funeral, pero atenuado con listones y encajes dorados, plateados, rojos, amarillos, blancos o de cualquier otro color vivo que le privara a la muerte de su carácter fúnebre, y le diera uno festivo pero solemne, en el que ya bien entrada la madrugada se bebiese y bailase a gusto y en nombre del ilustre muerto.

Durante sus ensayos "Los de la música más dulce" compusieron un canto que al hacerce popular en todas las radios fue titulado "El baile de la Muerte en la cama de Sheridan" y que estaba compuesto con acordes movidos, intepretados con instrumentos de madera y guitarras de sabor africano. Quienes lo escucharon no sintieron otro deseo que el de contribuir a su enriquecimiento, por lo que se pusieron de acuerdo con los compositores para que unos formaran el coro, otros el grupo de danza y los demás del pueblo para vestir sus trajes y máscaras, y así danzar lo que dijeron sería "la fiesta de la música y la calavera". Los compositores se alegraron con la idea, y esparcieron la noticia de la comparsa que iba a armarse y de la libertad que cada uno tenía de llevar el traje de su preferencia. Entonces todos abandonaron sus galas luctuosas y sacaron de bodegas y armarios vistosas indumentarias que recreaban personajes como La Culebra, La Noche, El Liberto, La Calavera, El Azote, La Reina... y tantos otros que conforman la comparsa del hasta luego.

Lo siguiente fue la realización de un ensayo en el que apareció el eco como acompañamiento. Este se llevó a cabo en lo que hoy es la plaza principal del pueblo, pero que en esa época era una especie de adoratorio y lugar santo del pueblo negro. Allí, y para toda la audiencia los artistas interpretaron su creación y dicen que la música era tan festiva y bella, que el pueblo les pedía que tocasen una y otra vez, mientras de todo lado salían gentes con agujas, hilos, telas, retazos de cartones, costales... empezando a confeccionar sus propios trajes para lo que en muy poco tiempo se convirtió en la comparsa más importante de la última década.

Las horas pasaban, y sin habérselo propuesto las mismas autoridades del pueblo fueron contagiadas de un ambiente que, pese a no serles festivo, sí tenía márgenes de solemnidad tan elevados, que mandaron a sus empleadas a planchar ternos y uniformes. Aquellos que tenían pulieron sus medallas, ordenándose además elevar la bandera a media asta.

Mientras tanto Chamba se había encaramado a un gran árbol y desde allí miraba cauteloso el alboroto. Uno tras otro fue encendiendo sus abultados cigarrillos, complaciéndose en cómo las circunstancias iban cambiando, y de lo que inicialmente era un funeral, iba convirtiéndose en una fiesta a través de la cual el Pueblo Negro se comunicaría con el espíritu de sus ancestros. Por él preguntaron varias veces, pero al no encontrarlo supusieron que estaría ocupado preparando algún guiso especial para la fiesta.

A las dos en punto de la madrugada arrancó un batuco musical que enloqueció el cuerpo de los bailarines, como si hubiesen sido punzados por ondas de vibración continua. A los cantos inciales del grupo se sumaron otros aún más frenéticos y apasionantes. Las mujeres agitaban sus nalgas con deleite y los hombres las acompañaban golpeando panderetas y tambores. Entonces sucedió que fue presentado el sudario bellamente bordado por la niña Estefanía, y luego de él vino el ataud tallado con magníficas escenas de la guerra. De las casas de las abuelas empezaron a salir ollas y más ollas rebozantes de comidas antiguas, prepradados según recetas hoy olvidadas, y que en su tiempo fueron traídas de las Antillas.

Repentinamente se extendió como fuego la noticia de que Sheridan había muerto. Sonaron 21 cañonazos, y otros tantos disparos que saludaban su acenso al cielo. Los hombres de su improvisada guardia mortuoria salieron uno tras otro de la habitación y se dirigieron a sus casas, a improvisar sus trajes.

Los personajes más importantes del pueblo organizaron la parte solemne del sepelio. A tiempo llegaron la sábanas bordadas y el féretro ofrecido. Mientras en la Iglesia se desarrollaba la misa de cuerpo presente, Chamba bajó del gran árbol, y se dirigió a quienes hacían de oficiantes de la ceremonia, diciendo: "Ahí mismo desenterramos el cuerpo y le invitamos a la fiesta, para que el hombre sirva de intermediario con los espíritus de nuestros hermanos negros, muertos en esta guerra de mierdas. Como a todos los vivos, me le dan de beber; que como todo hombre vivo baile y se emborrache hasta el punto de encontrar su energía y la de nuestros hermanos. Entonces será el tiempo en que la muerte sienta vecindad con la sangre regada y permita que el infierno en que nos han sumido nuestros captores deje de ser cierto". Y ante sus palabras todos se sintieron satisfechos porque entonces sintieron que habían sido convocados a celebrar una ceremonia inventada, pero que al ser convertida en realidad fue llamada "Yaqué" o "el baile de la muerte enferma", y que cumpliría el poderoso embrujo de arrancarle a la muerte su fuerza siniestra.

A la misa de cuerpo presente asistieron algunos músicos, carpinteros, costureras, recolectores de algodón, libertos y esclavos. La autoridad del pueblo hizo un discurso emotivo, en el que destacaba el valor del difunto y su sabiduría en cosas de la guerra. La autoridad militar elevó sus plegarias por el bien de la patria, y el grupo de músicos interpretó cantos religiosos y otras composiciones. Así y todo la ceremonia de despedida de Sheridan duró solamente una hora, y hubiese durado aún otras muchas de no ser porque habían sonado ya las dos de la madrugada, y el cementerio quedaba a una hora en camino de herradura.

Atravezando calles iluminadas por antorchas la comisión partió cargada el féretro. En el camino hubo mucho silencio, sólo interrumpido por el ruido de sapos y grillos, que parecían haber sido invitados a participar en el sepelio. Una vez llegada al cementerio la comitiva abrevió cuanto pudo la ceremonia, y dejando encargado el entierro volvió de regreso al pueblo, porque en verdad los días de batalla eran exhaustivos.

Una vez que todos los de la comitiva partieron se inició la ceremonia, repartiéndose cigarros, botellas de aguardiente y muchas otras bebidas poderosas. Todos tenían alguna anécdota que contar del tiempo de la guerra; unos describían su gran amistad y entrañable confianza con el muerto; otros hablaban de su parentesco directo, enunciando nombres y hasta direcciones de nietos, sobrinos, bisnietos o primos. No faltó quien dijo saber de mujeres que habían dado a luz niños mulatos y blancos.

Para iniciar el acto la mujer más anciana del pueblo esparció trago en el terreno y sujetando una gran vara de madera empezó "La Danza de las Varias Especies", que la transformó en una hermosísima serpiente de colores rojo y negro. Diciendo oraciones trazó caminos de arena que marcaban el lugar de la sepultura, en el que a una señal suya un grupo de ofrendadores empezó a cavar, recuperando el féretro del ilustre muerto. Entonces fue que los cánticos variaron, y el grupo de hombres y mujeres con voces fuertes entonaron melodías alegres, como aquellas que los acompañan en las jornadas de trabajo.

A aquellos que estuvimos presentes nos consta que al grupo de excavadores no les tomó ni dos minutos llegar al féretro, que inmediatamente fue sacado para regocijo de todo el pueblo. Entonces volvió a aparecer Chamba, y con un puñal de madera de ébano extrajo los clavos del sarcófago, y de un solo tirón le arrancó la tapa, dejando al descubierto el cuerpo de Sheridan. Inmediatamente se acercaron los danzantes, y en un éxtasis profundo lo sacaron del féretro, y luego de brindarle un gran trago se lo pasaron entre sí a aquellos que hacían de jaguares, serpientes, tigres, monos, perros, que finalmente lo dejaron en presencia de la madre serpiente que se enroscó en su cuerpo, apretándolo hasta provocar que de sus orificios brotaran unos líquidos amarillentos y verdes. "El cuerpo está limpio" dijo Chamba, y entonces vino un anciano y con un pañuelo humedecido en agua de canela le limpió el rostro y dijo algunas palabras que por efecto del silencio retumbaron en la bóveda del Cielo. "Los Dioses han sido convocados". Y sonaron más palabras diciendo:
La muerte tiene dos rostros
que son reflejos de plata.
Sus oídos son abismos
en que se pierden las palabras.

Y siguieron circulando las botellas y los cigarros, y se desató la fiesta y Sheridan fue uno de los más animados pues pasaba de brazo en brazo bebiendo y fumando. Uno a uno iba repitiendo los nombres recomendados y que evocaban a todos los negros caídos en los campos del batalla. Aquellos que estuvimos presentes no olvidaremos la voz de Chamba como una llovizna repitiendo aquello que había dicho el momento en que Sheridan entró agónico: "Sheridan ni se muere ni se va del pueblo", y los músicos levantaron aún más las voces para repetir el coro de su música, que dice:

"La muerte viene bailando
y viene bailando en sus andas.

Ella come, bebe y canta,
lleva espuelas de plata.

La muerte tiene sonrisas
en el campo de batalla
sus ojos son como el alba
y su boca es dentada.

Todos en contra de ella,
todos a quitarle la guadaña,
a darle un beso en la frente
y un machetazo en las nalgas."

Y a este ritmo los fiestantes se iban transformado en los seres de sus trajes. Todos abandonaron sus formas humanas y les brotaron garras, plumas y ojos de aves sagradas. Abrazan a Sheridan, y lo acurrucaban en ternuras hechas para hablar con la muerte, y llegar con ella a un buen acuerdo que permita el retorno de la vida a los campos de batalla.

En el tiempo que los mortales contabilizan esta fiesta no duró más allá de seis horas, pero en la mágica conciencia de los fiestantes se extendió sus buenas siete lunas, y aún les encontró el alba."

2

Los inmigrantes habían caído en un sueño prfundo, del que al despertar comentaron muchas cosas. Emiliano reflexionó sobre lo afortunado de poder bailar 7 días después del sepelio. El Paisa dijo que si a él no le empujaban al féretro se quedaba.
- Pero se ve que también tú has heredado el noble espíritu de tus ancestros Emiliano, ¿o es puro acto de magia el consumirse una de tequila en sólo dos bocanadas?
- Pos tú no te quedas atrás carnal, y menos el Brotherito, que ya me enteré que la otra noche casi terminan en cana de lo muy bailadores que se habían puesto con las chicas del "Latin Palace".
- Así es Brotherito, y si de esa salimos bien librados fue porque el Sargento de policía que vino a meter orden andaba en un desorden peor que el nuestro, y menos mal que logramos ponernos de acuerdo, y llevarle a nuestro "Rincón del Feeling", que si no el Paisa y yo hubiésemos tenido que visitar el presidio al menos por una semana -dijo el Brotherito, disculpándose con Mama Estrella por las anécdotas.

3

De Mama Estrella se sabe que nació en el Sur, y en el siglo pasado. Dice que sus padres fueron Haitianos hijos de esclavos. A orillas del río Hudson exorcisa males y limpia auras, y a la fuerza de la creación añade una serie de habilidades que aparentemente van desapareciendo en las grandes ciudades.

El valor de su arte es reconocido a voluntad por la clientela, y además de papel moneda acepta productos de todo tipo, regalos secretos o amuletos. "De comer no falta a nadie y el alimento del espíritu es un amor sano. El puede exorcisar diferencias materiales y reparar daños muy grandes. Nada hay que su fuerza no pueda. Soy persona amiga de la noche y del canto de las aguas, en ellas se guardan secretos innombrables y poderosos". Ella canta y sabe de silbidos que evocan universos antiguos. Su cuerpo emana solemnidad y alegría. "La lista de males que nos aflijen parece infinita pero es sólo uno: falta de amor, y los pies esquivan los caminos correctos; el pensamiento no fluye y los sentimientos se disuelven como la sal del mar. Entonces sólo queda el cuerpo amándose con la muerte". Enciende velas ubicándolas en puntos cuya dirección tiene que ver con la posición de las estrellas y los favores solicitados. Toma en cuenta el curso del viento y dice: "hay que estar atentos porque por allí mismo se va el sufrimiento". Ofrece baños de flores, fuma cigarros cuyo poder es descifrar destinos; carga perfumes que alimentan abejas mensajeras.

"Yo no soy milagrera sino restauradora de energías. La persona es quien las utiliza para cumplir sus propósitos. Si tú Paisa pides suerte en el Amor yo te preparo para el sentimiento: con flores y cantos te entrego fortaleza; encendiendo velas ilumino la posición de las estrellas, y el día de tu venida a esta dimensión. Entonces escojo la piedra que ha de servirte para equilibrar esa fortaleza y así el día de tu encuentro con el ser amado, será un día en que alguien más sienta el mismo poder que tú sientes, haciendo realidad la magia del amor y la existencia del universo. Lo demás lo mueve el río, que en esta parte del mundo es sagrado porque fue el camino de un pueblo antiguo. Si tú pides Amor y al mismo tiempo son buenas las energías del cosmos hacia ese deseo, todo concluirá en su realización, pero si no son buenas, entonces para tu propia suerte no sucederá el milagro. Lo más sabio es tener energía y paciencia, y saber que siempre es mejor tener cuidado con lo que se desea, porque pudiera convertirse en realidad, y entonces ¿qué vas a hacer?

Que se vuelva realidad
aquello que va en el río.

Sueños de sombras liberando la noche.
Aromas de vastedades infinitas
y todos los acentos del deseo fluyen
en el viento líquido de su cuerpo.

En su configuración astral
Dioses y sermones
hablan de espacios
que convierten la energía
en lámparas siderales
de efectos totalizantes,
que reproducen el amor
y embriagan a los amantes.

Paisano, esta vez la fortuna te sonríe al dejarte solo, porque al parecer la soledad aún guarda para ti muchos de sus secretos, que debe develar para ti. Considérate afortunado y mira tu tristeza como una pena válida pero no eterna."

Las aguas del río sintieron su presencia. Los sonidos de la naturaleza reventaron y en una explosión de vida todos los seres germinan sus crías. Cada átomo mostró el camino de la luz y en la casa del amor se reprodujo la vida. En el cementerio vecino las calaveras se revolvieron y entremezclaron en un ruido de cerámica limpia y cristalina. Las aves fulminaron de plumas el techado del cielo incluso más allá de su reino.

C.C.H. O LOS SUEÑOS DE EMILIANO
(YANAGO O CHAMUSCADO)

1

"¿Qué vida de locos estoy viviendo?" se pregunta inundado de pensamientos, y las personas que ha conocido le parecen seres ardientemente marcados para cumplir un destido de fábula. A veces le parece que atestigua sus vidas por una ventana de muchas dimensiones, conectadas todas sus posibilidades captativas a una masa encefálica que no detiene nunca sus procesos, para receptar escenas de una intensidad embriagante, que lo dominan.

El dolor ha evolucionado en una especie de sordera inteligente que mientras más larga es resulta más beneficiosa. A él se han sumado las malas noches junto a la cama de Emiliano escuchando impotente sus delirios, recorriendo en aquellas horas de hospital (horas enfermas) los rostros y palabras de quienes en Nueva York se han convertido en sus hermanos.

2

"Dejando de comer bien/ pasando hambre/ recordando/ pasando vergüenzas/ necesidades/ el tiempo/ privaciones/ chingando.../ y desde debajo de la tierra brota el sol para acompañarlos en su nuevo día, cada uno con una canción zurcida en los labios a modo de prenda íntima. Pasan dos sombras asustando las palomas y las calles en su deslizarse, se reproducen en esquinas, en las que están otros paisanos enroscados como serpientes, haciendo sonar el cascabel de la vida.

Abra la puerta señora
véndame un canelacito
déme unito déme otrito
hasta quedar chumadito.

Toda la noche pasaré
junto a mi negra con amor
ya estoy chumado qué caray
ya voy entrando en humor.

(Canción tradicional ecuatoriana)
Letra:Abel Romeo Castillo

"¡Papeles!/ ¿desde cuándo?/ ¿hacia dónde?/ ¿cuánto?/ ¿con quién?/ ¿para qué?/". Por obra de las leyes llevando en el alma el sabor de un calvario en sus cuarenta estaciones para timbrar tarjetas en las que se van acumulando los días que se hacen monedas, repitiendo mecánicamente la frase conocida de "el tiempo es dinero" time is money/ sólo cinco años para residente/ just/ resista doce y hágase ciudadano/ jura la bandera/ le dan la green card/ el social security number/ pasaporte al cielo/ y mejoran los sueldos/ y ya no es tan difícil/ habemos abogados para latinos/ vendemos cruces con ruedas/ calvarios motorizados/ escapularios/ doble nationalité/ pero eso sí deben aprender/ hablando alto/ pero discretamente/ ni en la primera/ ni en la última caída/ quejándose/ buscando silenciosos/ un número/ que les dé vida/ be quiet/ no dirán nada/ así mismo es/ ante cualquiera ofensa/ I do not hear any more/ no oigo no oigo soy de palo/ I do not understand anymore.

Y en las oficinas del INS reciben una columna de extranjeros que se desgrana en seis o siete cuadras creando un arco iris de aspirantes a una vida nueva. Zapatos de zuela. Taco alto. Tennis. Con hebilla. Blue cordón. Los penny. Alpargata. Unos salen sonriendo sólo para ponerse tristes dos cuadras más adelante. Otros salen verdaderamente contentos con una papeleta que les autoriza a vivir dignamente... ¿pero cómo?

"Ya podemos mandar a los babies a la escuela/ Madre Castísima/ ir al médico/ ya podemos escoger un buen trabajo/ algunos cupones de ayuda/ o la wearfare/ los departamentos populares/ eso será si nos dejan/ acuérdate de Pete Wilson y su enmienda/ se llena la solicitud y se la envía con 75 dólares air mail/ Madre Adorata/ acuérdate/ viviendo al día/ mientras la policía de espaldas nos mira/ piden que digamos lo que sus orejas entienden/ ni una jota más ni una menos/ haciéndonos los del corazón viajero/ ante sus ofensas/ puñal de la tristeza/ Madre Prouniciata/ sacándonos los ojos para no ver/ Torre de Babel/ los sentimientos contraproducentes que te nacen al entrar en el patrullero agobian de tal manera al pasajero que el sistema nervioso colapsa y finalmente en el asiento trasero sólo queda un elemento que huele orina y defeca/ insolación/ Madre Castísima/ aquella historia del desierto es como la de Jesús degollado por los fariseos que son dueños del templo/ Espejo de Justicia ora pronovis..."

- Aquí todo ha sabido ser al revés: conforme pasan los años algunos en lugar de educarse se han sabido volver analfabetos.
- Al final ya ni leen ni escriben.
- Ya no contestan.
- Las cartas que reciben son como escritas en chino.
- Les ha sabido ganar la tristeza.
- No las entienden.
- No las contestan.
- Sólo son ciento cincuenta dólares.
- Se tapó la grifería y el niño quedó atorado.
- Ayer llegó el cartero y me dijo que odia mi impaciencia.
- ¡No entiendo qué has hecho con el tiempo!
- Parece que algo les duele en algún lugar.
- Y el dolor no cesa.
- O se inventan.
- Nadie hay tan bestia.
- La última estampilla decía Estado de la Florida. ¿O fue algo así como "desde las orillas del Mississippi?"
- Queremos acabar la casa porque los beibis ya están grandes.
- Y se hacen familias nuevas.
- Como sienten los cosmonautas siento yo.
- No me falta el aire, pero la tristeza me queda grande.
- Flotando sin espacio.
- Naufragando en un océano de letras.
- Inundado.
- La pared se cuartió en la última granizada.
- Jamás te arrepientas.
- Desde el corazón de algún lugar lejano bajaremos con los ojos cerrados a las tierras del trueno rodante, y haremos nuestro Latino Pow Wow.
- La rumba de las naciones.
-Vendrán Aztecas, Tolcetas, Aguarunas, Incas, Quechuas, Innuit, Zuni...
- Otros más nacidos de campos y ciudades.
- De las aguas.
- De las cuatro regiones del cosmos.
- La fiesta de La Raza celebrando el gen.
- Mezcal.
- Cuando en el vasto espacio de la nada se reproduce la vida.
- Y ya no nos negarán el visado.
- Ni nos quitarán la chamba.
- Y sin embargo la vida no puede dejar de ser un Chapushca.
- Mezclado.
- Que ensancha el corazón.
- Aleja la tristeza.
- Incesante animadversión a las penas.
- Sin elucubraciones patafísicas ni entendimientos mordaces habremos de borrar la línea cerebral que nos separa.
- Tú y yo.
- Reconociéndonos como hermanos.
- Pete Wilson:
- "May the Baby Jesus shut your mouth and open your heart".

Y conforme sus ojos se van cerrando el cielo le parece un ente distante y preñado de constelaciones que hablan presagios. Y al adormecerse casi se ha olvidado completamente de Emiliano pese que está a su lado, atrapado en una fiebre que no cesa. En sus oídos las palabras que recuerda derraman el peso de su significado y con la poca voluntad que le queda trata de ubicarlas en algún lado menos crudo de la pesadilla que se avecina.

"Se ha sabido secar la boca y entrarte una sed chingona, como si te estuvieran retorciéndote el pescuezo hasta robarte el aire del cielo", recuerda el Paisa, mientras entre sueños vuelve a escuchar los lamentos de Emiliano, sudando un fuego que lo quema días enteros. Con gran esfuerzo logra entreabrir los ojos y encuentra el frasco de suero y una sonda conectada a la nariz de su hermano, víctima de una enfermedad insospechada.

De algún parlante que en el hospital no existe, el Paisa oye una canción que en su dulce letra dice:

"Abra la puerta señora,
véndame un canelacito,
deme unito deme otrito
hasta quedar chumadito.

Toda la noche pasaré
junto a mi negra con amor
ya estoy chumado qué caray
ya voy entrando en humor."

BRUTAL LEX . BRUTAL COMBAT

(LOS 90 DIAS ANTES DEL FIN DEL MUNDO)

"Burning and go looting tonight"

(f.) Para cada niño que no ha podido establecer su estatus legal, cada distrito escolar deber seguir recibiéndolo por un período de 90 días contados desde la fecha de entregada la notificación. Estos noventa días deben ser usados para llevar a cabo el cambio de escuela ordenado en el país de origen del niño. Cada distrito escolar cooperará del mejor modo en este esfuerzo de transición, asegurándose que las necesidades educativas del niño sean las mejores durante este período de tiempo.

HECHO ONCEAVO

"PERDIDA POTENCIAL DE FONDOS FEDERALES. Estas medidas pondrían en riesgo más de 15 billones de dólares anuales en fondos federales para programas de educación, salud y ayuda económica debido a conflictos con requerimientos federales.

Todos estos efectos fiscales están sujetos a una gran incertidumbre. El uso de servicios por parte de inmigrantes ilegales puede ser estimado solamente en términos aproximados..."

Illegal Aliens. Ineligibility for Public Services. Verification. Reporting. Initiative Status. Preparado por el Fiscal General.

CARAVAN OF SICKNESS

(HAPPY BIRTHAY TO YOU PAISANO)

¿Por qué lo hacen, y por qué con su propia mano se causan tanto daño, convirtiéndose en víctimas de un sentimiento de desolación tan absoluto? Al menos hoy y hacia adentro sus ojos están llenos de lágrimas, que parece nacen de un corazón oprimido por algo más que la tristeza en toda su sagrada esencia. Padre, madre, amigos y barriada están tan lejos que se han resumido en la extraña amargura del recuerdo, y Emiliano va por su décimo día enfermo.

Durante las últimas semanas el cielo se ha vuelto gris de un modo que solamente a él le es posible, para en su vasto espacio albergar un sentimiento de incertidumbre devastador. Las piedras que forman una pileta en Central Park han apagado su rito de luz mineral. Más que rocas cristalinas jugueteando su suicidio en el espacio ahora parecen ruinas. No queda ni un solo rayo de sol, ni los pájaros cantando evocan el sagrado acto de la vida... y el sonido de un avión recorre el cielo con su ruido de desesperante despedida.

No sabe cuántas veces se habrá repetido a sí mismo una frase como "hoy estoy entristecido" o "todavía hoy estoy triste" y sin embargo siempre le parece la primera vez por el sentimiento de desolación que genera. Aunque ésta fuese la millonésima vez se lo repite nuevamente y le parece que las risas de los niños jugando en el parque son atropelladas por neumáticos de autos fantasmas.

Una vez que se recuesta le envuelven imágenes de su gente. Las calles de su ciudad empequeñecidas por la presencia de vendedores ambulantes; los rostros de vecinos con quienes el amor, la amistad o la ira han ido cruzando sus caminos; sus almas aparecen reflejadas en rostros marcados por edades de interrelación cósmica. Las facciones de La Raza. Tal como las viera pintadas en murales de magníficos colores que decoran las paredes de parques y edificios en las barriadas pobres de Nueva York.

En una casa de ventanales alegremente decorados con maceteros, aparece el rostro de una mujer que atestiguó más de la mitad de su vida, y que por artes del destino nunca más volverá a verla. Dos cuadras más arriba se derrumba la casa de su primera novia, y él se pregunta "¿por qué se habrán caído tantas estrellas?". ¿Qué hay dentro de todo esto que no se arregla? ¿Con qué parte disfuncional camina este planeta?

Recuerda que en su ciudad pese a llover tanto se considera cierto que el sol se mantendría del otro lado, y que en la noche volverían a brillar las estrellas. Es como un compromiso celestial imperceptible. "Vivo una vida de fantasmas" piensa, cuando decide levantarse para ir al trabajo, y sin más tristeza recuerda que hoy cumplirá 25 años de vida.

GRAFFITTI

Ahora se fue la luz
-o por lo menos el brillo-
"back in business"
y me diera terror
morirme aquí,
me moriría dos veces,
y la tercera me mato.

C.C.H.

(LAS CUATRO ESTACIONES DEL SUEÑO)

No era la primera vez que se lo decían, ni tampoco era la primera boca, aunque en la fiebre intuyó que podría ser un sueño.
Llegó a casa en una hora fija, que nadie tomaría en cuenta. Al bajar las gradas sintió una corazonada que anuló completamente la paz con que llegaba.

En mitad del camino encontró a su hermano, y luego de estrecharse afectusamente iniciaron una conversación en la que se cernían recuerdos de sucesos vividos hace varios años, y que habían quedado entre ellos el día de su partida. En eso estaban cuando de una ventana salió una mujer y gritó "¡Don Julian... ya es hora que me dé llevando los changos a la casa!", y él, pese a querer compartir con su hermano el especial momento de su reencuentro tuvo que someterse al peso de la obligación, que hizo que Emiliano se estremeciese.

Con gran pesar continuó bajando las gradas, y ya en el umbral de la puerta encontró a su madre, que salió a su encuentro con los brazos extendidos y llorando. Emiliano sintió que aquellas no eran lágrimas de alegría, y cuando se preparaba a pedirle la bendición escuchó que en medio del llanto ella le reprochaba un "¿para qué volviste... no ves lo pobres que estamos?", y con un tono de voz aún más ácido continúo diciendo "sólo vos no puedes aguantar a vivir en el extranjero... Aquí no hay vida que valga, ¿o no te das cuenta lo pobres que estamos?" Emiliano cerró los ojos y sintió que una parálisis se apoderaba de su cuerpo, anulando todo posible pensamiento. En la oscuridad encontró los ojos de su madre cargados de todas las penas posibles, extinta la luz que un día atestiguó les daba vida. No pudo dejar de imaginar sus labios moviéndose sin pausa ni misericordia, diciendo palabras que aún cuando carecían de sonido llevaban toda la amargura posible.

Sólo en ese momento, de los muchos malos que había conocido en el extranjero, sintió en su cuerpo el frío abrazo de la muerte. No era la primera vez que se lo decían ni era la primera boca, y sólo sentía en sí la dificultad que resulta para un muerto en vida el poder explicar cómo es la vida del otro lado de la línea.

Cerrando sus ojos soltó las maletas que traía, y con una gran fuerza dirigió los dedos de sus manos al pecho, y extrajo su corazón muerto, y se lo puso en manos de su madre que ante la sangre chorreante empezó a dar gritos histéricos, que le provocaron la muerte.
Eran las tres de la madrugada y Emiliano se despertó vomitando, los ojos llenos de lágrimas y su cerebro cocinado en una fiebre maligna.

2

"Ellas crecen solas Brotherito, y no se alimentan de otra cosa que de la desgracia. Hay que agradecer que sólo suceden en las noches, porque en el día tenemos montones de esperanzas que nada logrará anular. Aquí la pobreza tiene puertas que conducen a una maldad criminal, que nos pone a temblar, y pese a estar dormidos nos sacan lágrimas que en verdad son vida misma, escapándose hecha agua.

No se enferme más Emiliano, póngase abusado y fíjese en la maravillosa luz con que el sol nos ilumina todos los días, no importa el lugar en que estemos. No tenga miedo a dormir, que total las pesadillas no pasan de suceder en un tiempo y en un espacio que no existe. Quédese tranquilo y sepa que los malos sueños son las flores más abundantes en el jardín de la distancia porque saben de qué lado cojeamos, y ahí meten la maldad de sus raíces. Hay que serenarse y hacerle el mico a la cosa, y más bien agarrar por el camino del corazón, que nos dice que en el mundo real jamás podrían sucedernos esas cosas. A las pesadillas hay que tratarles con indiferencia, y apenitas uno las ha tenido vale pensarlas, y actuar con tanto amor para que nunca sucedan... Ya ve que aquí todos hemos venido por voluntad propia y está bien porque es un acto de libertad, porque somos libres para escoger lo que creemos mejor para nuestras vidas. Somos latinos de corazones anchos y apasionados, que a veces venimos a espacios en que la magia negra tiene mucha fuerza, pudiendo convertir a nuestras propias madres en demonios, pero su poder nunca llegará más allá de causarnos unas cuantas heridas. Usted sabe brotherito que en el mundo de la realidad es otro sol el que brilla, y aquí siempre se preservará la luz como sinónimo de vida.... Relájese y descanse. Duerma". Le decía el Brotherito, mientras Emiliano sentía vaciarse en sus venas el décimo frasco de suero.

DE MISS ANDERSEN Y EL CIELO EN NUEVA YORK

- Pero a la vez que abundan las flores, no es que el cielo de Nueva York carezca de estrellas, sino que es víctima de una enfermedad que se conoce con el nombre de "ocultamiento velar", cuyo síntoma más grave es provocar ceguera en quienes viven bajo su obnubilada presencia -y lo dijo sin siquiera parpadear, dirigiendo sus ojos a cada uno de los focos eléctricos que se pueden ver desde Central Park. Para intervenir en la explicación que Miss Andersen estaba dando, Emiliano dijo:

- Una de las cosas que más me extrañó cuando llegué fue la falta de estrellas. En esta ciudad parece que también ellas se andan escondiendo de la migra. -Y con tono interrogativo volvió a tomar la palabra Miss Andersen para decir:

- ¿Son ellas las que se ocultan, o tus ojos los que no miran?

Entonces el Paisano cerró los ojos para imaginar el patio trasero del restaurante en que trabajaban. Algunas veces había notado que desde allí la visión del universo puede ser mágica, y transportarlo hacia ideas armoniososas, de una ternura sublime.

Ese patio debe medir unos siete metros de largo por tres de ancho, y divide dos edificios de cuatro pisos. Allí crecen tres tipos de flores y un árbol que por su belleza y utilidad los empleados del restaurante bautizaron como "de colores", en reconocimiento a la condición de los recuerdos que allí comparten a distintas horas del día un mexicano, un peruano, un polaco, un ecuatoriano y un vietnamita.

Desde allí, y cuando la noche ha decidido inundar Nueva York, puede verse una sola estrella brillando suave y perfumada, entre la atmósfera amarillenta, que cubre el cielo como efecto del alumbrado público. Miss Andersen vuelve a tomar la palabra diciendo:

- En definitiva podríamos decir que el cielo es una extensión que cobija a especies de todo tipo, que van desde los seres alados hasta los traedores de lluvia, y desde luego al sol y la luna, y como flores del cielo un manojo de luceros atados con lazos de nubes. Por eso Emiliano yo evoco a todos estos maravillosos elementos para darte la bienvenida, y saludar el regreso de la salud a tu cuerpo -dicho lo cual invitó a los inmigrantes a levantar sus vasos para brindar por la buena fortuna de tener a Emiliano de regreso entre ellos.

DE LOS QUE NO FUIMOS INVITADOS PERO QUE ASISITIMOS

"Con sus tantas leyes y aparentes privilegios, el Gobierno Federal ha hecho de ésta una sociedad horrenda, en la que las castas sociales van de ciudadano americano por nacimiento, ciudadano por naturalización, residente, aspirante, turista e ilegal, dependiendo del status en que un ser humano se halle la calidad del trato que recibe."

(De un manifiesto hecho público en El Barrio)

Ante sus ojos muchos de los objetos y substancias sociales han perdido valor. A su manera el sistema ha logrado hacerle entender que en la sociedad de las oportunidades no es nadie, y lo ha entendido, ayudándoles con su auto marginación a no ser tomados en cuenta. Segregados por elección y por condena.

- Total Paisa a mí ya cualquier cosa me da lo mismo. Hace meses que mi corazón está del otro lado de la frontera. Ya no me ofenden ni me enchingo, pero eso sí, cuando se portan demasiado culeros me entran ganas de darles la suya. Lo malo es que uno sólo no puede hacer mucho en contra de todos ellos.

Si le tratan discriminatoriamente cuando hace algún pedido; si los alimentos tienen o no un balance nutritivo; si le sonríen cuando quieren significar algo o si le sonríen cuando no quieren significar nada. Qué valor puede tener ese universo de detalles que quizá en otro lugar de la tierra tengan importancia, si le han hecho entender que para los dueños de casa él no es más que mano de obra barata. Por eso es que han elegido vivir en El Barrio, porque allí adentro al menos los niveles de discriminación cesan, y la vida tiene formas conocidas.
Sin duda que en el universo existen cosas espantosas y aún otras peores, pero de entre todas no puede haber ofensa más grande que pedirles que se acomoden a sus formas organizativas, sin siquiera tratar de entender el por qué de las formas que vienen siendo transmitidas en su sangre durante generaciones.

- Paisa, ¿te has puesto a pensar que a veces nos hacen concesiones como si fuésemos mendigos? Algo así como ser buenos alguna vez en la vida, o ir a la iglesia a pedir perdón por pecados que ni siquiera han aceptado -dice Emiliano mientras arranca hierba de un diminuto parque en el East Harlem.
- No les culpo, total ni siquiera fuimos invitados.
- ¿Pos y a ellos quién los trajo?

En un intento por no pensar más Emiliano miró a lo alto, y fijó sus ojos en una hermosa pintura mural, que describe muchas formas de universos posibles, ocultas tras las pupilas de niños latinos residentes en el East Harlem.

- ¿Te has fijado en lo retebonita que es esta pintura? Le llaman "La Calle de los Sueños" porque es un mundo perfecto, que combina posibilidades reales de una existencia buena. Mira Paisa, hay niños que van sonriendo a la escuela, papás y mamás que tienen tiempo de jugar con ellos, hay muchos juguetes que tienen sentido. Al lado izquierdo hay un pájaro de alas grandes que le dicen "El Mensajero". ¿Lo ves? Y allá está el carro de los helados lleno de niños que adoran su música... y mira esa cometas, ¿no son padrísimas?

- También me gusta la parte del cielo porque es muy lindo ver cómo a través de la pintura se escapa entre los edificios, dándome la sensación de que a esta ciudad todavía le quedan muchos sueños.
- Pos como que los chamacos se propusieron pintar los edificios de este barrio con formas no tan rectas. Me gustan más que nada las líneas chuecas.
- ¿Y no te gustan las palabras que han escrito en lo alto?
- Si está lindísimo, imgina lo bonito que es pensar que aunque estás en una ciudad tan jodida puedes tener suficiente imaginación como para dibujarla, y llamarla "La Calle de los Sueños".
- Es bonito ver que al East Harlem todavía le quedan poetas.
- Es bien cabrón ver lo imaginativos que pueden ser los chamacos, y lo mucho que pueden compartir con sus padres. Ya estuvo bueno el muralito éste, si hasta logra avivar el zoológico de asfalto que es el barrio éste.
- Suave nomás, que si éste es un zoológico nosotros somos las fieras.
- Pinche Paisa... ¡has de querer decir los fieros!

Y allí se despidieron, el uno camino a su departamente empedrado de cuerpos y el otro rumbo a su cuarto, que para el efecto del descanso no es más que un pedazo de corredor de tres metros, separado del resto por una cortina de baño.
Al llegar a casa Emiliano se sacó los zapatos para no hacer

ruido. Sus ojos encontraron la misma escena de todos los días: cuerpos de otros mexicanos diseminados en una oscuridad generada a mitad del día por cartulinas negras cubriendo las ventanas. "Lo bonito es que ésta también parece "La Calle de los Sueños".

Encendiendo la lámpara que estaba en la cabecera de su cama, pensó en lo bello que sería tener un sueño bueno, en el que encontrar a la gente de su tierra. Casi mecánicamente metió la mano en el bolsillo, encontrando tres dólares y cincuenta centavos, que era lo que le quedaba de los siete con que había empezado el Domingo de descanso. Inesperadamente le invadió la idea de lo poco que era dueño: 125 dólares en la maleta y setenta y cinco por cobrar en el trabajo, fuera de eso no poseía nada. Casi dormido percibió que en algún lado del departamento un radio con el volumen muy bajo transmitía un sermón. Concentrándose se dió cuenta que se trataba de una misa radial en castellano. Sonó un tema musical que inmediatamente fue acompañado por un coro que agradecía la semana que terminaba, y pedía bendiciones para algo que parecía el futuro. Al terminar la música vinieron una serie de agradecimientos por favores recibidos, entre los que estaba uno de un tal Macías Shindón, por habérsele permitido conversar con su esposa muerta. Emiliano pensó en que a su modo era feliz porque no eran muchas las cosas materiales que necesitaba para estar vivo, y a la vez saber que a él se le cumplía un milagro semanal cuando hablaba con su gente por teléfono, "y el milagro más grande es que están vivos".

"La calle de los Sueños tiene muchos edificios chuecos. Una niña viajando en un avión de juguete, un hombre que vende helados y al pie de todo bastante terreno cultivado de flores y palabras entre hermanos", pensó para sí mismo antes de dormirse.

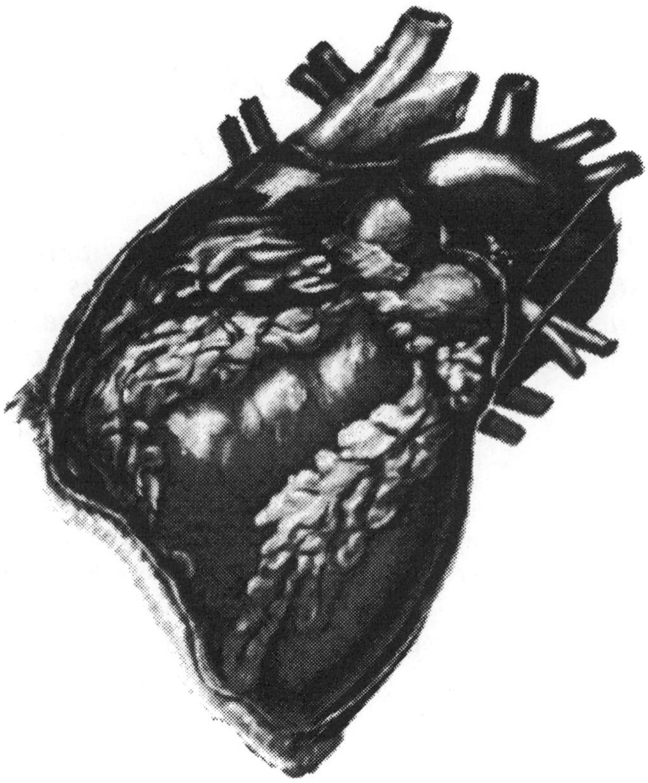

"LET IT BLEED"

El piano volvió a sonar con un dejo de creatividad improvisada, no excento de la magia que evocan viejos sentimientos vestidos de fiesta.

En la sala el Brotherito destapa otra botella, fijándose en la mirada nublosa del Paisano, que se nota va adelantado varias generaciones. ¿Cuántas? Nadie se atrevería a decirlo.
- ¿Qué pasa Paisa...? no se ponga triste -le dijo Miguel acomodándose la gorra de los Chicano Bulls.
- Chíngale Paisa, ¿otra vez el rollo ése? -dijo Emiliano, sentándose a su lado.
- Mejor ni le mente Brotherito.
- A ver tú Greck, ya éntrale direito a la música -le gritó el taiwanés, dirigiéndose a quien estaba sobre el piano limpiando las teclas con un pañuelo.
- Just a little second. Por favor uno ratito.
- Emiliano, alcánzame otro trago -dijo el Paisa levantando sus ojos extraviados.
- Oye Greck, ¿tú sabes la canción "José Antonio" de la Chabuca Granda?

Greck puso cara de accidentado, y dijo que no, y presintiendo que el silencio complicaría la cosa con una lluvia de pedidos de cantos regionales, se apresuró a improvisar hasta llegar a "Let it be", que de manera diferente era coreado por los asistentes a esta reunión, convocada por el Brotherito para celebrar su 28 cumpleaños, y que llevaba ya más de diez horas.

- Escúchame Paisa, ya no mames carnal, tienes que olvidarte de Liz y el rollo ése, ya ves lo mal que te hace. Si su chingado viejo vuelve a armarte otro escándolo en el restaurant tú estarás de regreso a la agencia "Iris May I help You", además que ya sabes que anda en Florida, ¿o no decía eso la maldita carta?
- Lo raro es que ahora entiendo lo fácil que es dar consejos cuando uno está tan lejos del rollo.
- No seas mamón, no te estoy aconsejando, nomás te estoy haciendo una sugerencia, diciéndote lo que pienso.
- Es que no puedo. En una sociedad tan de mierda es ridículo haber encontrado una amor sincero, y que el hijo de puta de su taita nos venga a hacer la vida imposible sólo porque quiere como yerno un ciudadano de nacimiento.
- No pos, y lo peor es que ella se raja.
- Es que está confundida.
- Pero tú no puedes hacer nada para que ella cambie su pensamiento, además recuérdate que el muy culero dijo que te hecharía la migra encima... y ese animal es capaz.
- Eso no me preocupa. Lo que me enferma es verle a ella tan resuelta y al mismo tiempo decir que me ama.
- Paisa, esa chava está rete asustada y loca de tanta amenaza. Que si la migra, que si la escuela, que si la vieja, el orfelinato o las monjas de Venezuela. ¿Te parece poco?

El Paisa no respondió, y en lugar de coger el vaso levantó la botella y de un sorbo largo se tragó un océano de animales enfermos, que parece le querían salir por sus enrojecidos ojos.

Greck se empeñó en "Let it be" como si entendiese el rollo ése, y en un gesto de felino supo hacerse el quite cuando le llegó la botella, dentro de la que naufragaban sin rumbo cierto un pedazo de limón y un gusano borracho, que en uso de su magia fingía estar muerto.

- Orale Gregorio Hernández, échale fantasmas al asunto.
- Put on some sentimientos bro.
- A ver si nos deleita con un tema de su propio repertorio, brotherito.
- I will but later on. Un poco más tarde.
- Amigos míos el problema del amor es como el dolor de cabeza en los pollos: jode y jode y los muy bestias no pueden ir a la farmacia y comprarse dos tabletas.
- Todo va a pasar pronto Paisa, créame que yo ya ni me acuerdo el nombre de mi última chica en Lima, y eso que me hizo llorar larguísimo.
- Es que tú te diste a los cabaretes güey -gritó Emiliano desde la cocina, donde había ido por más cerveza.
- Un clavo saca otro clavo México, además acuérdate del lío que te traes en el "Rincón del Feeling".
- No pos, si eso no lo niego, pero ustedes se tiran los clavos por libras.
- Es que al mayoreo hay descuento.
- ¡Ya quiero verle cuando se le empiecen a oxidar!
- No, si para eso está el ceviche y la marinera.
- Gregorio... ¡toca un corrido!
- Mejor un andado.
- Mi viví en Mexico just for 2 años, yo no sé tanta mexican music como se parece, ¿pero les gustaría algo de España? -y sin esperar respuesta empezó a tocar una sevillana que hablaba de una ciudad blanca, llena de árboles de oliva y cabras con corazón de porcelana.

La botella siguió circulando entre los pocos invitados que quedaban, y repentinamente fue a terminar de un solo trago en la garganta del Paisano, que empezó a dar signos de borrachera completa. Mirándolo con preocupación Miguel le dijo que no había problema, que en la casa del Gregorio era como en un pasaje de la Biblia, donde se multiplicaban los panes y las botellas.

- Y ahora les cuento un milagro que no está escrito -y dirigiéndose al pianista gritó:
- ¡Gregorio... please toca música de sorpresa. -Gregorio hizo sonar varios agudos vibrantes acompañados de sonidos de tambores salidos de su boca abierta y Miguel sacó otra botella de mezcal, que al parecer era la llamada a terminar la fiesta.
- ¡Es que vos no me entiendes! ¡...no sé por qué mierda hablo con vos! -gritó el Paisano haciendo callar al resto.
- Si serás pendejo, claro que te entiendo, el problema es que tú eres más necio que burro de aguacero.
- ¿Y tú estarás muy inteligente no?
- Te digo que no vale la pena tanto sufrimiento por nada.
- Para vos que eres de piedra no será nada.
- ¡Chingado Paisano...! Ni soy de piedra ni nada, pero esa relación con la tal Liz te hace mucho mal y tú no quieres aceptarlo. El cabrón se juega a ser el maldito de la película; la amada no puede decidir lo que quiere de su jodida vida; su vieja hace el papel de víctima y tú no puedes hacer nada. ¿Está padrísimo el cuadro, no?
- Y vos crees que el mundo de mierda en que vivo se va a terminar diciendo "olvídala".
- ¡Orale, entonces sigue metido en esa mierda!
- ¡Mierda será tu puta vida! -le gritó el Paisano, tirándole en la cara un vaso de cerveza.

Todos se quedaron callados por un momento, como si ellos mismos hubiesen sentido la ofensa. El Brotherito se levanto de un salto a poner música y tratando de superar la escena dijo:
- Ya pues brotheritos, ¿a qué se debe esa falta de parcería? -y haciendo una señal de paciencia a Emiliano añadió en voz baja-, brotherito sea paciente y no le contradiga. El hombre está triste y borracho, y lo único que hace es sacar de su interior toda esa energía negativa que deja una relación cuando termina. Mal hacemos en tratar de consolarle porque mientras más se hable de Liz él más va a enamorarse, y Dios no quiera vaya a cometer alguna locura. Venga -añadió abrazándolo- aquí todo es parcería, y al brother que está mal hay que acoli-

tarle, aunque a veces sea más sordo que cuchara de palo.
Luego de conversar por unos minutos con los demás amigos, Emiliano volvió junto al Paisano, y haciéndole sentir que no había ofensa le dijo:
- Ya duérmete carnalito, que mañana por ser día santo toditos nos vamos a ver el Air Space Museum, donde dicen que hasta hay un submarino de a deveras, ¿puedes creerlo?
- A ver todos ustedes señores, vamos a brindar por que pasen pronto los días oscuros de nuestro brother. -Todos levantaron sus vasos y reanudaron sus conversas. El gringo volvió a empeñarse en lo del piano, tocando temas como "You got a friend" y "Angel", mientras en el patio Miguel vomitaba escandalosamente, mirando las estrellas reflejadas en un charco de agua.

Emiliano había logrado hacer dormir al Paisa, y mientras lo cubría con una manta silbaba la canción "Yo vengo con el corazón en la mano". El taiwanés se apresuraba calentando la pasta número 7 y el peruano deliraba un poema sobre Lima la bella.

SE ME OLVIDO OTRA VEZ

Probablemente ya
de mí te has olvidado
y mientras tanto yo
te seguiré esperando.

No me he querido ir
para ver si algún día
que tú vas a volver
me encuentres todavía.
Por eso ahora estoy
en el lugar de siempre,
en la misma ciudad
y con la misma gente,
para que tú al volver
no encuentres nada extraño
y sea como ayer
y nunca más dejarnos.

Probablemente estoy
pidiendo demasiado
se me olvidaba que
ya habíamos terminado.
Que nunca volverás
que nunca me quisiste
se me olvidó otra vez
que sola yo te quise.

(Canción tradicional mexicana)

MEMORIES

1

¿Dónde estás hoy? ¿Se te ensanchó el mundo de un modo que nunca más pudiste contenerlo? ¿Aún conservas de la vida los aromas fuertes? ¿Cómo sueles vestirte? ¿Tiene la misma intensidad el recuerdo? ¿Por qué ante tu mirada un hombre ya no significa lo mismo? ¿Por qué en sueños evocas escenas en las que quedas enredada? Aquella tarde las cañerías de un hotel de Sant Marks devoraron tus miedos, y en medio del ruido de sirenas flotaste en el aroma del cuerpo.

2

Y se desnuda frente al espejo sin buscar nada porque ahí mismo le asaltaban los colores oscuros de sus pezones. Más abajo se abre su sexo reclamando la dureza que aprendió le puede caber entre las piernas. Ahora tiene la sensación de que su cuerpo cuenta con dos puntos visuales que hacen de todo el resto un hecho más o menos inexistente. Entonces es que con sus dedos se acaricia los labios, que al sentir el delicado tacto liberan líquidos poderosos, que le recuerdan aquellos líquidos que en otros días anidó su sexo. Desciende hacia el cuello clavando las uñas con dulzura en el punto en que le nacen los nervios. Baja a los pezones y se detiene a sentir la solidez del deseo. Al cerrar sus ojos clausura el mundo de las realidades evidentes y en el recuerdo que evoca es el Paisano quien desciende hacia sus piernas entreabiertas, acariciándola suavemente.

De allí emanan aromas ancestrales hasta entonces ocultos; substancias milenarias transmitidas en oleadas secretas, que al sentir el contacto del miembro ajeno liberan el maravilloso universo de los placeres y las sensaciones. Derrama pétalos de vegetación embriagante, se ensancha generosamente y es recorrida hasta que su corazón empieza a latir con un ritmo interior que la cubre de energía. Se encierra en sí misma, se multiplica y florece en cada una de las vibraciones que brotan de su piel. Entonces sus visiones de adolescente tienen sentido y le permiten el gozo de una absoluta libertad de expresión de sus instintos, transmitidos durante generaciones en actos sexuales de todas las encarnaciones posibles.

Fuera de su habitación se ha desatado una tormenta que azota la ciudad de las luces. Un gallo maulla su avaricia y de los botes de basura se desata una estampida de criaturas nocturnas en una expresón de gozo. Una ambulancia pasa transportando el cadáver de un suicida mientras ella viaja desnuda a universos menos materiales. El cielo de Brooklin aparece invisible y mugroso. La única luz posible es la de un rótulo de neón que anuncia la llegada de un Dios cruel, que azotará con su lengua de fuego a todas las criaturas que han tenido la dicha de conocer la lujuria, mientras ella siente que ríos de semen cubren con su aroma la bahía Newyorkina, provocando la muerte de la soledad en cuerpos de todas las razas, que en el gozo se sobreviven y agonizan.

De todas las ventanas y puertas brotan ríos de materias seminales, mientras Liz se mueve con intensidad, gime y sueña, pronunciando palabras de significados orgásmicos. Con su cuerpo crea formas de especies magníficas y al llegar al clímax tensa todo su cuerpo y grita. Al fondo la Estatua de la Libertad se asfixia en su bulto inclemente sin ser tomada en cuenta. Es corroída por líquidos oxidantes sin que su desvanecimiento físico sea posible.

3

Pasadas las sensaciones Liz enciende la lámpara y encuentra su mano entre las piernas. Le abruma la soledad y sin habérselo propuesto recuerda el rostro del Paisano sonriéndole desde algún lugar imposible.

C.C.H.
CALDO DE CELULAS HIRVIENTES O LOS SUEÑOS DE EMILIANO
(NORTH ANDOVER. BOSTON)

1

Emiliano se embarcó en el sueño entre sonidos de televisor anunciando la venta de terrenos en un cementerio en el que las tumbas son una explosión de colorido, manifiesto en toda clase de flores bellas, adornando placas marmóreas en las que se promete grabar a perpetuidad el nombre del deceso.

"Al final de un agitado camino encuentre la paz en el lugar de sus sueños" -dice el anuncio, concluyendo con una voz que en total oscuridad de la pantalla sentencia "Memorial Gardens... a piece of sky where you meet the stars. North Andover. Boston". Emiliano desconecta el televisor y traduciendo la frase a su manera se dice: "Bienvenida clase media a los Parques del Recuerdo", y apaga la lámpara imaginándose cómo será el final del camino en un lugar tan distinto. Cinco minutos más tarde ¿dormía o estaba despierto?

2

Se oyeron cinco disparos, ¿o eran ruidos de neumáticos siendo reventados? Emiliano se vio a sí mismo saliendo desesperado de un lugar oscuro. Al mirar la puerta del restaurant entreabierta corre hacia ella, y casi ahogándose de miedo pide refugio, diciendo que un helicóptero lo persigue. Entonces aparece el Paisano vistiendo un delantal ensangrentado, lo toma de la mano y lo lleva al sótano y lo oculta en una caja fuerte. Emiliano entra aliviado pero a los pocos segundos de cerrar la puerta empieza a ahogarse. Desesperado golpea con sus puños las paredes de hierro pero los golpes vuelven a sus oídos con un sonido metálico. Ante la falta de oxígeno trata de separar con sus uñas las junturas de la caja pero se le van desgarrando una a una, provocando tanto dolor que en sus gritos viene la asfixia. Totalmente desesperado y tratando acelerar la inevitable muerte empieza a golpearse la cabeza contra el hierro, sintiendo que se le parte el cráneo, derramando la masa encefálica bañada en sangre. En medio de la agonía escucha que una voz le dice: "Memorial Gardens... a piece of sky where you meet the stars. North Andover. Boston".

Cinco minutos más tarde la policía ha cesado su búsqueda y el Paisano abre la caja fuerte para dejarlo salir, encontrando en lugar de Emiliano un cadaver amorfo, con los sesos derramados sobre el rostro.

Emiliano se despierta gritando al ver que por entre la rendija de la caja que el Paisano abre su espíritu abandonaba el cuerpo deshecho. En la oscuridad tantea sus uñas y al encontrarlas en los dedos se acaricia la cabeza, que con alivio siente entera. Estaba bañado en sudor y con una debilidad que le impide reconocerse enciende la luz y mira el reloj: son las tres de la mañana y afuera está la ciudad que late silenciosa.

BRUTAL LAW. BRUTAL COMBAT
(THE DAY AFTER)

SECCION 8. EXCLUSION DE EXTRANJEROS ILEGALES DE LA EDUCACION PUBLICA SUPERIOR

Que se añada a la sección 66010.8.
(a) Ninguna institución pública de educación post secundaria admitirá, matriculará o permitirá que asista a clases ninguna persona que no sea ciudadano norteamericano, extranjero legalmente admitido como residente permanente...

HECHO DECIMO SEGUNDO

"Las Universidades de California cobran a inmigrantes ilegales los costos de un estudiante no residente... Estos costos generalmente cubren los costos por educación de dichos estudiantes. Consecuentemente se deduce que no habrá ningún ahorro neto por exclusión de este tipo de estudiantes que ya están identificados."

Illegal Aliens. Ineligibility for Public Services. Verification. Reporting. Initiative Status. Preparado por el Fiscal General.

EL HOMBRE

"La cosa es que me pusieron a limpiar los pisos, las mesas y los baños. Lavaba los vasos, llenaba las botellas con "flor de caña", un trago tan puro que a veces lo usábamos como querosene para las lámparas. You know.

La friega esa empezaba a las nueve de la mañana y no terminaba sino hasta bien entrada la madrugada. De ahí directo al cuarto, que quedaba de la cantina a dos cuadras. De vez en cuando me cocinaba alguna cosita como caldo de gallina, o arroz con mondongo, pero generalmente comía en la misma cantina, que también vendía cosas para picar, you know, cosas como maduro con queso, platos de chifles y otras boberías.

De la escoba al lavabo, del lavabo al tanque del trago, de allí al trapeador era mi vida, tú sabes, apercibiendo olores que a veces me daban mareos pero ya ves que a todo se acostumbra uno. Me pagaban en efectivo dos veces al mes, y la plata ganada la envolvía en papel periódico y la escondía debajo de una tabla del piso, ya ves que la plata no tiene amigos, you know. Me ahorré unos sueltos y desde allí me embarqué primero para Bogotá, luego a Caracas y finalmente vine a dar a esta ciudad, que me ha hecho la vida imposible".

Y en verdad que Absalón había aprendido que el dinero no tiene amigos. Conforme crecía, también su desconfianza en la gente había crecido, hasta devorarle a él mismo.

Las calles de Guayaquil que vieron sus ojos eran un hervidero de criaturas semi desnudas que pescaban jaibas y cangrejos. Los vendían en el mercado o los llevaban a sus casas, y aunque también ellos conocían de la existencia del dinero no tenían tratos con la avaricia, por lo que Absalón los calificaba de despilfarradores.

El no había sido un niño normal y tampoco sería un adolescente como los otros. Al cumplir los quince años había logrado juntar una cantidad considerable de dinero. En ese entonces el Cerro de Santa Ana era una elevación hermosa, en la que se apiñaban decenas de casas hechas de caña y lata. De allí se despidió para embarcarse en una jornada en la que no abundaría el amor. A partir de los 16 años Absalón se convirtió en inmigrante, de Bogotá a Caracas y de allí a Nueva York, donde se ocuparía de ofrecer a Liz "el rollo ese", que era una fuente de maldad y tristeza que terminó provocando su fuga de Nueva York, llevándola en la misma edad con que su padre abandonó su patria a ser una exiliada en el estado de Florida, donde por siempre recordaría con odio las escenas de amor con el Paisano.

DE MISS ANDERSEN Y LA LETICA

(Dibujo animado que ilustra la cátedra sobre la Letica, dictada por una viejecita en su pequeño mundo vegetal de vestidos pintados, pájaros plásticos, gatos, perros y nubes.)

- Ha de ser muy lindo tener una familia así -dijo Miss Andersen con una sonrisa luminosa, marcada con un sello de paz inconfundible, que caracteriza a aquellas personas con quienes la soledad ha decidido convivir por completo. Emiliano se quedó en silencio por un momento, pensando que tal vez fue una imprudencia hablar de toda su parentela a una persona tan sola. Dándose cuenta del motivo del silencio Miss Andersen dijo:
- Oh, yo también tengo decenas de familiares que andan por la tierra o vuelan, y millones de plantas amigas con quienes comparto lo bello de la vida. -Los inmigrantes le sonrieron, y volvieron a llenarle el vaso de leche. Ella, entregándoles un cigarrillo envuelto con sus manos les dijo:
- Esta es una de ellas. Se llama la Letica porque viene del latín "lactus", que significa leche. Es una de las plantas sagradas que al secarse se vuelve tabaco de aroma exquisito y efecto delicado. Aquí tengo una que no está seca, y vean cómo al herirle le sale este líquido blanco. -Dicho lo cual encendió otro cigarro y lo hizo circular entre sus invitados, asegurándose que en cada bocanada de humo se cumpliese un ritual destinado a devolver al ser humano su proximidad a la naturaleza y a las fuerzas de la creación.

- A pa' Miss Andersen, nunca supimos que su merced fumara.
- No lo hago usualmente.
- Me imagino que sólo será en momentos muy especiales.
- Sólo fumo cuando la tarde es buena y quiero volver a mi verdadero universo para meditar en las cosas que a todos nos afectan.

- Como cuando en Puebla yo me iba caminando lejos, hasta llegar a unos bosques bien chingados.
- Yo brotherita nunca he fumado un cigarro, pero si en verdad es tan especial el momento, estoy dispuesto a probarlo.
- Hasta donde tengo conocimiento todas las culturas celebran rituales en los que se encuentran con sus espíritus. Con la Letica yo tengo mi propio ritual, que empieza con la siembra de la semilla en algún lugar de este jardín público. Cuando ha madurado la cosecho y la seco al sol. Ahora quisiera compartirla con Ustedes, para agradecerles el alimento y la compañía que me traen, además que no puedo ocultar la tristeza que siento porque me doy cuenta que Emiliano no está del todo bien. Pero antes de fumar déjenme contarles que hace muchos años tuve un gran amigo que me explicó que para fumar las plantas sagradas debíamos detener todas nuestras actividades, y pedir a Dios, o a cualquier idea que tengamos de él, que nos guíe, recordando los caminos que antes ya hemos recorrido. Entonces, cuando el ambiente es propicio convocamos al espíritu del fuego para que dé inicio el acto, que es llamado "Del Sagrado Retorno". De éste he compartido con Mama Estrella, que ya me contó lo de su visita. -Emiliano, el Brotherito. Miguel y el Paisa le escucharon silenciosos. En lo más íntimo reflexionaban sobre lo que ella iba diciendo, sorprendidos de verla enrollar con tanta agilidad un cigarro, y luego encenderlo para hacerlo circular entre ellos.

"La primera fumada la haremos evocando un pensamiento de gratitud al inmenso espíritu creador, de cuyo aliento recibimos vida todas las criaturas. Usen esta primera inhalación para representar sus pensamientos, aspiraciones y rezos, y en el humo que suelten dejen ir el aliento con que Dios les entregó vida. En la segunda absorción dejen que sus pensamientos sean de amor y gratitud a la Madre Tierra, expresen sus gracias por las montañas y el cielo que ella sujeta para que sea realidad el mundo en que vivimos. Den gracias por las nubes que nos traen la lluvia que llena grietas y crea lagos, mares, ríos y océanos. Dejen que la tercera absorción sea en homenaje a los animales que vuelan, a los que habitan la tierra y en las aguas, porque debemos recordar que en el milagro de la creación son criaturas amigas nuestras. La cuarta será en memoria de los espíritus, pidiendo que ellos habiten nuestras casas, y que algún día la Gente que es Fiel a la Verdad habite todas las naciones. La quinta es aquella en la que pedimos guía en alguna de nuestras preocupaciones. Aquí es donde hay que pedir a los espíritus más cercanos a nosotros que nos ayuden a ver con claridad el camino que nos toca seguir, para no equivocarnos en la elección que hagamos, cualquiera que ésta sea".

Entonces se apagaron los sonidos y el tabaco siguió recorriendo el círculo, logrando crear una atmósfera de intimidad, en la que cada uno que iba experimentando el gozo de una forma de conocimiento hasta ese entonces oculta. Todos fueron experimentando una sensación de paz poco usual, y con ella vino la gran capacidad humana de evocar recuerdos y en base a ellos entender parte de los caminos que transitaban. Nadie sabía con exactitud cuánto tiempo había pasado desde el inicio de esta ceremonia, pero en ella compartieron muchos pensamientos profundos.

- Nunca antes he visto esta planta -dijo el Brotherito.
- No la encontrarán de venta en ningún sitio. Aprendí de ella en un libro sobre la sabiduría Indígena que me regalo uno de mis amigos, que como ustedes me acompañó hace ya casi 50 años. Ese libro se me perdió en una revuelta con los de la policía, cuando en los sesentas trataron de desalojarnos del parque.
- Este tabaco es muy suave y me ha puesto a pensar en muchísimas cosas que pueden ser olvidadas fácilmente.
- ¿Sienten algo? -les preguntó Miss Andersen, moviendo el dedo circularmente sobre su cien, como quien insinúa un efecto trastocador poco usual.

Los inmigrantes intercambiaron una mirada de felicidad suprema, y guiados por el espíritu de Miss Andersen sintieron que eran parte de un universo de visiones que conservaban para ellos la completa realidad del universo. Emiliano se mantuvo muy silencioso, como si algo que todavía no alcanzaba a entender le hubiese sido revelado.

Al despedirse le agradecieron el haberles invitado a compartir tan grande experiencia, y ya camino a sus casas iban comentando sobre la mucha magia que guarda el Central Park, hogar de Miss Andersen y su pequeño mundo de vegetales, vestidos pintados, pájaros, gatos, perros y nubes.

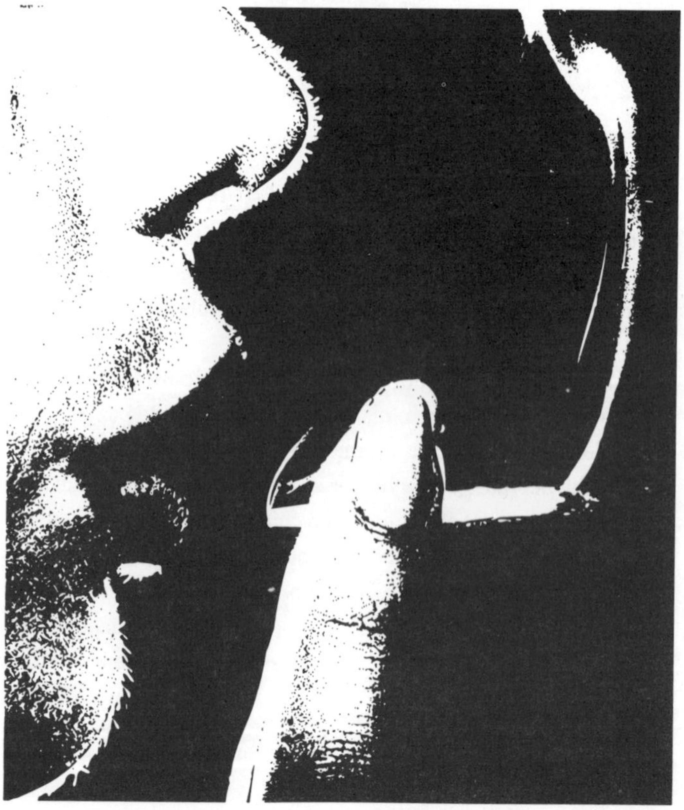

DE LOS RETECULEBRAS

"Y Mario es reteculebra" lo recordaba muchas veces el Paisa. Sonríe y simula, aprovechando la lengua para hipnotizar a su víctima y repentinamente lanzarse sobre ella. Conforme lo iba conociendo, este personaje le pareció una especie de vampiro, porque su comportamiento era una mixtura de rata y buitre: pellejo oscuro, garras fuertes, mirada penetrante, un gran sentido del olfato y sobre todo dueño de un poderoso radar para establecer el sitio dónde hay dinero.

Su cuerpo es una acumulación de sebo expresada en una materia pequeña y gorda, que carece de un punto que establezca el nexo de unión entre la cabeza, el torso y las piernas. Al hablar emite un tufo penetrante, que emana del sarro acumulado en su dentadura postiza. Camina despacio, y una de sus características más impresionantes es que pese a lo voluminoso de su cuerpo al deslizarse no emite sonido alguno, por lo que es aterrorizante tenerlo alrededor cuando ya todo está oscuro.

Al mirar entrar al Paisano con sus maletas nuevas supo de inmediato que allí había feria, y desde el primer momento lo trató con deferencia, empezando una conversación que tuvo como tema central la evocación de su tierra. En boca de este genio de la disuasión las conversaciones que el Paisano quería dar por terminadas lograban extenderse por más de una hora, y aunque el Paisa detestaba su presencia se sentía sometido por un arte de hipnosis, del que sólo se libraba tras largos esfuerzos. Durante los primeros cinco días de su estadía en ese departamento Mario lo había tratado con una maestría tal que ni siquiera lo pensó dos veces cuando al costo del arriendo le pidió cincuenta dólares extras "para fumigar la casa de ratas y cucarachas". Tampoco se sorprendió cuando al regresar a casa Mario le dijo que era lógico que no notara nada, porque "este es el país donde las cosas se hacen tan profesionalmente que no dejan ni huella. Por eso uno no se da cuenta".

Su dieta es variada y en lo fundamental depende de las circunstancias y los precios del mercado. Al enterarse de que el Paisano trabajaba en un restaurante (y con una mirada de adolescente próximo al sacrilegio de su primera comunión) le sugirió que diariamente le trajese algo. Tan lejos llegó su audacia que ya bien entrado el primer mes de devorar grandes cantidades de alimentos le pidió de favor que fuese variando los platos, y el Paisa, intuyendo el pozo de males que era este hombre, redujo a casi ninguna las horas que pasaba en casa.

Emiliano se lo dijo muchas veces, y ahora que estaba delante suyo por última vez, y antes de iniciar la última conversa lo recordaba: "Paisa, hay unos que son reteculebras, reteculebras", acentuando el sonido en la s.

LATINO BURGUER

- Orale güey, no seas mal mandado. Si de puro antojo es que no vas a verle a la güerita ésa.
- No Emiliano, si fuera por antojos estuviese allí hasta ahora.
- Pero no seas tarugo manito, al fin y al cabo te puedes pasar recibiendo cariño aunque sea de vez en cuando, si ya te lo dijo la señora del Hudson River, lo de Liz no tiene remedio, ¿para qué te aferras?
- No voy a ir porque cada vez que me encuentro con ella siento cargo de conciencia porque no la quiero.
- Pa´ la madre, ya empiezas a complicarte de nuevo.
- Aunque no sea algo consciente, siempre que estoy con ella me acuerdo de Liz.
- Y déle con la friega, si eso ya no tiene remedio.
- Tampoco tiene lo que aún siento -y se quedó callado, inundado de un sentimiento de melancolía que entristeció a Emiliano.
- Ya no sufras Paisa, total que pasadas las navidades se te acaba el chingado viaje y podrás volver a tu casa ahora que todo se ha aclarado.
- Si no es un problema el lugar en el que estamos, ya ves que el corazón viaja con uno a todo lado.
- ¿A poco vas a ser tan pendejo como para dejarte someter por un mal recuerdo aún estando en tu tierra?
- Buenos o malos, los recuerdos están con nosotros, ahora debo aprender a vivir con ellos. Si tú quieres matarlos lo más probable es que ellos te maten primero. -Y el Paisa ya no dijo más. Se sumió en una ola de pensamientos que le hicieron un nudo en la frente. Emiliano también sentía miedo de pensar en la vida que había dejado del otro lado de la frontera y en la mujer amada, así que simulando un ataque de alegría le dió un jalón al Paisano diciéndole:
- Orale manito, mejor vamos a echarnos una de esas Latino Burguer.

INSERT YOUR KID IN HERE
TE VEO EN LA TELE
Y NO TE CREO

Acabó de trapear el piso con la mano adolorida, que diez horas luego del accidente seguía latiendo con corazón propio, logrando inflamarle las venas de la cabeza en un dolor continuo.

Mientras trabaja no logra entender dónde está la diferencia, el punto que separa la luz de la oscuridad en las actitudes de las personas. No entiende cómo los humanos pueden ser tan complejos, y aún en sus oídos suenan las palabras del dueño del restaurant gritándole "¡escóndase en el sótano, no vaya a ser que los clientes vean toda esa sangre y no vuelvan".

- Yo sé que el dolor es inaguantable pero al menos olvídate de esas palabras -le dijo Emiliano mientras le llevaba al hospital- Ya sabes que a unas veces parece que no tienen corazón, y otras que estuviesen en lo correcto. Y te lo digo considerando lo paranóicos que son los chingados con eso del SIDA.

Una y treinta en la madrugada y la evidencia resulta agobiante: todo el sentimiento de frustración que tiene ante la pérdida de uno de sus dedos le hace sentir parte de la masa humana siendo transportada en buses, trenes, limosinas, taxis y motocicletas, quién sabe hacia dónde. Al asegurar las puertas logra sentir que por debajo de la tierra circulan de un lado a otro trenes que van besando las alcantarillas, sólo separados de los excrementos por otras paredes y otros túneles que le parece tampoco llegarán a ningún lado. Arriba están las calles iluminadas por reflectores color magenta, que en complicidad con los cristales y el pavimento les dan una apariencia de funeraria para muertos de primera. En el interior de todos los vehículos posibles brillan luces diferentes unas de otras, creando diversos tipos de ambientes, en los que se entretiene el Paisano, mientras se embarca en bus rumbo a la estación 125 del East Harlem.

Por efecto de sus vidrios agobiantemente negros las limosinas le parecen ventanas de prostíbulos ambulantes, reflejando pálidas escenas de la calle. Los buses, cuyas luces interiores son blancas y ténues le parecen carros de hospital llevando montones de carne al sepulturero. Hay otros de luz amarillenta, que reproducen aproximadamente lo que es la iluminación nocturna de las calles, y que en un sublime esfuerzo de las apariencias les hacen parecer cabarets de segunda con música violeta. Otros le parecen automóviles enfermos transportando condenados al patíbulo, o maniaco depresivos siendo llevados a cumplir su condena en la clínica de los rascacielos. Unos hay de luces intensas y grandes ventanales, que le parecen vitrinas rodantes anunciando la venta de esclavos. Hay otros más discretos pero no menos trágicos, que con sus ruedas nuevas parecen autos de manicomio, llevando locos de paseo.

Percibiendo más allá del número de identidad asignado por toda sociedad enferma; traspasando las máscaras con pelo que al nacer les han colocado; intuyendo un poco dos minutos detrás del trajinar diario hacia la supervivencia de todos los días; cumpliendo con algo más que el instinto de procreación convertido en familia el Paisano se pregunta: "¿habrá alguién del otro lado?"

Atestiguando el tráfico de estos peregrinos, la tierra le parece un fantasma exigiendo venganza por haber sido despojada de su personalidad nata. Siente que mediante una obra de humor negro a ella también le han disfrazado con un traje hecho de todos los materiales, y que finalmente es una nada utilitaria. En otro tiempo se han extraviado las formas racionales.

Por primera vez en los muchos meses de su estadía, el Paisa se siente ajeno a este micro cosmos, y arrimando su cabeza a la ventana se niega a ser un número en la estadística de los inmigrantes. Se pregunta a sí mismo cuál es el objetivo de la dimensión en que se mueve; cuál es el motivo de su existir en este casi infinito número de seres que al abrir la boca se declaran indispensables.

El bus anuncia la llegada a las estación 125 y el Paisa lo abandona con la urgencia de quien quiere dejar tras suyo algo poco deseado. Ya en casa se entibia un vaso de leche y pese a lo entrado de la madrugada enciende el televisor y es atrapado por un espectáculo imprevisto, que logra captar su atención.

2

Abundan seres con máscaras talladas de facciones que en unidad con la actitud de sus cuerpos, les hacen parecer muñecos de ventrílocuo perfectamente maquillados para representar escenas imposibles.

"A ver Cepillín, aquí mismo te sientas o te haces el que caminas o haces lo que te venga en gana pero no más alla de la línea blanca. Ni dices ni enseñas más de lo aprendido de memoria en el guión de la escena. Ni te suenas la nariz aunque los mocos te asfixien, ni te rascas la cabeza aunque sientas que te devora la lepra". Canal 41 y tras el corte aparece el anuncio de un noticiero que a la mañana siguiente ofrece exhibir a todo color las más graves llagas del universo, incluyendo el éxodo de Ruanda y la masacre de Hebrón. Sin cortes comerciales, en vivo y en directo.

"¿Cuánto gana o cuánto pierde la participante venida desde la bella ciudad de Miami...? Oh... ¡Por una falla en la respuesta cinco se queda sin la cena con su héroe favorito... ¡Arnaldo Suasnavas!", y la concursante se desata en gritos histéricos que obligan al productor a saltar de inmediato a un comercial no programado pero siempre a la mano. Canal 27, Cable express. Vía satélite. 40 dólares mensuales.

"¿Qué cara pondrá la actriz del rol protagónico al enterarse que su hijo televisivo ha sido violado brutalmente por tres gigantones, que se indignaron cuando dijo que no tenía dinero para pagar una cuenta de 700 dólares en un burdel de primera? ¿Asumirá una actitud de espanto? ¿O tal vez convenga la de la serenidad indulgente? ¿O la del simple llanto? "En realidad no tiene importancia con tal que no se le dañe el peinado." Canal 32 anunciando otro culebrón de la maga de la silicona encefálica doña Delia Fiallo. Canal Latino para control remoto.

Y el desfile de caretas y arreglos escénicos se suceden conforme el Paisano aplasta un botón que crea a su alrededor un ambiente de morgue perfumada. A veces sobresalen aparatosas arrugas que quisieron ser disimuladas, otras veces labios seductores enfocados como el punto más llamativo en la obra de un creador impresionista, que mientras se mueven van sangrando una pus con capacidad autónoma de sobrevivencia. Y por todo lado aparecen balas y músculos, gluteos super desarrollados para hacer creer al televidente que los héroes y las heroínas ya no son cosas de otro planeta, sino seres humanos que pese a su deformidad están hechos de carne y hueso, y que no les afecta la criptonita. Tragedia tras tragedia en la pantalla, representando el arte de la reducción cerebral que hace posible la existencia de milicias como los Skin Heads, que impresionan con ejercicios copiados de alguna película de Viet Nam inventada para curar el espanto. Y los escenarios se alteran tratando de imitar atmósferas como el calor del hogar; un restaurante con los movimientos de la clientela friamente calculados; oficinas con secretarias mecánicas; salas de hospital con enfermos rozagantes y muertos de alcurnia.

En una esquina cualquiera de un barrio Newyorkino, alguien da la cuenta regresiva y a la voz de "acción" un Mercedes Benz antiguo a la fuerza recorre cien metros de una calle sospechosamente pulcra y se estaciona frente a una puerta imponente, que en el piso tiene una alfombra con la frase "wellcome". De él desciende un galán en el papel protagónico de nuevo rico, y con el amaneramiento propio de su raro personaje (entre chulo y heredero) saca el pie derecho exhibiendo un zapato de charol con media de seda. Tras dejar bien entendido el costo de este lujo, la cámara asciende hacia un primer plano facial y lo muestra de pellejo adobado en ungüentos, hasta lograr el efecto de adolescente "angel face" pese a sus cuarenta y cinco años. En su mano derecha (de uñas religiosamente cortadas) lleva un anillo de brillantes falsos y una esclava de oro sin quilates. Baja del auto y contando los pasos con un ritmo ensayado llega a la puerta y golpea una cerradura de cabeza de león tallada en bronce, dispuesta para producir un sonido de féretro. Aparece un mayordomo de peluquín sintetic y tras una venia de fraile ante altar hace pasar al galán llamándolo "caballero". En seguida baja una joven rubia a la fuerza y en una escena dramática se lanza hacia él en un abrazo desmemoriado, sin que nadie se dé cuenta que un cable está suelto, y aunque ella da el discurso de orden nadie la oye porque todos están congelados esperando la grotesca caída que obviamente sucede. El director grita "corten" y la escena de una telenovela de exportación exclusiva al tercer mundo debe empezar nuevamente. Aquí vamos. ¿Están listas las amas de casa y los oficinistas? Pues bien, "Inserte su niño aquí."

El Paisa apaga el televisor y se duerme entre los arrullos de una madre que en el piso alto de la casa adormece a su hijo.

DEL EMPIRE STATE BUILDING

Emiliano y El Paisa decidieron asomarse al cielo una mañana del 27 de Noviembre, a las 10:30 de un tiempo inventado, que les es útil para acercar sus almas a la magnificencia de la creatividad humana manifiesta en una construcción en la que sin miedo a las alturas conviven el hierro, los sueños y las palomas.

El Invierno ha llegado con fuerza, y acaricia Nueva York con días helados y lluvias que provocan baños de conciencia, pese a que éste es un día luminoso, y a lo lejos se puede divisar la curva del universo en una visión que en sí guarda exactamente el significado de lo infinito.

Los techos de los edificios vistos desde tan alto aparecen negros por efecto de la brea con que han sido cubiertos para esquivar el agua y la nieve. Emiliano se pierde en la inmensidad del horizonte, mientras el Paisa mete su cabeza entre las barras, preguntándose cómo es posible vivir en una ciudad tan inmensa durante tanto tiempo.
- ¿A poco no te parece perfecto para un suicidio? -le dijo Emiliano, simulando escalar las barras. El Paisa lo miró con cierto temor porque confome lo dijo sus ojos adquirieron un brillo que nunca antes había visto.
- ¿Aguantarías la caída? -le preguntó con una especie de sonrisa que él mismo sintió hueca.
- No pos, si de aguantar se trata nomás me tiro de la vereda.
- En esta ciudad yo no intentaría ni eso.
- La otra noche soñé que las Cataratas del Niágara eran el lugar más perfecto porque ahí no hay rejas, y seguro que no aguantas el sacudón de las aguas... y más abajo el encontronazo con las piedras. -El Paisa se sorprendió de la insistencia de Emiliano por hablar de ese tema, e intentando desviarlo trató de bromear diciendo:
- ¿No será un poco caro llegar allí?
- Pos ya ves que no hay nada gratis... ni la muerte.

El Paisa se quedó en silencio, tratando de encontrar una razón que no sea tan evidente para entender la voluntad de Emiliano para hablar sobre ese tema. Estando en eso escuchó que Emiliano dijo:
- Al menos llegar hasta allá ha de costar unos cien pesos, eso sin contar con la necesidad de comer algo en el camino. ¡Qué cosas tiene la vida Paisa, hasta para ir a encontrarte con la muerte necesitas un pinche capital!
- Pero si anuncias tu salto puedes vender los derechos de transmisión a televisa a los que se empeñan en espectáculos raros, como "El Show de Cristina".
- Eso sí que es imposible porque si te pagarían para suicidarte te imaginas el chingo de gente que lo haría... ¡No mames, sería como ver saltar capulines!
- No creo, porque despúes del quinto suicidio transmitido resultaría grotesco y aburrido... El espectáculo bajaría de precio hasta salir del mercado.
- Pero a lo mejor a mí me va bien por ser el primero -añadiendo en tono sarcástico- ¿o no?

Y el Paisano volvió a notar ese brillo extraño en sus ojos, y ya completamente asustado de la conversación, sin ningún disimulo cambió de tema, preguntándole:
- ¿Mañana trabajas 16 horas?
- Pos a la mejor ahí chingamos juntos la doble jornada.
- También a mí me lo pidió el Polaco, y como me he tomado tres días fuera...
- Pos yo no puedo echarme para atrás porque estoy comprometido con el otro dishwasher.
- Entonces no hay más de qué hablar, mañana trabajamos juntos, y no va a ser tan aburrido porque me compré un C.D. bacano.
- ¿Del Jimmi Hendrix?
- Y a la 1:30 de la madrugada nos vamos de shopping al My Macy's, a lo mejor el Boricua nos tiene las cartas de amor escritas por Albizu.
- No pos, si han de ser escritas por él mismo.
- Da igual, una carta de amor es siempre interesante, y si son varias nos armamos una fotonovela, y si hay suficientes personajes ahí nos armamos un culebrón con la actuación de todos los del restaurante.
- Puede ser divertido, a lo mejor nos hallamos una que hable de un suicidio.
- Mejor cállate ya y vámonos, o vas a lograr que en serio el cielo se oscurezca -dijo el Paisa, y empezaron a descender las gradas, encontrando en el ascensor la misma multitud de siempre de entrada y salida.

C.C.H.
CALDO DE CELULAS HIRVIENTES
(YANAGO O CHAMUSCADO)

El Cristo empezó a quemarse con la velocidad de un secreto siendo develado. En sus manos lleva una vela, que apenas sintió el contacto del fósforo con que Emiliano quizo encenderla se derritió, haciendo incontenible la llama que con voracidad empiezó a quemar al Cristo y su altar de madera.

Emiliano sopla desesperadamente, mirando con angustia las llagas del crucificado, entonces entra una mujer vieja y con sólo un gesto de su boca apaga el incendio, ausentándose sin decir nada. Luego de un momento en que no puede pensar en otra cosa, Emiliano vuelve a tratar de encender otra vela en símbolo de gratitud por algún motivo que no recuerda, pero el fuego se desta nuevamente y desde las manos del cristo asciende vorazmente para consumirlo como a visitante del infierno. Vuelve a soplar aterrorizado y mientras el aire fluye de sus labios mira cómo se le chamusca la piel, provocando explosiones de la carne en llagas dolorosas, pese a lo que ni se inmuta.

Mientras el Cristo arde luce desamparado. Su cuerpo es consumido por una tristeza extraña; su aura aparece agobiada; el color de su piel tiene como base un amarillo pálido y sobre él han sido colocadas varias capas de pintura morada, adornadas con costras rojas y ríos de sangre espesa, chorreando hacia el piso. Se nota que en sus manos, pies y torso, con cuchillos crueles han sido abiertas llagas en las que se albergan todas las penas posibles. Su cabello es de un color indescriptible y cae pesadamente sobre sus hombros. Tienen una textura hecha de sudor, sangre y polvo, y al contacto de las llamas se consumen lentamente, emitiendo un olor a chamuscado. Por la expresión que tiene su cuello se nota que la corona de espinas que le han colocado pesa toneladas, y tiene muchas de sus púas insertas en el cráneo. Conforme sube la temperatura parece que su boca entreabierta sujeta desde las entrañas el último aliento en este nuevo Gólgota, iniciado por un fósforo encendido por Emiliano, que lo mira con tristeza y sólo se da cuenta que está llorando cuando las terribles imágenes que atestigua se van disolviendo, en una como lluvia que no logra apagar el incendio.

Finalmente el fuego lo ha consumido todo, dejando al Cristo entero pero chamuscado; entonces vuelve a entrar la mujer vieja y como ignorándolo todo enciende una vela y la coloca en el piso, causandole pánico a Emiliano porque cree que el incendio va a volver a empezar, pero no sucede nada. La mujer se pone de rodillas y empieza a conversar con el Cristo ennegrecido, que abre sus ojos y la mira dándole respuestas. Emiliano quiere saber por qué aquel que dicen es hijo de Dios rechaza su ofrenda, e interrumpiendo la conversa le pregunta a la vieja "¿qué pasa?", y ella sin siquiera levantar la cabeza le responde "eres ambicioso".

Sale a la calle y llueven víboras en tan gran cantidad que no puede divisarse la forma exacta de sus cuerpos. En un zumbido de ojos y lenguas celebran la libertad tras milenios de encierro. Una tras otra caen encima de Emiliano y empiezan a devorar su cuerpo causándole dolores aterrorizantes.

Una y treinta de la madrugada del jueves 9 de diciembre y Emiliano se despierta de esta pesadilla gritando, y su cuerpo es presa de una fiebre que parece le reventará la cabeza.

TIEMPO

"¿Por qué se sueña tanto?", se pregunta a sí mismo mientras ve con desconsuelo las sábanas tiradas en el piso, húmedas de sudor, víctimas de batallas alucinantes.

No piensa en nada más, solamente esta pregunta ronda su cabeza con una fuerza que no permite surjan otras ideas. Está de pie, con su cuerpo invadido por un sentimiento de debilidad extrema, pese a lo que su espíritu está lleno de paz tras haber dormido inconscientemente más de quince horas. Aunque está despierto hace varias horas aún flota en el borroso recuerdo de sus días de hospital, cuando al abrir los ojos encontró al Paisa a su lado, e intentando hacerle una broma le dijo que casi le lleva el diablo.

Ahora esa historia le parece cosa de fábula, algo que nunca le ha sucedido, aunque presiente que en su alma ha echado raíces una planta extraña.

ABANDONO

Cuando los cambios se anuncian su corazón tiene el amor suficiente hacia las creaciones del universo como para presentirlos. Ante él se abre un sentimiento profundo, mezcla de emoción, paz e incertidumbre.

Es entonces cuando las palabras se desvanecen y el pensamiento cambia de espacios, escapando a los límites impuestos por una razón anulada por siglos de sometimiento.

La rapidez de sus acciones y reacciones se reduce: vive procesos lentos que provocan la sensibilización de sus sentidos. Escucha a lo lejos y deja sus ojos fijos en espacios que tampoco existen. Entre sus emociones y conocimientos el cosmos se magnifica, despertando fluidos de ancestral sabiduría. La sensación y conciencia del tiempo desaparecen. Por efecto de su estado de enajenamiento, futuro, presente y pasado fluyen en una sola energía, que pese a su vitalidad se mantiene quieta. En estos momentos el Paisa siente que ha sido sumergido en una burbuja de tranquilidad asombrosa, ajena ya a cualquier noción de tristeza.
Ante sus ojos el piso brilla distinto, manifestando con libertad su expresión material granítica. El color del sol varía y las aves que cuelgan del cielo van en una como autopista construida de aire. Las ratas que mira desde la banca corren silenciosas, llevando en sus bocas alimentos que van deshaciéndose conforme crece el ritmo de sus diminutas patas. La presencia humana se desvanece y le parece que es evidencia poderosa de un mundo material que momentáneamente no existe.

Hojas que caen lentas; mosquitos que zumban sonidos de máquinas diversas; ausencia total de aromas y en la atmósfera la vaga impresión de aves cargando en sus plumas la densidad del aire, y más allá bloques de nubes creando sombras que se impregnan en el andar de aquellos que como fantasmas transitan por calles y aceras.

Sólo la idea del dinero subsiste en toda su lúgubre sordidez, ejerciendo el arte de no ser notado y a la vez estar presente. Experimentado bajo esta nueva óptica le parece un objeto fabricado con lo más sintético y cruel del plástico, haciendo posible el hechizo de convertir en realidad solamente aquello que es posible adquirir por su intermedio.

"Hacen falta corazones para poder vivir bien" le había dicho el Brotherito al ayudarle a recuperarse de su última borrachera, y sin querer significar nada más añadió: "por ahí hay unos cuantos, pero para llegar a ellos hace falta recorrer caminos a veces demasiado crueles". Y el Paisa levantó sus ojos encontrando el rostro de su amigo cubierto por un aura vital, que le hizo reflexionar sobre su obligación de mantenerse vivo y no dejar que aquellos poderes que muchas veces ha sentido ejecuten la condena de mantenerlos agónicos por largos períodos de tiempo.

La preocupación por el dinero ha desaparecido, habiéndose convertido en inquilino de la soledad tras una escena que hoy le parece de fotonovela. Ahora entiende que la sociedad ha convertido a la pobreza en una humillante falta de dinero a la vez que en un incontenible deseo de adquirir todo lo que se pueda.

El estado de salud de Emiliano ha terminado por quitarle el sueño. Extraña a Liz pero conforme pasa el tiempo se ha convertido en un recuerdo retardado. "Hacen falta corazones para poder vivir bien", le volvió a repetir el Brotherito, añadiendo "por aquí y por allá hay unos pocos, pero los caminos para llegar a ellos son extraños. Entonces nadie vale nada, ni en nuestros países ni en el extranjero. Aquí es cuando las botellas al ser vaciadas parecen una alternativa de equilibrio, y en efecto muchas veces son como medicina que cura del espanto. Pero en la mayoría de casos sólo nos convierten en almas que se va llevando el diablo".

Estaba llorando y el efecto más inmediato es la realización de un estado cuyo mejor calificativo es la nada.

DISTANCIA

"Lo peor es no saber qué está sucediendo", esucha que entre sueños le dice una voz. Con gran esfuerzo logra abrir los ojos y mira salir a la enfermera, luego que le ha colocado una sonda por la nariz y tres agujas en los brazos.

Se adormece repitiéndose a sí mismo "me llamo Emiliano, soy mexicano".

Días raros, de cambios que sin dejar sentirse anuncian con insistencia que el destino va adquiriendo carácter de pesadilla.

En el fondo
yace la fuente
que mantiene la razón
despierta.

El corazón es apenas
una metáfora enloquecida
que lo confunde todo.

Los sentidos con que ha sido dotado
captan con intensidad el dolor,
y en su desequilibrio
crean una respuesta
de inmovilidad extrema.

Al otro lado de esta dimensión
yace oculto el solitario
buscando sobrevivir
pese al desamparo.

El temblor de su cuerpo
desequilibra el orden del universo.
La claridad de los días luminosos está lejos
y a su lecho ha sido convocada
la sagrada presencia de lo ajeno.

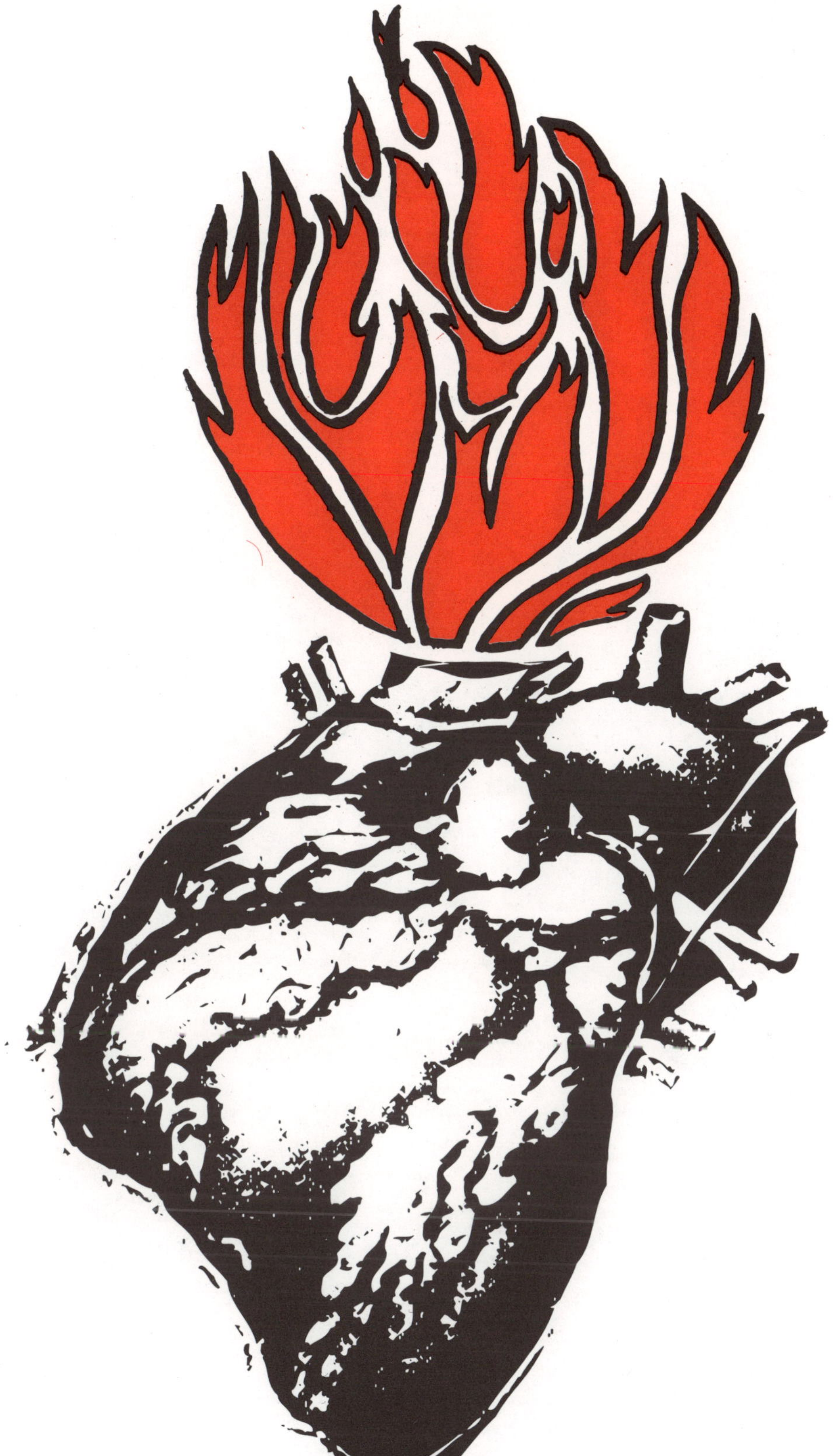

RESURRECCION

1

El sol se filtra entre las ramas, llegando con sus múltiples rayos hasta el lugar en que están sentados Emiliano y el Paisa, cubriendo sus retinas con un arcoíris permanente.

El cielo azul, con una extremada tendencia al blanco los abriga, habiendo ocultado en algún otro lado el manto de nubes con que entrado el invierno suele cubrirse. Al parecer decidió cambiar de forma, por dentro y por fuera.

Todo en este lugar adquiere lo suyo, lo que siempre le ha sido propio pese a tantos hechizos y artes de brujo: colores y contenidos, dimensiones y aromas en un acto de especial veneración al Creador del Universo. El césped sobre el que están sentados ha sido cortado con devoción meticulosa, entregándole una fragancia fresca, confundida con el olor de la tierra. Emiliano mira al Paisa y ambos se sonríen, y con la mirada acuerdan respetar el silencio. Están sentados en el pequeño jardín de un hospital público, bajo un árbol jóven, que hace varias semanas es su compañero. Al parecer los inmigrantes han llegado en el momento exacto para atestiguar junto con éste árbol su paulatino crecimiento. Miran su corteza viva reventada y sonríen, y el árbol abre sus ramas como brazos gigantes, en las que se mecen las hojas y los nidos de los pájaros. Allí están viviendo un sueño de muchas dimensiones, en el que todo sentimiento humano es posible de ser experimentado.

Un hombre viejo los mira con cierta ternura mientras recoge latas de los tachos de basura. Su frente está sujeta con un paliacate que parece contuviese el sudor con el que subsisten todos los inmigrantes.

- Pa' la madre Paisa, y pensar que apenitas te quedan dos semanas.
- Dos semanas que se me hacen como todos los años que llevamos aquí Emiliano.
- Pos que han pasado retelento se nota carnal
- ....y han dejado huellas.

Emiliano volvió a mirar al hombre de las latas y sólo entonces el Paisano vio que su rostro estaba completamente limpio, sin una sola sombra de tormento, aunque completamente triste.

- Tú también te vas a ir pronto.
- Mejor ni lo pienso. Todavía me falta un chingo...
- Hablando con franqueza, estoy triste de dejate solo.
- Pos ni tan solo Paisa, porque me quedo con el Brotherito, el Peruano, Miguel, y hasta el Gregorio Hernández... y de la clínica salgo en 8 días, que ya no son tantos.
- Y me alegra que ellos sean nuestros buenos amigos.
- Pos francamente te diré que no va a ser lo mismo.
- Pero no queda otra... sólo ponte atento con el tratamiento, y cuando vuelvas al restaurante llévala suave. No dejes que tantas presiones te depriman. Ya verás cómo todo sale bien.
- Si ése no es el problema Paisa, el problema es que cada vez es más aburido repetir las mismas cosas todos los días, y también están mis malos sueños.
- Solamente llévala suave, y no te olvides de todo lo que hemos aprendido en este gran tiempo.
- ¡Cómo voy a olvidarme...! si vieras lo bien que las recuerdo cuando tengo mis pesadillas.
- Esas también se han de acabar pronto. Ya mismo te has de sanar... todo tiene su tiempo.
- No pos eso sí, y si me vuelven a dar ahí nomás me doy un baño de nopalito, que también es milagroso para matar esos males.
- Sería bueno echarle un baño de nopalito a todo Nueva York.
- ¡No creo que alcance... a menos que podamos hacer crecer una nopalera gigante, como el Empire State ese, o un poco más grande!

Y volvieron a quedarse en silencio, sumergiéndose nuevamente en sus pensamientos. Pese a la tremenda tranquilidad que veía en el rostro de Emiliano, el Paisa sospechaba que algo profundo tenía encerrado dentro suyo.

2

Se agotaron las cartas por escribir. No quedaba ni una sola persona más con quién compartir las turbulencias de su vida de inmigrante. Mirando dentro suyo más que de costumbre; tratando de no repetir ninguna reflexión en los mismos puntos de siempre, sintiendo que la soledad ha decidido posesionarse de su alma tan profundamente que tal vez le traiga la paz como consuelo, Emiliano se mira las manos buscando las líneas extraviadas de un destino incierto y no las encuentra. "Tal vez se fueron con el agua" piensa.

Muchos meses junto al Paisano mirando la vida transcurrir lentamente, sintiendo que la muerte con su corte de maneras escalofriantes lo ronda. Piensa que si en este preciso momento ella decidiese posesionarse de su cuerpo lo encontraría en paz. Su corazón entiende lo hablado con el Paisano, y sabe a qué responde un adiós dicho con mucho tiempo de anticipación.

Emiliano ha vuelto a sus días normales luego de fatigosas noches durmiendo narcotizado por medicamentos prescritos para largos períodos. Sus músculos se han endurecido y la sangre circula por sus venas lentamente. Sospecha que hay un tipo de muerte por disecamiento, y que ese tipo de muerte es la que más abunda en la ciudad de los rascacielos. Mientras piensa en todo esto su espíritu es invadido por un halo de fatalismo pacífico, como si alguien superior a sus fuerzas hubiese decidido el pronto final de su camino. El Paisano intuye la logobrez de sus pensamientos y lo mira con dureza.

- Emiliano -dice rompiendo el silencio- por esa puerta no saldrás a ningún lado que no sea el cementerio.
- Ojalá se me haga el milagro de que sea el de Puebla.

¿Mientras estoy vivo
qué voy a hacer con tanta soledad?
Porque ya muerto ella se irá conmigo.

Ya adentro,
llegado al punto más extremo
le contaré la historia de un hombre
que vino solo y se fue con ella.

Tal vez la conmueva
y le quite el deseo de volver a reproducir
tanta tristeza.

THE LANDLORD

- Me parece bien que se vaya. Allá los suyos le han de estar extrañando, y ya ve que aquí la vida no vale -le decía el arrendatario metiendo sus manos en los bolsillos sospechosamente, y mirando de un lado a otro.

- Si, ya he estado un buen tiempo, he trabajado y conocido esta ciudad, he visto que el mundo es mucho más grande de lo que creía y siento que es tiempo de volver a casa -y mientras lo decía iba recorriendo imágenes de momentos vividos, buenos y malos, que a la luz de la distancia, y ya casi en las puertas del avión, le parecían partes de un sueño que culminaba.

Experiencias vividas con intensidad y que han ido modulando los sentimientos, fortaleciendo unos y extinguiendo otros.

El deseo de conocer había sido satisfecho y en él logró entender que la pobreza tiene fuerza cuando se vuelve una condición espiritual, y ya sin ningún otro sentimiento que el de la pacífica alegría de las cosas culminadas, había empacado sus maletas y se preparaba para dejar el cuarto que habitó por más de dos años.

- Está bueno... suerte la suya, quién pudiera coger el camino tan fácilmente... Ya ve que aquí a nosotros nos atan tantas cosas: que si la familia, que si las cositas que hemos comprado a lo largo de los años, o la costumbre, o la vejez -dijo Mario y se quedó callado, buscando en el silencio las palabras necesarias para decir algo demasiado serio.

El Paisano se dio cuenta y se dirigió hacia la puerta porque sabía que ese movimiento provocaría que el landlord revelase cualquier cosa que estuviese maquinando, y en efecto lo hizo.

- Le quería pedir de favor que me deje unos cien dólares... Usted sabe -continuó confuso- yo no sé si usted habrá hecho o no llamadas a su país. ¿Qué tal si viene la cuenta y me deja con deudas?

El Paisa sintió un sentimiento de tristeza muy grande. Al atravesar la puerta sabía que se lo pediría y durante todo el camino se preparó para responderle, pero escucharlo era algo distinto. Lo miró con un sentimiento mezcla de pena y rechazo no sólo porque recordaba el mucho dinero extra que le había entregado, sino porque pese a creer que lo conocía, esta vez se develaba ante sí un personaje siniestro. Inicialmente había accedido a todos sus pedidos sin mayor razonamiento porque en verdad los creía, pero cuando se enteró que las cuentas eran mucho menores o no existían se sintió conmovido, pero las siguió pagando en la perspectiva de una vida tranquila.

Próximo a su salida sintió que su ser estaba lleno y a la vez vacío, revelándose la grandeza de aquello que no posee nada pero que puede contenerlo todo. Esta vez no estaba dispuesto a ceder, y de un modo muy calmado y solemne se lo dijo.

- Aquí está mi dirección y mi número telefónico. Si resulta que alguna parte de la cuenta del teléfono tiene que ver con llamadas a mi país, usted sólo envíeme la copia y yo inmediatamente le mandaré el dinero, incluyendo el valor del sobre, las estampillas y su valioso tiempo -y mirándolo fíjamente continuó diciendo.- He vivido aquí más de dos años y le he pagado todas las cuentas, verdaderas o falsas, y si hace un poco de memoria, en todo este tiempo jamás ha encontrado una sola llamada mía, además que el teléfono siempre está con candado. Ahora no voy a darle ni un centavo más -y dirigiéndose a Emiliano.- Por favor ayúdame a sacar las maletas que el taxi está esperando.

El dueño de casa no atinó a decir palabra. Mientras sacaban las maletas se sintió invadido por un sentimiento de vergüenza, e inmediatamente buscó consuelo en la idea de que éste era apenas un día más.

Afuera, y mientras metía las maletas en la cajuela del auto Emiliano dijo: "nomás para que veas que son reteculebras"

CALDO DE CELULAS HIRVIENTES O LOS SUENOS DE EMILIANO

(Hacia los países del autoexilio. Vuelo primera clase)

Pulgas, piojos, chinches y garrapatas han desovado sus huevos y luego de haberlos incubado por largos períodos de tiempo, revientan y dan a luz una serie de pesadillas en las que cada noche va ahogándose, conociendo el significado de sentirse vivo y muerto al mismo tiempo.

Emiliano sufre de pesadillas que sin permitirle despertar por completo lo mantienen atento, suplicando se realice el milagro de que en verdad no sucedan nunca. En su interior las asume como un hecho verídico, y hablándose a sí mismo trata de convencerse que sólo son malos sueños, pero de todas maneras termina envuelto en ellos -y como cruxificado- agoniza en sus hirvientes clavos.

Sus amigos se pelean; su madre se corta las venas y se las corta a él; su hermano es acuchillado por un hombre ciego que dice es El Rey de la Guadaña; un plato de sopa hirviendo se derrama y le quema con tanta fuerza que del dolor le explota la cabidad toráxica, entonces la tormenta se desata y su cuerpo es

transportado al cementerio porque lo creen muerto. Siente la tierra cubriéndolo, empieza a asfixiarse y con sus uñas rasga la caja de madera hasta dejarla completamente ensangrentada. Cada madrugada se abre el infierno y sus pies caminan hacia él con autonomía del pensamiento.

"Qué oscuro puede ser el mundo" piensa, mientras es mordido por un ejército de criaturas que se lo llevan por ductos de aguas servidas. Cuánta vida extinta en manos de seres turbios, que lo torturan con perniciosa paciencia. En su boca depositan senos marchitos que lo atoran con líquidos amargos. Sus manos son obligadas a sujetar masas de carne de las que brotan otras criaturas voraces, que finalmente lo dejan vivo pero en hueso puro, mientras la boca de una mujer hermosa le dice que el amor es un sentimiento maravilloso, y de entre sus piernas libera una raíz gruesa, que se prende de su cabeza y la tritura. Emiliano grita y en medio del dolor se da cuenta que sus pesadillas son un techado maldito què no permite que la luz fluya. Por primera vez intuye que la muerte está cerca, e instintivamente trata de comunicarse con ella.

La sordidez de haber experimentado sentimientos desequilibrantes como el poder del dinero, la humillación por ser extranjero y el valor material de las horas le han marcado de modo indescifrable, empezando así su camino de regreso. En su grotesco conjunto los malos sueños son un abismo creciendo inmensamente hasta consumirle el alma. Sus llagados pies transitan caminos que no lo conducen a ninguna parte, y las criaturas continúan llevándolo en su loca carrera, mientras todos los demás huevos han reventado liberando otras criaturas, que empiezan a alimentarse de sus huesos, causándole un dolor que no puede contener ni las grandes dosis de morfina que le administran.

Entre sueños oye voces que gritan "¡quién anda allí...!" "¿Quién pidió esa estúpida cantidad de medicamentos?" "Se lo ha tomado todo." Y de algún otro lado se dan instrucciones incomprensibles y nerviosas como: "En la radio de onda corta escuché que el 911AJK no pudo salvar a un ilegal que se había escondido en el refrigerador de un avión colombiano." "Poco se sabe de una muerte tan violenta..." "¡Póngale boca abajo para que le salga todo lo que ha tomado!" "Acordarásen que la señora Iris Chacón visitó el sanatorio en mini falda, y miren qué asco todas esas sustancias saliendo de la pantalla..." "Creo que se llama Emiliano..." "Es extraño el color que van adquiriendo sus pupilas..." "La ficha dice que es mexicano..." "¡Llamen a la ambulancia!" "Mejor a la funeraria esa del descanso eterno a plazos..." "Este que está aquí dice conocerlo..." "Brotherito aguante..." "Pinche mexica loco..." "Emiliano cuando tú te fuiste te llamaron de puebla un chingo de veces y te dejaron muchos mensajes...", y en el hospital siente que debe ser un cadáver porque aquello que se dice va dejando de tener importancia.

En una habitación con olor a creso yace hospitalizado nueve días más sin lograr volver a establecer contacto. Su cuerpo luce agotado y repentinamente le vuelven las pesadillas en voces que dicen: "Mezquinando de comer bien pudimos comprarnos este carro." "Yo me compré la cámara de video trabajando sólo 50 horas extras." "Los Bossi se ven mejores aunque salen algo más caros." "¡Puede aspirar, es su legítimo derecho...! claro que queda endeudado por el resto de la vida pero al menos es algo propio, ¿no le parece?".

Todas las deidades sacramentales acuden el momento mismo en que la enfermera le cambia de sueros. Emiliano busca la paz pero no puede comunicarse con su entorno, y su cerebro juega con imágenes que se van desvaneciendo. Conforme sale de sus sueños percibe la presencia de sus amigos, y siente cómo el Paisa intenta cantarle una canción que le devuelva la energía, y le traiga de regreso a la vida. Nadie llora ni luce desesperado. Siente que todos han sido invitados a atestiguar la obra de una muerte inevitable, luego que uno de los médicos sentencia que la cantidad de barbitúricos ingeridos no le permitirá volver a ver nuevamente la luz del día.

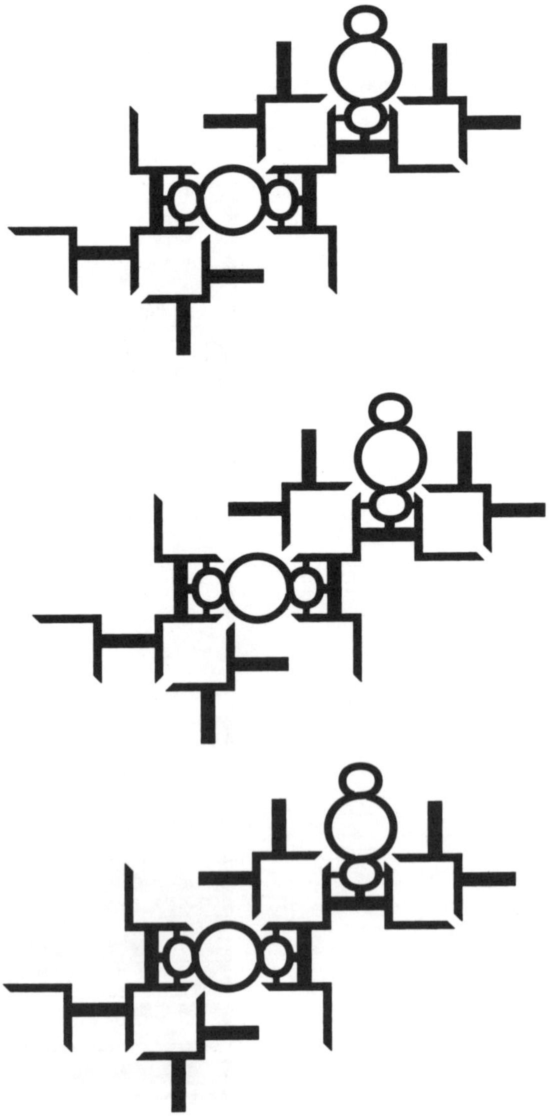

CALDO DE CELULAS HIRVIENTES C.C.H. O LOS SUEÑOS DE EMILIANO

(TARDEANDO EN LA NOCHE EXTREMA)

Mira un rostro pintado en la pared, y la tierra de donde al parecer proviene le parece tan lejana, que su corazón late angustiosamente, reflejando en la carne su potencia a través de una filigrana de hilos de plata mal atados, formando un tejido de cansancio perfecto.

Las personas que mira pasar se extinguen en una lenta combustión de ramas secas, agonizantes al calor que cautelosamente las quema. ¿Cuántos hilos cruzan sus caras erróneas? ¿En qué carencia psíquica hallan alimento? ¿Con qué sueño llegarán? ¿Qué experiencias sacudieron sus células hasta llevarles a conocer la putrefacción en todos su letales estados?

Rostros similares al suyo, marcados con el ácido del destino y enredados en historias repetidas millones de veces sin que a nadie le interesen. Toneladas de células anudadas como materia prima de estas obras maestras del martirio, en las que se incrustan miembros grotescos por los que se escurren substancias inverosímiles.

Aquí está Emiliano, sentado atestiguando algo que resulta indescriptible. Atrapados sus ojos en visiones de rostros extraídos de todas las épocas, y que en su despiadada sucesión lo ciegan. Rostros de amigos con corazones inquietos. Rostros de desconocidos siendo mutilados por golpes brutales. Rostros de víctimas de guerras encogiéndose hasta llegar a la síntesis craneal perfecta. Rostros de devotos alucinados. Rostros sudorosos de charlas pudriéndose en un mar de orina. Rostros de orejas atentas para las confesiones más íntimas. Rostros de fiestantes ingiriendo botellas y botellas en celebraciones inextinguibles. Rostros de tierra, cuero, hierro y madera. Rostros de aire carentes perfectos de forma. Rostros de arena y rostros de hierba.

2

¿Dónde están las ciudades antiguas de edificios levantados sobre designios celestiales? ¿Dónde están las ciudades milagrosas publicitadas incansablemente en folletines de papel caro? ¿Dónde están las plazas ceremoniales en las que se dice todavía flota en el aire el milagro de la inmortalidad? ¿Dónde las tumbas sagradas, casas de nuestros mayores que pretendieron ser mutiladas por insaciables devoradores? ¿Dónde los símbolos profanados por mentes alucinadas víctimas de expereincias monetarias fulminantes? ¿Dónde está el lenguaje antes que sea corrompido por las palabras?

No lo ve ni entiende, y para sí mismo piensa que es tan amargo el cambio de identidad, que se siente condenado a perderse en el laberinto de la nada, por obra de enfermos condenado en una atmósfera de pena. Como un zumo que debe ser ingerido hasta alcanzar la experimentación extrema del dolor, van pasando ante sus ojos rostros antiguos, como si de modo simultáneo estuviesen asistiendo a un velorio y a un renacimiento. "Sé que me miran Paisa, madre, padre, hermanos sé que me miran, and there is not a place to hide in. Never was". Sus ojos se humedecen en un jugo denso que no logra desprenderse de las retinas, anidando en ellas como cuágulos en estado de reposo. En su nariz se van atascando polvos de épocas inexistentes, formando un moco sólido, que pugna por volver a su estado inicial de ternura robándose el aire.

Nuevo México brilla cada atardecer con luz ensordecedora y bella. Vuelve a sentir por última vez la presencia del desierto, donde Dios hizo de la inmensidad su morada, y de cada simple partícula de polvo una expresión vasta de su poder creativo. Ya no huele a orinas, ni hace frío, ni siente en su cuerpo las piedras del río torturándolo con la violencia de lo necio. Su cuerpo ya no existe, ni conserva sensación material alguna.

En lo alto siente un universo de aves maravillosas revoloteando en la formación de figuras y sucesos que no sabe si ya los ha vivido o si son los venideros. Con plumajes de belleza alucinate y coloridos metálicos van tallando una puerta inmensa, que se traga los últimos sonidos del atardecer. Allí también va su familia, y el Paisano, y la Isla de Manhattan en medio de danzas extrañas de Indios salidos de cada milímetro de la tierra. Las aves vuelan hacia el interior, creando un torbellino de aire y regresan sólo para formar imágenes nuevas que de tan bellas evocan a espíritus que ahora le parecen seres familiares a los que hace mucho tiempo que no había visto. De su mano siente que su cerebro ha sido liberado de la tediosa condena de estar vivo, y mientras sus ojos permanecen abiertos busca entre tanta gente a aquellos que lo conocieron, y a aquellos que pudieron ser parte de su existencia.

El sentido del tiempo es anulado, y como una de las últimas materias a extinguirse, atestigua la incineración de su cuerpo al borde de un océano en el que no tiene conciencia de haber estado nunca.

Conforme las aves se alejan sus ojos se van cerrando, y en el viento que las lleva siente se va el aire que estuvo destinado a darle vida, en una milagrosa acumulación de órganos trabajando armónicamente para permitirle experimentar modos de energía nunca antes imaginados. El silencio es completo, y conforme todo lo demás se extingue, van dejando en el espacio una inexplicable sensación de paz y dulzura, que lo transporta a algo que le parece es la luminosa dimensión del retorno a casa.

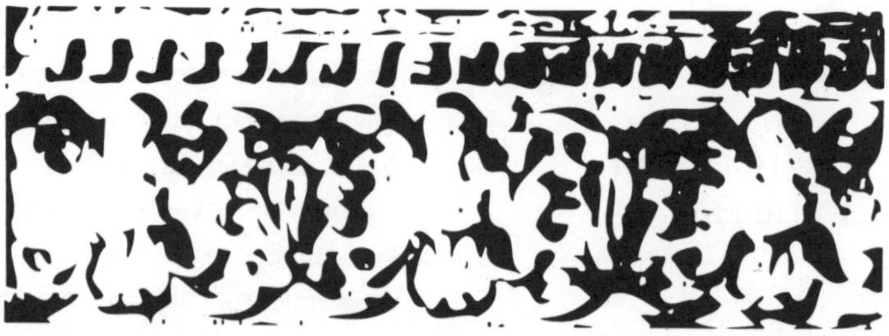

Había una vez un país distinto, donde los espejos no reflejaban la imagen de quien estuviese ante ellos, sino el universo circundante, donde priman muchas cosas más, y todas relativas al individuo que está ante ellos.

Había una vez un grupo muy grande de personas que se fueron a vivir a aquel otro sitio buscando realizar sus sueños. Por lo complejo de su destino alrededor suyo se ha creado una bruma extraña y densa, que los oculta de nuestro entendimiento.

No son en mucho diferentes a nosotros. A ellos también les gusta la comida bien sazonada; los granos en los alimentos; la música que viene de otros tiempos; los mundiales de fútbol; las lecturas que se hacen del cielo... y tantos otros símbolos culturales propios de nuestras regiones.

Ellos también tienen el deseo de encontrar LA NACION DEL SUEÑO y viajan entre las nubes, y atraviesan océanos emocionales que los llevan al desdoblamiento personal y a la renuncia de los idílicos atardeceres de sus pueblos.

Había una vez un individuo que se miró en aquel espejo... y ante sí se reveló el universo. Esta fue la historia de aquel universo y de aquellos individuos, cuando en el umbral del TERCER MILENIO, (y a las puertas de una revolución científica que nos hará conocer otros destinos) se los describe como hombres primitivos, que aún manejan una herramienta muy antigua, que el mundo moderno ha despreciado y desaparecido: la observación y el uso de los sentidos.

Cuando los atardeceres se vuelven portentosas expresiones de júbilo, miramos cómo las nubes cuentan leyendas de seres míticos, que inundan la galaxia y las distintas dimensiones. Es entonces que al Sur -donde rige la constelación madre de las estrellas- los pueblos se van desgranando y se dispersan, y a nuestros oídos llegan muchas historias como aquella que hoy culmina, y que en @# páginas fotografiadas por un medio mago e ilustradas por un medio brujo, contó las cosas de aquellas personas y de aquellos otros universos.

COSMONAUTAS DEL SOL
About the writer * Acerca del Escritor * Quillca Camayupac causai

JORGE CEVALLOS

Este es un hombre que ha sido feliz por un prolongado lapso de tiempo, habiéndose sumergido en diversas dimensiones hasta verse flejado en el espejo astral del sol vivo y eterno. Gusta del aroma de las flores y baila sobre la tierra pura convertido en un ave de colores que dimensionan el poder de la materia, anulándola. Su vuelo es vivificado por un sentimiento que los humanos denominan **"AMOR"**, y que **QX27** descifró como "Constelar Sentia Atómica Partium".

Inicialmente fue creado en la Era de las Constelaciones Esenciales, designadose a los Rubíes y a la Luna como sus elementos equilibrantes. Su primera encarnación humana aconteció en el 29.583 Septima Rotación genética, en una aldea del Cosmos Material Luz de Loto, que en aquel entonces se pronunciaba **Krich**, y que también significa el Valle de las Amapolas. Su segunda asumpción material se registra en la órbita 367 Asteroide Micromega, en la Tierra De Las Altas Tolas, donde habitan pueblos de poderosos conocimientos. De alli partió al Asentamiento Maternal de las Aguas Purificadoras (22.680 decimas de segundo Flameante Sudeste de la Ciudad Sagrada), donde conoció a Espiritu de la Alegría, con quien procreó la Raza de los Sueños, hoy viva en diversos tipos de viajeros. De los reportes encontrados en la destrozada estación **KUIP@7** se desprende que este ser ama el conjunto de los símbolos, y que con varios amigos suyos comparte un lugar terráqueo desde donde el cielo se vuelve etereo, revelándoles sus misterios. También gusta de visitar la constelación **Sectores Vulnerables**, donde se dice abundan deliciosos manjares.

En el 15.790 De La Cita de los Seres Élficos conoció a **NETHAILI**, o también nombrada **"La Mujer Araña"**. De ella recibió como presente una red cuya virtud es convertir los sueños en presagios. En aquella misma época accedió a los secretos del **Elixir Misterioso** y otras esencialidades.

Su constitución Ósea soporta misteriosas configuraciones, que le permiten convertirse en muchas cosas. El **1** del **7** De Luna de Verano Ascendente **1967** Rojo, volvió a la Tierra junto al crepúsculo, y esta vez aprendió muchas cosas del Espíritu Libre Que Se Transmuta. Este hecho se produjo en un barrio céntrico de la Ciudad Sagrada en la Mitad del Mundo, y además de marcar su advenimiento, significó también el inicio de la Era de las Oxigénicas Alianzas. Aquella que participó en su alumbramiento es conocida como Dos Lunas Emisferio Dorado Sobre El Centro de La Tierra.

El día Sol En Su Cenit Con Movimiento cayó un rayo de plumas multicolores, apareciendo ante sí un ser femenino **XQ** del que su corazón quedó prendado. El **Sensor Nadal** que posee como instinto décimo tercero le indicó que este encuentro causó que el dicho **"Amor"** vuelva a ocupar su verdadero espacio constelar. Aquellos que saben dicen que esta es la era de las identificaciones, o del retorno a los buenos tiempos. Finalmente informamos que ha realizado estudios de Mecánica Quántica y Fundición Calcimínica en la Universidad de **Stuctum**, donde además se desempeñó como planta de poderes sagrados en lo que fue su única y definitiva experiencia vegetal. De cierto se sabe que retornará a casa el **Día de los Girasoles Ofrendados**, y que su cuerpo será depositado en los vastos espacios de **Llactas Puras**, desde donde su espíritu logrará magnificarse, hasta volver a la inconmensurable fuente de la nada.

COSMONAUTAS DEL SOL
About the photographer * Acerca del Fotógrafo * Quillca Fotógrafo causai

ROBERT L. USIBELLI

De este espíritu se dice que nació en la estancia de las Auroras Boreales, durante el tiempo en que el cosmos se viste de colores iridicentes. Lo primero que vieron sus ojos fue la Helada Región del Norte de la Tierra Definitiva, habiendo nacido en ella durante la Ronda Séptima Iniciación Planeta Mercurio, tiempo Glacial De La Perfecta Calma, en el pueblito de Usibelli, ubicado a **150.000 nudos** y **4.8 grados** dirección Nor Este de **Juneau**, capital del actual estado de **Alaska**. De esta tierra por cierto se sabe que fue bendecida, por lo que resulta fácil encontrar entre su gente destellos inebitables y otras expresiones de configuración venturosa. También sabemos que aquellas son regiones de naciones milenarias, que se han acoplado de manera perfecta al amor de la naturaleza.

Su pasión por las imágenes lo lleva a moverse en universos constelares inagotables, habiendo experimentado 578 **variaciones esféricas**, 725.000 **vibraciones genéticas** y aproximadamente tres billones de **individualidades**, en un recorrido de 80 Topacios del Rustán y 50.000 cubículos iniciáticos. (Aclaramos que el cálculo ofrecido es estríctamente aproximativo, ya que nuestros **Micromegas** no computa las inclinaciones humanas temporales).

Una de sus características predominantes es que las pupilas de sus ojos captan los vivos y profundos destellos del cosmos sin necesidad de filtros o lentes, u otros implementos tecnológicos de los que guardamos muestra en el **Laboratorio Citófilo**. Se dice que siguiendo un afecto supremo, construyó para sí una cámara fotográfica de materiales etereos, cuya dimensión y alcance varían según la proyección de su pupila. Se ha dicho que con ella habrá de recorrer todos los universos posibles hasta el punto de su inundacion definitiva, en la larga y placentera Noche de los Suños Vivificantes.

El **CENTELLA CHIP R.L.U.** que fue suceptible de traducción, guarda detalles que hablan del tiempo en que estudió fotografía aplicada a sustancias prístinas en la Universidad de Stanford. Coordenadas fijas hacen referencia al país del asiento multiétnico **U.S.A.**, donde se graduó en el **Tiempo Del Encuentro de las Raíces y Encinas Volitivas**, habiéndo celebrado recientemente el Ciclo De La Espera Luminosa (una década hunana). De sus múltiples transmutaciones, transfiguraciones y encarnaciones sensoriales conservamos datos fidedignos, que sin embargo no enunciamos debido a la imposibilidad en la transcripcion de códigos **W+*&Ç**.

Es mucho lo que su espíritu disfruta en compañía de otros seres, así como es mucho su gozo de la soledad a que se consigna, en el cuarto oscuro **DARK ROOM** de donde brotan las imágenes que dá vida. Finalmente diremos que **R.L.U.** gusta del buen vino, la conversa larga y las visiones, por lo que constantemente recorre lugares distintos en La Casa de los Cinco Continentes. Aunque su espíritu ama profundamente todas las dimensiones, su residencia actual se ubica en el mágico poblado del gran **Jefe Seattle**, asi como en **Alaska**, donde retorna junto con la luz y el regocijo del alma.

COSMONAUTAS DEL SOL
About the designer * Acerca del diseñador * Quillca Shuyuc causai

Vicente Naranjo Gómez

Es aquel que suele hacer brotar del vacío tecnológico imágenes que recuperan conceptos ancestrales.

Traductor de frecuencias múltiples cuya habilidad es concebir formas emocionales en lenguajes compatibles con otros códigos hiper emocionales. En su reporte 12, **VETA O** analiza la facilidad con que pudo descifrar sus mensajes, y fue hace poco que muchos de nosotros accedimos al significado de lo que representa la imagen de un monje budista suicidándose quemado. Desde hace dos cuadrantes M, la estación **GALAX 3** refirió el mito de la "Emperatrix Madre" y nosotros no pudimos descifrar ni uno solo de sus contenidos, sino hasta que el correo virtual nos envió una copia de su imagen.
Se sabe que estudió diseño gráfico en el **I.M.D.S.** Las coordenadas propuestas por el **Translator X** lo ubican en la misma Ciudad Sagrada, por lo que no resulta extraño que en estos ***VOX PRINT QUIPUS*** aparezca junto a otro quiteño, y a uno que viene de tan lejos como Alaska. Ha viajado por varios hemisferios y de su última experiencia queda mención en la capital de la silicona, también llamada "Miami Mall".
De entre las herramientas que usa prefiere el aerógrafo porque en él encuentra libertad para crear espacios. **MiT IruiLan** - la Diosa Blanca- es su compañera y junto a ella ha recorrido espacios que ponen en riesgo la fragilidad de lo que es conocido como "el mundo verdadero". Ama los gatos de igual manera.

Según el calendario de los hombres fue el 29 August 1960 + Virgo + Rata que apareció por primera vez en la tierra. De su voz quedó gravado un "de todas maneras van a darse cuenta que mi biografía es aburrida".

Ahora bien, muchas de las hipótesis se centran en señalar que pertenece a los **URUS**, es decir a aquellos seres que conocen de varias transfiguraciones.

La mortalidad nos es elemento ajeno, por lo que no podemos aventurar un análisis más allá de lo que nos es conocido: varias experiencias en la eliminación de la materia; capacidad congnocitiva y alta exposición sensorial, lo que según el manual **28 XARA** da como resultado la configuración venturosa de la Cruz del Sur.

V.A.N.G. habita el País de la Canela en sus múltiples dimensiones. Cuando el calendario marcó un zenit denominado Julio 16 de 1997, y exáctamente 3.852 minutos antes de acontecer el tercer milenio, la Empresa Estatal de Telecomunicaciones (EMETEL) le concedió el milagro no pensado de poseer una línea telefónica de fibra digital óptica, con la que hoy navega por el vasto mundo de las telecomunicaciones. Antes de fin de siglo contará con un fax modem, y su página web es cuestión de pocas horas.

INDICE